하루 15분 국어 독해력의 기틀을 다지는

뿌리깊은
초등국어
독해력 3단계

초판 30쇄 발행일 2025년 1월 11일   **발행처** (주)마더텅   **발행인** 문숙영

책임편집 임경진   **진행** 남희정, 정반석

집필 구주영 선생님(당동초), 김태호 선생님, 신명우 선생님(서울교대부초), 오보람 선생님(은천초),

최성훈 선생님(울산 내황초), 서혜림 선생님, 박지애, 문성준, 김영광, 허주희, 김수진, 김미래, 오은화, 정소현, 신은진, 김하늘, 임일환,

이경은, 박성수, 김진희, 이다경, 김다애, 장지훈, 마더텅 초등국어 편집부

해설집필 · 감수 김태호 선생님, 신명우 선생님(서울교대부초), 김지남 선생님(서울교대부초), 최성훈 선생님(울산 내황초)

교정 백신희, 안예지, 이복기   **베타테스트** 박지원, 송예서, 유용제, 김동건, 양하진, 노현서, 이호권, 박경민, 오승택, 고서영, 고범서

삽화 김미은, 김복화, 서희주, 이혜승, 이효인, 장인옥, 지효진, 최준규, 이종관

디자인 김연실, 양은선   **컷** 이혜승, 김유리, 양은선   **인디자인편집** 김재민

제작 이주영   **주소** 서울시 금천구 가마산로 96, 708호   **등록번호** 제1-2423호(1999년 1월 8일)

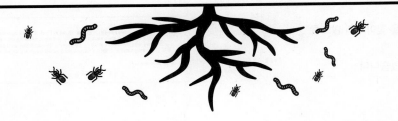

이 책의 구성

구성 1 주간학습계획표

해당 회차를
어떻게 공부하면 좋을지
설명해두었습니다.
학습 전에
꼭 읽어보세요.

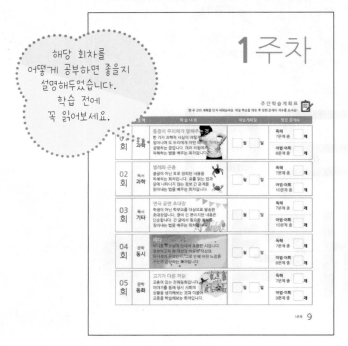

〈뿌리깊은 초등국어 독해력〉은 공부할 내용을
주 단위로 묶었습니다.
'주간학습계획표'는 한 주 동안 공부할 내용을
미리 살펴보고, 학생 스스로 계획을 세울 수 있도록
도와줄 것입니다.

구성 2 독해 지문

글의 내용과 관련된
사진이나 삽화가 수록되어 있어요.
독해가 어려우면 그림을 보고
내용을 미리 짐작해보아요.

〈뿌리깊은 초등국어 독해력〉에는
다양한 글감과 여러 가지 형식의 글이 실려 있습니다.
글의 길이와 어휘의 난이도를 고려해 1회차부터
40회차까지 점점 어려워지도록 엮었습니다.
그리고 지문마다 글을 독해하는 데
학생들이 거부감을 줄일 수 있도록
글의 내용과 관련된 사진이나 삽화를
수록했습니다.
여기에 따로 사전을 찾아보지 않도록
'어려운 낱말'을
지문의 아래에 두었습니다.

지문 아래에
어려운 낱말을 모아서
뜻을 풀이했어요.
사전을 따로
안 찾아도 돼요.

해설지를 빠르게 찾아갈 수 있게 '찾아가기' 날개가 달려 있어요.

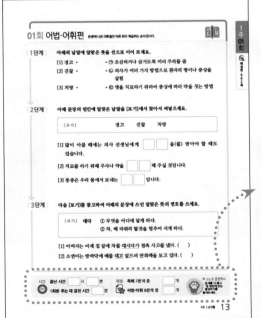

〈뿌리깊은 초등국어 독해력〉에서 독해 문제는
모두 7문제가 출제됩니다. 중심생각을 묻는 문제부터
세부내용, 그리고 글의 내용을 응용해야 풀 수 있는
추론 문제까지 이어지도록 문제를 배치했습니다.
이러한 구성의 문제를 풀다 보면 먼저 숲을 보고
점차 나무에서 심지어 작은 풀까지 보는 방법으로
자연스레 글을 읽게 될 것입니다.

국어 독해력을 기르는 데 필요한 것은 무엇보다
배경지식입니다. 배경지식을 알고 읽는 글과
그렇지 않은 글에 대한 이해도는 하늘과 땅 차이입니다.
〈뿌리깊은 초등국어 독해력〉에는 해당 회차의
지문과 관련된 내용이면서 학생들의 배경지식을 넓히는 데
도움이 될 만한 글들이 곳곳에 자리하고 있습니다.

구성 5 어법·어휘편

〈뿌리깊은 초등국어 독해력〉에는
어휘·어법만을 따로 복습할 수 있는
별도의 쪽이 회차마다 들어있습니다.
마치 영어 독해 공부를 하듯 해당 회차
지문에서 어렵거나 꼭 알아두어야 할
낱말들만 따로 선정해 확인하는 순서입니다.
총 3단계로 이뤄져 있습니다. 1,2단계는
해당 회차 지문에서 나온 낱말을 공부하고,
3단계에서는 어휘 또는 어법을 확장하여
공부할 수 있습니다.

구성 6 학습결과 점검판

한 회를 마칠 때마다 걸린 시간 및
맞힌 문제의 개수, 그리고 '평가 붙임딱지'를
붙일 수 있는 (자기주도평가)란이 있습니다.
모든 공부를 다 마친 후 스스로 그 결과를
기록함으로써 학생은 그날의 공부를
다시 한 번 되짚어볼 수 있습니다.
그리고 하나하나 성취해가는
기쁨도 느낄 수 있습니다.

구성 7 다양한 주간 부록

| 바른 언어 생활 알아보기 | 꼭 알아두어야 할 맞춤법 | 독해에 도움 되는 배경지식 | 알아두면 도움 되는 관용 표현 |

〈뿌리깊은 초등국어 독해력〉에는 주마다 독해에 도움이 될 만한 다양한 부록이 실려 있습니다. 독해에 도움이 될 만한 배경지식부터, 독해력을 길러주는 한자까지 다양한 주제와 이야기로 구성되어 있습니다.

구성 8 정답과 해설

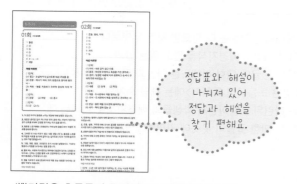

정답표와 해설이 나눠져 있어 정답과 해설을 찾기 편해요.

〈뿌리깊은 초등국어 독해력〉은 정답뿐만 아니라 문제를 이해할 수 있도록 도와주는 해설도 수록되어 있습니다. 빠르게 정답을 확인할 수 있도록 정답표와 해설을 깔끔하게 분리했습니다.

구성 9 유형별 분석표

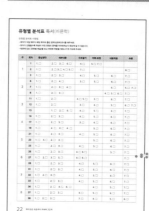

〈뿌리깊은 초등국어 독해력〉은 유형별 분석표와 그에 따른 문제 유형별 해설도 실었습니다. 학생이 해당 회차를 마칠 때마다 틀린 문제의 번호에 표시를 해두면, 나중에 학생이 어떤 유형의 문제를 어려워하는지 알 수 있게 됩니다.

계속 표시해 나가면 부족한 부분을 한눈에 알 수 있어요.

구성 10 독해력 나무 기르기

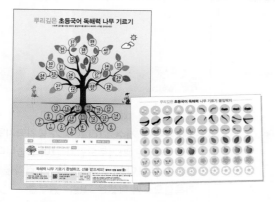

〈뿌리깊은 초등국어 독해력〉은 학생이 공부한 진도를 확인할 수 있도록 '독해력 나무 기르기'를 부록으로 실었습니다. 회차를 마칠 때마다 알맞은 칸에 어울리는 붙임딱지를 붙여서 독해력 나무를 완성해 보세요.

구성 11 낱말풀이 놀이

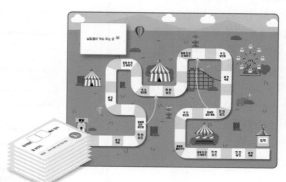

놀이를 하면서 그동안 공부했던 낱말을 재미있게 복습할 수 있도록 교재 뒷부분에 부록으로 '낱말풀이 놀이'를 실었습니다. 카드 수수께끼를 풀면서 말을 움직이는 보드게임입니다.

뿌리깊은 초등국어 독해력에 수록된
전체 글의 종류와 글감

비문학(독서)

	국어	사회/역사	과학		기타
설명문	교과연계 26회 120쪽 똥구멍이 찢어지게 가난하다 초등국어6-2 4.효과적인 관용 표현	교과연계 16회 76쪽 지도 읽는 법 초등사회3-1 1.우리고장의 모습	01회 10쪽 통증이 우리에게 말해주는 것	교과연계 02회 14쪽 벌레와 곤충 초등과학3-2 2.동물의 생활	교과연계 06회 32쪽 잡채 만들기 겨울1-2 1.우리나라 문화
		27회 124쪽 김치의 역사	교과연계 11회 54쪽 우리 몸에서 피가 하는 일 초등과학5-2 4.우리 몸의 구조와 기능	교과연계 12회 58쪽 고체, 액체, 기체 초등과학3-1 2.물질의 성질	
		교과연계 31회 142쪽 세계의 다양한 인사 초등사회6-2 3.세계 여러 지역의 자연과 문화	36회 164쪽 동물도 말을 할까	교과연계 21회 98쪽 철새 초등과학3-2 2.동물의 생활	
			07회 36쪽 가장 빠른 동물들		
논설문	22회 102쪽 줄임 말				교과연계 37회 168쪽 편식을 하지 말자 초등체육3 1.건강과 생활습관
실용문	교과연계 33회 150쪽 영어 교실 안내문 초등국어3-1 5.중요한 내용을 적어요	08회 40쪽 어린이 태권도 대회	교과연계 28회 128쪽 냉장고 사용 설명서 초등국어3-1 5.중요한 내용을 적어요	기타 03회 18쪽 연극 공연 초대장	교과연계 23회 106쪽 여름 캠프 안내문 초등국어3-1 5.중요한 내용을 적어요
전기문			교과연계 18회 84쪽 루이 브라유 초등사회5-1 2. 인권 존중과 정의로운 사회		32회 146쪽 베토벤
편지글	교과연계 13회 62쪽 할머니께 보내는 편지 초등국어2-1 5.낱말을 바르고 정확하게 써요				
기타	교과연계 38회 172쪽 인터넷 실명제 초등사회3-1 3.교통과 통신 수단의 변화				17회 80쪽 라면 공장 견학

문학

동시	교과서 04회 22쪽 바다 초등국어4-1 10.감동을 표현해요 (2015개정)	09회 44쪽 잔디밭에는	14회 66쪽 빗방울 눈	교과서 29회 132쪽 주사 맞던 날 초등국어4-1 (2005개정)	교과서 39회 176쪽 말의 빛 국어(읽기)5-2		
동화	05회 26쪽 고기가 다른 까닭	10회 48쪽 바보 이반	교과서 15회 70쪽 행복한 왕자 초등국어6-1 12.문학의 갈래 (2015개정)	20회 92쪽 온달전	교과서 25회 114쪽 독 안에 든 빵 작전 초등국어4-1 10.감동을 표현해요 (2015개정)	30회 136쪽 크리스마스 선물	교과서 40회 180쪽 오성과 한음 초등국어3-1 8. 의견이 있어요 (2018개정)
기타	교과서 19회 88쪽 여름 초등음악5 (5차 교육 과정)	24회 110쪽 종이접기(동요)	34회 154쪽 참 잘했지(동요)	연극 교과서 35회 158쪽 베니스의 상인 초등국어활동5-2 10.글을 요약해요 (2015개정)			

뿌리깊은 초등국어 독해력 # 목차

스스로 붙임딱지 **활용법**

공부를 마치면 아래 보기를 참고해 알맞는 붙임딱지를 '학습결과 점검표'에 붙이세요. ※붙임딱지는 마지막 장에 있습니다.

**다 풀고 나서
스스로 대단하다는
생각이 들었을 때**
- 정답 수 : 5개 이상
- 걸린 시간 : 10분 이하

**열심히 풀었지만
어려운 문제가 있었을 때**
- 정답 수 : 4개 이하
- 걸린 시간 : 20분 이상

**오늘 읽은 글이
재미있었을 때**
- 내용이 어려웠지만
  점수와 상관없이
  학생이 재미있게 학습했다면

**스스로 공부를 시작하고
끝까지 마쳤을 때**
- 학생이 스스로 먼저
  오늘 할 공부를 시작하고
  끝까지 했다면

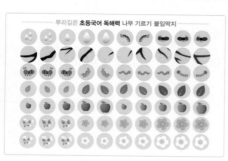

독해력 나무 기르기 **붙임딱지 활용법**

공부를 마치면 아래 설명을 참고해 알맞는 붙임딱지를 '독해력 나무 기르기'에 붙이세요. 나무를 완성해 가면서 끝까지 공부를 했다는 성취감을 느껴 보세요. ※독해력 나무 기르기는 뒤표지 안쪽에 있습니다.

❶ 그날 학습을 마쳤을 때, 학습을 한 회차 칸에 어울리는 붙임딱지를 자유롭게 붙이세요.

❷ 첫째~셋째 줄까지는 뿌리 부분(1~20일차)에 붙이는 붙임딱지입니다. 뿌리 모양 붙임딱지는 뿌리 끝의 모양에 맞춰서 붙여 보세요.

❸ 넷째~일곱째 줄까지는 나무 부분(21~40일차)에 붙이는 붙임딱지입니다.

2025 마더텅 제5기 초등학교 성적 우수 장학생 모집

2025년 저희 교재로 열심히 공부해 주신 분들께 장학금을 드립니다!

대상 30만 원 / 금상 10만 원 / 은상 3만 원

지원 자격 및 장학금 초1 ~ 초6

지원 과목 국어/영어/한자 중 1과목 이상 지원 가능 ※여러 과목 지원 시 가산점이 부여됩니다.

성적 기준
아래 2가지 항목 중 1개 이상의 조건에 해당하면 지원 가능
① 2024년 2학기 혹은 2025년 1학기 초등학교 생활통지표 등 학교에서 배부한 학업성취도를 확인할 수 있는 서류
② 2024년 7월~2025년 6월 시행 초등학생 대상 국어/영어/한자 해당 인증시험 성적표
책과함께 KBS한국어능력시험, J-ToKL, 전국영어학력경시대회, G-TELP Jr., TOEFL Jr., TOEIC Bridge, TOSEL, 한자능력검정시험(한국어문회, 대한검정회, 한자교육진흥회 주관)

위 조건에 해당한다면 마더텅 초등 교재로 공부하면서 느낀 점과 공부 방법, 학업 성취, 성적 변화 등에 관한 자신만의 수기를 작성해서 마더텅으로 보내 주세요. 우수한 글을 보내 주신 분들께 수기 공모 장학금을 드립니다!

응모 대상 마더텅 초등 교재들로 공부한 초1~초6

뿌리깊은 초등국어 독해력, 뿌리깊은 초등국어 독해력 어휘편, 뿌리깊은 초등국어 독해력 한국사, 뿌리깊은 초등국어 한자, 초등영문법 3800제, 초등영문법 777, 초등교과서 영단어 2400, 초등영어 받아쓰기·듣기 10회 모의고사, 비주얼파닉스 Visual Phonics, 중학영문법 3800제 스타터 및 기타 마더텅 초등 교재 중 1권 이상으로 신청 가능

응모 방법

① 마더텅 홈페이지 이벤트 게시판에 접속
② [2025 마더텅 초등학교 장학생 선발] 클릭 후 [2025 마더텅 초등학교 장학생 지원서 양식]을 다운
③ [2025 마더텅 초등학교 장학생 지원서 양식] 작성 후 메일(mothert.marketing@gmail.com)로 발송

접수 기한 2025년 7월 31일   수상자 발표일 2025년 8월 12일   장학금 수여일 2025년 9월 10일

1주차

주간 학습 계획표

한 주 간의 계획을 먼저 세워보세요. 매일 학습을 마친 후 맞힌 문제의 개수를 쓰세요!

회차	영역	학습 내용	학습계획일	맞은 문제수
01회	독서 **과학**	**통증이 우리에게 말해주는 것** 한 가지 과학적 사실이 어떻게 일어나며 또 우리에게 어떤 의미를 가지는지 설명하는 글입니다. 여러 차원에서 독해하는 법을 배우는 회차입니다.	월 일	독해 7문제 중 ☐ 개 어법·어휘 8문제 중 ☐ 개
02회	독서 **과학**	**벌레와 곤충** 줄글이 아닌 표로 정리된 내용을 독해하는 회차입니다. 표를 읽는 법과 글에 나타나지 않는 정보 간 관계를 읽어내는 법을 배우는 회차입니다.	월 일	독해 7문제 중 ☐ 개 어법·어휘 10문제 중 ☐ 개
03회	독서 **기타**	**연극 공연 초대장** 학생이 아닌 학부모를 대상으로 발송한 초대장입니다. 글이 긴 편이지만 내용은 단순합니다. 긴 글에서 필요한 정보를 찾아내는 법을 배우는 회차입니다.	월 일	독해 7문제 중 ☐ 개 어법·어휘 10문제 중 ☐ 개
04회	문학 **동시**	**바다** 바다를 부모님에 빗대어 표현한 시입니다. 표현하고자 한 대상과 비유한 대상의 유사점이 무엇인지, 그로 인해 어떤 느낌을 주는지 감상하는 회차입니다.	월 일	독해 7문제 중 ☐ 개 어법·어휘 8문제 중 ☐ 개
05회	문학 **동화**	**고기가 다른 까닭** 교훈이 있는 전래동화입니다. 이야기를 통해 당시 사회의 상황을 생각해보는 것과 더불어 교훈을 학습해보는 회차입니다.	월 일	독해 7문제 중 ☐ 개 어법·어휘 9문제 중 ☐ 개

독서 | 설명문 |

01회

공부한 날 [   ]월 [   ]일
시작 시간 [   ]시 [   ]분

독해력 3단계 01회
▲ QR코드를 찍으면
지문 읽기를 들을 수 있어요

우리 몸의 어느 곳에서 아픔을 알게 되는 것을 **통증**①이라고 합니다. 우리는 가끔 배나 머리가 아픈 경우가 있습니다. 또는 피부에 **상처**②가 나서 아플 때도 있습니다. 통증을 느끼는 것은 즐거운 일이 아닙니다. 때로는 너무 아파서 눈물이 나기도 하지요. 우리는 왜 통증을 느끼는 것일까요? (가)

(나) 통증은 우리 몸에서 보내는 **경고**③입니다. 감기에 걸려서 몸이 아프거나 몸의 어느 부분이 다쳤을 때, 우리의 피부에서는 상처가 생겼다는 신호를 보냅니다. 그 신호는 우리 몸 곳곳에 있는 신호를 전달하는 **신경**④을 통해서 뇌로 전달되어, 뇌에서 신호를 받아들여 통증을 느끼게 됩니다. 만약 뇌까지 통증이 전달되지 않으면, 우리는 아픔을 느끼지 못하고 몸이 아프다는 것을 알지 못하게 됩니다. 예를 들어 뜨거운 불에 손을 대고 있어도 아픈 것을 느끼지 못하게 되어 계속 손을 대고 있게 되는 것입니다. 이처럼 통증을 느끼지 못하면 더 크게 다칠 수 있습니다. (다)

(라) 통증을 느끼면, 부모님이나 선생님께 아픈 곳을 이야기해야 합니다. 그러면 부모님이나 선생님께서 약을 주시거나 쉴 수 있게 해주실 것입니다. 많이 아플 때에는 의사 선생님께 **진찰**⑤을 받아야 할 때도 있습니다. 의사 선생님은 어디가 아픈지를 듣고 아픈 이유를 찾으실 것입니다. 그리고 치료를 하기 위해 주사나 약을 **처방**⑥해 주실 것입니다. (마)

어려운 낱말 풀이 | ① **통증** 아픈 것 痛아플 통 症증세 증   ② **상처** 몸을 다친 자리 傷다칠 상 處곳 처   ③ **경고** 조심하거나 삼가도록 미리 주의를 줌 警깨우칠 경 告고할 고   ④ **신경** 우리 몸 각 부분 사이에 필요한 정보를 서로 전달하는 역할을 하는 곳 神귀신 신 經지날 경   ⑤ **진찰** 의사가 여러 가지 방법으로 환자의 병이나 증상을 살핌 診진찰할 진 察살필 찰   ⑥ **처방** 병을 치료하기 위하여 증상에 따라 약을 짓는 방법 處곳 처 方모 방

해설편 002쪽

1 중심생각

제목을 지어 보세요.

우리가 [ ] [ ] 을 느끼는 까닭

2 세부내용

통증을 느끼는 이유로 옳은 것을 고르세요. ──────── [   ]

① 약을 먹고 쉬기 위해서

② 통증을 느끼는 것은 즐거운 일이어서

③ 몸이 아프다는 경고 신호를 보내기 위해서

④ 우리 몸의 신경이 뇌까지 신호를 보내지 못해서

⑤ 감기 같은 바이러스에 걸린 것을 모르게 하기 위해서

3 세부내용

통증을 느끼면 어떻게 해야 할지 옳은 것을 고르세요. ──────── [   ]

① 통증이 없어질 때까지 참는다.

② 선생님이나 부모님께 말씀드린다.

③ 집에 있는 약을 아무거나 먹는다.

④ 통증이 있는 부분을 뜨거운 불에 댄다.

⑤ 너무 아파서 눈물이 날 때까지 기다린다.

4 구조알기

다음 [보기]의 내용이 들어갈 자리는 어디인가요? ──────── [   ]

[보 기]   그러면 더 이상 아프지 않고 나을 것입니다.

①(가)   ②(나)   ③(다)

④(라)   ⑤(마)

5 어휘표현

다음 중 뜻이 <u>다른</u> 단어 하나를 고르세요. ──────── [   ]

① 고통   ② 아픔   ③ 치료

④ 통증   ⑤ 괴로움

6

세부
내용

다음은 통증을 느끼게 되는 과정입니다. 순서대로 정리해 보세요.

[보 기] ㉠ 몸의 어느 부분이 다친다.
　　　　 ㉡ 신호가 신경을 통해서 뇌로 전달된다.
　　　　 ㉢ 뇌에서 신호를 받아서 통증을 느끼게 된다.
　　　　 ㉣ 피부에서 통증이 있다는 신호를 보낸다.

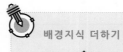 → ☐ → ☐ → ☐

7

어휘
표현

다음 빈칸에 들어갈 알맞은 낱말을 이 글에서 찾아서 써 보세요.

환자 : 선생님, 저 배가 너무 아파요. 아랫배가 콕콕 찌르는 것 같아요.

의사 선생님 : 배탈인 것 같네요. 배탈을 낫게 하는 약을 ☐☐ 해 드릴게요.

ㅊ ☐

💡 배경지식 더하기

무서운 바이러스

가장 흔한 질병인 감기도 바이러스로 인한 질병입니다. 하지만 감기의
원인이 되는 바이러스는 한두 가지가 아닙니다.
감기의 증상은 콧물, 코 막힘, 목의 통증이나 목소리 변화, 가래,
기침 등 호흡기 증상을 비롯하여 열, 두통, 근육통, 무력감 등의 전신
증상도 있습니다. 병의 원인이 되는 바이러스가 워낙 다양하기 때문에
감기마다 증상이 조금씩 다르며, 감기 백신도 만들 수 없는 것이지요.
감기에 걸렸을 때는 충분한 휴식을 취하고 물을 많이 마셔 몸의

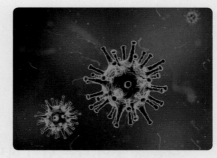

면역력을 높이면 어른들은 5일, 아이들은 2주 정도면 자연스럽게 좋아집니다. 하지만 통증이 심하면 진통제
등으로 증상을 약화시켜 주는 것도 좋습니다.

01회 어법·어휘편 <small>본문에 나온 어휘들만 따로 모아 복습하는 순서입니다.</small>

해설편 002쪽

[1단계] 아래의 낱말에 알맞은 뜻을 선으로 이어 보세요.

[1] 경고 •　　　　　• ㉠ 조심하거나 삼가도록 미리 주의를 줌

[2] 진찰 •　　　　　• ㉡ 의사가 여러 가지 방법으로 환자의 병이나 증상을
　　　　　　　　　　　　살핌

[3] 처방 •　　　　　• ㉢ 병을 치료하기 위하여 증상에 따라 약을 짓는 방법

[2단계] 아래 문장의 빈칸에 알맞은 낱말을 [보기]에서 찾아서 써넣으세요.

> [보기]　　　　경고　　　진찰　　　처방

[1] 많이 아플 때에는 의사 선생님에게 ☐☐ 을(를) 받아야 할 때도
있습니다.

[2] 치료를 하기 위해 주사나 약을 ☐☐ 해 주실 것입니다.

[3] 통증은 우리 몸에서 보내는 ☐☐ 입니다.

[3단계] 다음 [보기]를 참고하여 아래의 문장에 쓰인 알맞은 뜻의 번호를 쓰세요.

> [보기] **대다**　① 무엇을 어디에 닿게 하다.
> 　　　　　　　② 차, 배 따위의 탈것을 멈추어 서게 하다.

[1] 아버지는 어제 집 앞에 차를 <u>대시다가</u> 접촉 사고를 냈다. (　　)

[2] 소연이는 방바닥에 배를 <u>대고</u> 엎드려 만화책을 보고 있다. (　　)

시간 | **끝난 시간** ☐시 ☐분 　 채점 | **독해** 7문제 중 ☐개
1회분 푸는 데 걸린 시간 ☐분 　 **어법·어휘** 8문제 중 ☐개

← 스스로 붙임딱지
문제를 다 풀고
맨 뒷장에 있는
붙임딱지를
붙여보세요.

02회

독서 | 설명문 | 관련교과 : 초등과학3-2 2.동물의 생활

공부한 날 ☐월 ☐일

시작 시간 ☐시 ☐분

3단계 02회 15쇄

▲ QR코드를 찍으면
지문 읽기를 들을 수 있어요

벌레와 곤충, 그리고 거미의 차이점

민준이는 벌레와 곤충이 서로 어떻게 다른지 궁금했습니다. 민준이는 동네 도서관에 들러서 곤충과 벌레에 대해 설명하는 여러 종류의 책을 읽었습니다. 그러다가 거미에 대해서도 알게 되었습니다. 민준이는 공부한 내용을 표로 정리하기로 했습니다. 아래의 표는 민준이가 벌레와 곤충, 거미에 대해 알게 된 내용을 보기 좋게 정리한 표입니다.

	벌레	곤충	거미
특징	• 크기가 작은 동물 • 몸이 마디로 나뉘어 있는 동물	• 몸이 세 부분으로 구분(머리-가슴-배) • 다리 3쌍 • 날개 2쌍 • 더듬이 1쌍	• 몸이 두 부분으로 구분(머리가슴-배) • 날개 없음 • 다리 4쌍
①예	모든 곤충, 거미, 일부 작은 **갑각류**② (쥐며느리, 공벌레 등)	개미, 벌, 나비, 바퀴벌레, 모기 등	거미, 전갈
관계	모든 벌레가 곤충에 속하는 것은 아님	모든 곤충은 벌레에 속함	모든 거미는 벌레에 속함 하지만 곤충은 아님

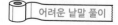 어려운 낱말 풀이

① **예** 어떤 사실을 설명하기 위해 보여주는 대표적인 것 例보기 예
② **갑각류** 단단한 껍데기에 싸여 있는 동물을 통틀어 이르는 말 甲껍데기 갑 殼껍질 각 類무리 류

1 다음 중 이 글에 나온 조사 대상은 무엇인지 <u>모두</u> 찾아서 〇표 하세요.

중심
생각

| 곤충 | 식물 | 새 | 거미 | 벌레 | 물고기 |

2 이 글에 나온 내용이 <u>아닌</u> 것은 무엇인지 고르세요. ──────── [   ]

세부
내용

① 조사 방법   ② 정리한 방법

③ 조사한 내용   ④ 조사하게 된 **동기**^①

⑤ 알게 된 후 느낀 점

3 다음 중 곤충에 대한 설명으로 <u>틀린</u> 것을 고르세요. ──────── [   ]

세부
내용

① 몸이 두 부분으로 구분되어 있다.

② 다리가 세 쌍이다.

③ 날개가 두 쌍이다.

④ 더듬이가 한 쌍이다.

⑤ 모든 곤충은 벌레다.

4 거미의 다리는 몇 쌍인가요? ──────────────── [   ]

세부
내용

① 한 쌍   ② 두 쌍   ③ 세 쌍   ④ 네 쌍   ⑤ 다섯 쌍

5 다음은 민준이가 정리한 표를 읽은 친구들의 생각입니다. 표를 <u>잘못</u> 이해한 친구를 고르세요.
──────────────────────────────────── [   ]

세부
내용

① 윤서 : 전갈은 갑각류이니까 곤충이겠구나.

② 현우 : 거미는 곤충이 아니니까 더듬이도 없겠구나.

③ 현준 : 거미는 곤충이 아닌 것을 보니 날개가 없겠구나.

④ 서윤 : 크기가 작고 몸이 마디로 나뉘어 있는 동물을 벌레라고 하는구나.

⑤ 수빈 : 거미는 몸이 마디로 나뉘어 있으니 벌레에도 속하겠구나.

어려운 낱말 풀이 | ① **동기** 어떤 일이나 행동을 하게 된 까닭 **動**움직일 동 **機**기계 기

6 다음은 진드기에 대한 설명과 사진입니다. 이 글에 따르면 진드기는 곤충과 거미 중 어디에
추론 속하는지 ○표를 하세요.

진드기
• 몸길이 : 0.5~1mm
• 더듬이와 날개가 없음
• 몸길이에 비해 무척 빠르게 움직임
• 90%의 진드기는 사람과 동물에게 해를 끼치지 않는다고 함

(곤충 / 거미)

7 다음 중 벌레, 곤충, 거미의 관계를 그림으로 바르게 나타낸 것을 고르세요. ------ [   ]
구조
알기

①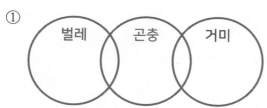

②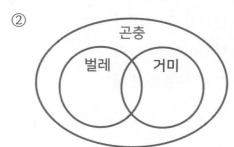

③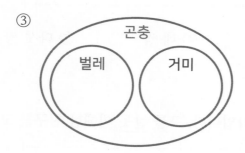

④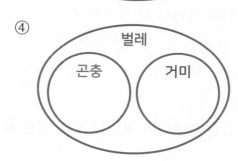

⑤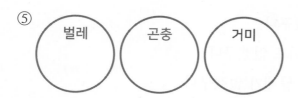

02회 어법·어휘편 본문에 나온 어휘들만 따로 모아 복습하는 순서입니다.

[**1**단계] 아래의 낱말에 알맞은 뜻을 선으로 이어 보세요.

[1] 차이 •   • ㉠ 일정한 내용에 따라 분류하고 순서나 규칙에 따라 바로잡는 것

[2] 종류 •   • ㉡ 서로 같지 않고 다름

[3] 정리 •   • ㉢ 비슷한 모양이나 특징을 가진 것끼리 모아놓은 것

[**2**단계] 아래 문장의 빈칸에 알맞은 낱말을 [보기]에서 찾아서 써넣으세요.

> [보 기]   특징   관계   내용

[1] 나는 도서관에서 읽은 책의 ☐☐ 을 보기 좋게 표로 정리했습니다.

[2] 모든 벌레가 곤충에 속하는 ☐☐ 는 아니다.

[3] 곤충의 ☐☐ 중 하나는 몸이 머리, 가슴, 배로 구분된다는 것이다.

[**3**단계] 아래의 낱말에 알맞은 뜻을 선으로 이어 보세요.

[1] 대출 •   • ㉠ 책이 꽂혀 있는 곳

[2] 사서 •   • ㉡ 도서관에서 책을 빌려주고 관리하는 사람

[3] 반납 •   • ㉢ 도서관에서 책을 빌리는 일

[4] 서가 •   • ㉣ 빌린 책을 도서관에 돌려주는 일

시간 끝난 시간 ☐시 ☐분
1회분 푸는 데 걸린 시간 ☐분

채점 독해 7문제 중 ☐개
어법·어휘 10문제 중 ☐개

← 스스로 붙임딱지
문제를 다 풀고 맨 뒷장에 있는 붙임딱지를 붙여보세요.

03회

독서 | 실용문 |

공부한 날 [ ]월 [ ]일
시작 시간 [ ]시 [ ]분

3단계 03회 26쇄

▲ QR코드를 찍으면
지문 읽기를 들을 수 있어요

제목 : 꿈나무 연극 공연에 초대합니다.

학부모님, 안녕하세요.

따사로운 햇볕이 내리쬐는 날씨가 매일 계속되고 있습니다. 점점 뜨거워지는 햇볕을 피해 잠시 쉬어 가는 마음으로 공연 나들이는 어떠신지요? 연기에 대한 뜨거운 **열정**①을 가진 행복초등학교 4학년 1반의 연극 **동아리**② 꿈나무의 첫 번째 공연에 여러분을 초대합니다.

저희가 공연하고자 하는 연극 제목은 '2024년, 흥부와 놀부'입니다. 원래의 이야기와는 다르게 **현대**③에 사는 흥부와 놀부 이야기로 여러분들이 지루하지 않게 내용을 바꾸어 보았습니다.

무대에 서는 친구들은 완벽한 모습을 보여 주기 위해 많은 노력을 하였습니다. 국어 선생님의 도움으로 기훈이는 착하지만 **어리바리한**④ 흥부를 표현하기 위해 녹음기를 써 가면서 말투를 고쳤습니다. 지유는 놀부 아내의 사납고 욕심 많은 모습을 표현하기 위해 **분장**⑤을 배웠습니다. 주환이는 춤 잘 추는 제비를 보여 주기 위해 인터넷에서 춤에 대한 동영상을 찾아 연습했습니다. 그리고 효연이는 실감 나는 도깨비를 보여 주기 위해 도깨비 옷과 방망이를 직접 만들었습니다.

이러한 노력의 **결실**⑥을 맺는 자리에 바쁘시더라도 잠시 시간을 내어 참석해 주셔서 자리를 빛내 주시기 바랍니다. 많은 관심과 **격려**⑦ 부탁드립니다.

일 시 : 2024년 7월 13일 토요일 오후 1시, 오후 3시

장 소 : 행복초등학교 종합 학습관

전 화 : 070-8260-5456

1
중심
생각

이 글은 어떤 내용의 글인가요? ──────────────────────── [　　　]

① 어느 날의 일기 글이다.

② 공연에 초대하는 글이다.

③ 글쓴이의 느낌을 표현한 글이다.

④ 글쓴이의 의견을 제시한 글이다.

⑤ 잘못한 일을 반성하고 있는 글이다.

2
세부
내용

글에 나타나 있지 <u>않은</u> 것은 무엇인가요? ──────────────── [　　　]

① 공연 장소

② 안내 전화

③ 연극의 제목

④ 글을 쓴 사람

⑤ 글을 읽을 사람

3
세부
내용

이 글의 내용과 <u>다른</u> 것은 무엇인가요? ──────────────── [　　　]

① 연극은 오후 1시, 오후 3시에 시작한다.

② 연극 제목은 '2024년, 흥부와 놀부'이다.

③ 국어 선생님이 연극 준비에 도움을 주었다.

④ 연극 동아리는 4학년 1반 학생들로 구성되어 있다.

⑤ 원래의 흥부와 놀부 이야기를 그대로 연극으로 꾸몄다.

4
구조
알기

다음 [보기]의 내용이 들어갈 곳은 어디인가요? ──────────── [　　　]

> [보기]　 오시는 길에 대한 자세한 내용은 문자 메시지로 보내드리겠습니다.

① 제목　　　　② 일시　　　　③ 장소　　　　④ 전화　　　　⑤ 답 없음

🧻 **어려운 낱말 풀이** ① **열정** 어떤 일에 열렬한 애정을 가지고 집중하는 마음 熱더울 열 情뜻 정　 ② **동아리** 같은 뜻을 가지고 모인 무리　 ③ **현대** 지금의 시대 現나타날 현 代대신할 대　 ④ **어리바리한** 정신이 또렷하지 못하거나 기운이 없어 몸을 제대로 놀리지 못하고 있는 상태인　 ⑤ **분장** 등장인물의 성격, 나이, 특징에 맞게 배우를 꾸밈 扮꾸밀 분 裝꾸밀 장　 ⑥ **결실** 일의 결과가 잘 맺어짐 結맺을 결 實열매 실　 ⑦ **격려** 용기나 의욕이 솟아나도록 북돋워 줌 激격할 격 勵힘쓸 려

5

어휘
표현

[보기]가 설명하는 낱말을 이 글에서 찾아 써 보세요.

[보기]   같은 뜻을 가지고 모인 무리

☐☐☐

6

내용
적용

연극의 관객들은 어떤 사람들일까요? 한 번 생각해서 적어 보세요.

☐☐ 초등학교 ☐ 학년 ☐ 반 친구들의

☐☐☐ 님들일 것입니다.

7

추론

연극 공연을 준비하는 아이들이 사용했을 것 같은 물건을 알맞게 연결해 보세요.

[1] 지유 •   • ㉠ 인터넷

[2] 효연 •   • ㉡ 녹음기

[3] 주환 •   • ㉢ 분장 도구

[4] 기훈 •   • ㉣ 천과 바느질 도구

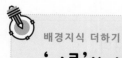

배경지식 더하기

'서클'보다 순우리말인 '동아리'를 쓰자!

'서클'과 '동아리'는 비슷한 뜻을 가지고 있습니다. 하지만 '서클'은 순우리말이 아니라 다른 나라 말에서 온 외래어이고 '동아리'는 순우리말입니다. 이렇게 외국어나 외래어 대신 우리말을 쓰는 것이 좋습니다.

왜냐하면 외국어를 많이 사용하면 예쁘고 아름다운 우리말이 점점 줄어들어 사라지게 되고 또 우리말을 사용하는 것이 더 이해하기도 쉽기 때문입니다. 따라서 우리말로 바꾸어 쓸 수 있는 외국어들은 우리말로 쓰는 것이 우리말을 지키는 길입니다.

03회 어법·어휘편 본문에 나온 어휘들만 따로 모아 복습하는 순서입니다.

[**1단계**] 아래의 낱말에 알맞은 뜻을 선으로 이어 보세요.

[1] 분장 •   • ㉠ 일의 결과가 잘 맺어짐

[2] 결실 •   • ㉡ 용기가 솟아나도록 응원해 줌

[3] 격려 •   • ㉢ 등장인물의 성격, 나이, 특징에 맞게
                                         옷이나 화장으로 배우를 꾸밈

[**2단계**] 아래 문장의 빈칸에 알맞은 낱말을 [보기]에서 찾아서 써넣으세요.

> [보 기]   분장   결실   격려

[1] 노력의 ☐☐ 을 맺는 자리에 참석하셔서 자리를 빛내 주시기 바랍니다.

[2] 지유는 놀부 아내의 욕심 많은 모습을 표현하려고 ☐☐ 을 배웠습니다.

[3] 많은 관심과 ☐☐ 부탁드립니다.

[**3단계**] 다음은 연극을 할 때 쓰이는 낱말입니다. 뜻을 읽고 어떤 낱말인지 [보기]에서 찾아서 써 보세요.

> [보 기]   무대   대사   소품   의상

[1] 연극이나 영화에서 배우가 하는 말   ☐☐

[2] 배우나 무용수가 연기를 할 때 입는 옷   ☐☐

[3] 연극을 하기 위해 만들어 놓은 단   ☐☐

[4] 연극에서 무대 장치나 분장에 쓰이는 작은 도구   ☐☐

시간 끝난 시간 ☐ 시 ☐ 분   채점 독해 7문제 중 ☐ 개   ← 스스로 붙임딱지
1회분 푸는 데 걸린 시간 ☐ 분   어법·어휘 10문제 중 ☐ 개   문제를 다 풀고
                                                      맨 뒷장에 있는
                                                      붙임딱지를
                                                      붙여보세요.

04회

문학 | 동시 | 관련교과 : 초등국어4-1④ 10.감동을 표현해요 (2015개정)

공부한 날 [ ]월 [ ]일

시작 시간 [ ]시 [ ]분

독해력 3단계 04회

▲ QR코드를 찍으면
지문 읽기를 들을 수 있어요

바다

박필상

바다는 엄마처럼
가슴이 넓습니다.
온갖 물고기와
조개들을 **품**에 안고
파도가
칭얼거려도
다독다독 달랩니다.

바다는 아빠처럼
못하는 게 없습니다.
시뻘건 아침 해를
번쩍 들어 올리시고
배들도
갈매기 **떼도**
둥실둥실 띄웁니다.

1

중심
생각

이 시의 글감은 무엇인가요?

[ ] [ ]

어려운 낱말 풀이 ① **품** 두 팔을 벌려서 안을 때의 가슴 ② **칭얼거려도** 못마땅하여 짜증을 내도 ③ **시뻘건** 매우 빨간 ④ **떼** 목적이나 행동을 같이 하는 무리 ⑤ **글감** 글의 소재. '무엇'에 관한 글에서의 '무엇'

2
요소

말하는 이는 무엇을 하고 있나요? ------------------------------- [   ]

① 바닷가로 가고 있다.

② 바다를 바라보고 있다.

③ 조개들을 품에 안고 있다.

④ 바다에서 수영을 하고 있다.

⑤ 배를 타고 낚시를 하고 있다.

3
세부
내용

시에 나오지 <u>않는</u> 장면을 고르세요. ------------------------------- [   ]

① 해가 뜨고 있는 바다의 모습

② 배가 떠다니고 있는 바다의 모습

③ 물고기들이 살고 있는 바다의 모습

④ 거센 비바람이 불고 있는 바다의 모습

⑤ 갈매기가 날아다니고 있는 바다의 모습

4
작품
이해

시를 읽고 느낄 수 있는 상황이나 기분을 고르세요. ------------------------------- [   ]

① 무서움　　　　　② 위험함　　　　　③ 지루함

④ 시끄러움　　　　⑤ 평화로움

5
세부
내용

빈칸을 채워서 이 시와 내용이 같은 줄글을 완성해 보세요.

바다는 [ ][ ] 처럼 가슴이 넓다.

온갖 것들을 [ ] 에 안을 수 있고, 파도도 달래기 때문이다.

바다는 [ ][ ] 처럼 못하는 게 없기도 하다.

아침 [ ] 를 번쩍 들어 올리고

배들도 [ ][ ][ ] 떼도 둥실둥실 띄우기 때문이다.

6 이 시에 대해 <u>다른</u> 말을 하는 친구는 누구인지 고르세요. ┄┄┄┄┄┄ [   ]

작품
이해

① 원홍 : 바닷가의 경치가 느껴져.

② 지은 : 색깔을 나타내는 표현을 사용했어.

③ 재원 : 바다의 사계절을 아름답게 표현했어.

④ 현아 : 소리나 모양을 흉내 내는 표현도 사용했네.

⑤ 은정 : 바다를 엄마나 아빠 같다고 말하는 게 재미있어.

7 아래 [보기]는 위의 시와 어떤 공통점을 가지고 있는지 골라 보세요. ┄┄┄┄ [   ]

추론
적용

> [보 기]
>
> 지난 주말에 가족과 함께 바다에 다녀왔다. 모래밭을 폴짝폴짝 뛰어다니면서 조개도 줍고 바닷가에서 갈매기가 훨훨 날아다니는 모습도 보았다. 파도 소리를 들으면서 넓은 바다를 보니 기분이 상쾌했다.

① 글감이 같다.

② 글자 수가 같다.

③ 등장인물이 같다.

④ 색깔을 나타내는 표현을 사용했다.

⑤ 일어나면 좋을 것 같은 일을 상상해서 썼다.

배경지식 더하기

생명의 기원, 바다

↑ 깊은 바다 속에서 터진 화산

박필상 작가의 〈바다〉라는 시는 '바다'를 부모님에 비유하고 있습니다. 이 작품뿐만 아니라 많은 문학 작품에서 바다는 부모님에 비유되곤 합니다. 왜 그럴까요? 왜냐하면 많은 과학자들이 생명이 처음 시작된 곳을 바다라고 말하고 있기 때문입니다. 지구가 처음 만들어졌을 때, 아직 지구상에는 생명체가 없었습니다. 그때 바다 깊은 곳에서 터진 화산의 열기로 인해 생명체가 만들어졌을 것이라고 추측하는 것입니다. 생명의 기원에 대해서 아직 정확하게 알진 못하지만 대다수 학자들이 이렇게 생각하고 있다고 합니다.

04회 어법·어휘편 본문에 나온 어휘들만 따로 모아 복습하는 순서입니다.

[1단계] 아래의 낱말에 알맞은 뜻을 선으로 이어 보세요.

[1] 품 •   • ㉠ 매우 빨간

[2] 시뻘건 •   • ㉡ 행동을 같이 하는 무리

[3] 떼 •   • ㉢ 두 팔을 벌려서 안을 때의 가슴

[2단계] 빈칸에 알맞은 낱말을 [보기]에서 골라 쓰세요.

[보 기]   품   시뻘건   떼

[1] 아기가 엄마의 ☐☐☐☐ 에 안겨있다.

[2] 길가에서 넘어져서 다리에 ☐☐☐☐ 피가 났다.

[3] 수많은 물고기들이 ☐☐☐☐ 을(를) 지어 헤엄쳐 간다.

[3단계] 문장을 읽고 밑줄 친 낱말을 바르게 고쳐 보세요.

[1] <u>온갓</u> 물고기와 조개들을 품에 안고

→ _____

[2] 둥실둥실 <u>띠웁니다</u>.

→ _____

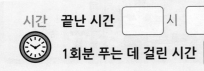

시간 **끝난 시간** ☐ 시 ☐ 분

1회분 푸는 데 걸린 시간 ☐ 분

채점 **독해** 7문제 중 ☐ 개

어법·어휘 8문제 중 ☐ 개

← 스스로 붙임딱지
문제를 다 풀고
맨 뒷장에 있는
붙임딱지를
붙여보세요.

05회

문학 | 동화 |

공부한 날   월   일
시작 시간   시   분

독해력 3단계 05회
▲ QR코드를 찍으면
지문 읽기를 들을 수 있어요

　옛말 중에 '어 다르고 아 다르다.'라는 말이 있습니다. 무슨 말일까요? 다음 이야기는 이 옛말을 잘 나타내 주는 이야기입니다.

　옛날 어느 마을에 박바우라는 이름을 가진 노인이 살고 있었습니다. 박 노인은 젊은 시절부터 계속해서 고기를 팔고 있었습니다. 그러던 어느 날이었습니다. 한 젊은 양반이 가게에 들어오더니 대뜸 말했습니다.

　"㉠야, 바우야. 고기 한 <u>근</u>①만 주거라."

　"예."

　박 노인은 그 양반에게 짧게 대답하고 <u>건성</u>②으로 고기를 대충 잘라 주었습니다. 그 때 다른 양반이 박 노인의 가게에 들어왔습니다. 그러더니 <u>깍듯하게</u>③ 박 노인에게 말했습니다.

　"박 서방, 고기 한 근만 주겠소?"

　"예, 알겠습니다! 잠시 기다려 주십시오!"

　박 노인도 그 양반에게 깍듯하게 대답하였습니다. 그러고는 아주 맛있어 보이는 <u>부위</u>④로 잘 잘라 주었습니다.

　먼저 고기를 산 양반은 이 모습을 보더니 화가 났습니다. 자신이 받은 부위는 훨씬 맛이 없어 보이기도 했고, 양도 더 적어 보였습니다. 그래서 박 노인에게 버럭 화를 내며 따졌습니다.

　"야, 이놈아! 나도 똑같은 고기를 샀는데, 왜 저 양반의 고기가 더 좋아 보이고 양도 많단 말이더냐?"

　그러자 박 노인이 <u>태연하게</u>⑤ 대답했습니다.

　"어 다르고 아 다른 법이지요. 손님의 고기는 바우가 자른 고기이고, 저 분의 고기는 박 서방이 자른 고기이지 않습니까?"

　그러자 그 양반은 그만 얼굴이 빨개지며 할 말을 잃고 말았습니다.

　-전래 동화 「고기가 다른 까닭」

1 중심 생각

이 이야기의 주인공인 박 노인의 이름은 무엇인가요?

☐ ☐ ☐

2 요소

이 이야기의 장소로 가장 적절한 곳을 고르세요. ─────────── [   ]

① 학교   ② 무덤   ③ 목장   ④ 시장   ⑤ 곳간

3 세부 내용

이 이야기에 대한 설명으로 옳은 것을 고르세요. ─────────── [   ]

① 박 노인은 젊었을 때부터 고기를 팔았다.

② 먼저 온 양반은 박 노인에게 친절하게 대했다.

③ 뒤에 온 양반은 박 노인을 건성으로 대했다.

④ 먼저 온 양반은 나중에 박 노인에게 사과했다.

⑤ 뒤에 온 양반은 박 노인에게 크게 화를 내었다.

4 작품 이해

이야기를 읽고 생각이나 느낀 점을 가장 바르게 말한 친구를 고르세요. ───────── [   ]

① 민호 : 손님을 차별한 박 노인은 나빠.

② 혜린 : 박바우라는 노인은 불친절한 상인이야.

③ 준형 : 나도 나이가 많아져서, 내 마음대로 하고 다녔으면 좋겠어.

④ 희원 : 상대방에게 친절히 대하면 나도 친절한 대접을 받을 수 있어.

⑤ 재훈 : 손님이 왕이라는 말이 있는데, 박바우라는 사람은 너무한 거 아니야?

5 어휘 표현

밑줄 친 ㉠을 연극으로 꾸민다면 연기자는 어떤 말투로 연기하는 것이 좋을까요?

───────── [   ]

① 공손하게   ② 거만하게

③ 조용하게   ④ 다급하게

⑤ 부끄러워하며

🧻 어려운 낱말 풀이 : ① **근** 고기 등의 무게를 잴 때 쓰는 단위 ② **건성** 어떤 일을 성의 없이 대충 겉으로만 함 ③ **깍듯하게** 예의 바르게 ④ **부위** 전체에 대하여 어느 특정 부분이 차지하는 위치 部거느릴 부 位자리 위 ⑤ **태연하게** 놀랄 만한 데도 보통 때와 같이 泰편안할 태 然그러할 연-

6
세부
내용

이 이야기를 다음과 같이 정리해 보세요.

인물	☐☐☐ 라는 노인과 두 ☐☐
배경	옛날, 어느 ☐☐
사건	☐☐ 를 사면서 벌어진 일

7
추론
적용

이 이야기와 관련된 속담으로 가장 알맞은 것은 무엇일지 골라 보세요. ·············· [   ]

① 가는 말이 고와야 오는 말도 곱다.

② 아니 땐 굴뚝에 어찌 연기가 나랴?

③ 들으면 병이고, 듣지 않으면 약이다.

④ 어린아이의 말일지라도 귀담아 들어야 한다.

⑤ 노랫소리가 아무리 아름다워도 오래 들으면 싫증이 난다.

배경지식 더하기

속담들을 알아볼까요?

아니 땐 굴뚝에 어찌 연기가 나랴?
→ 아무런 까닭 없이 어떤 일이 저절로 일어나지는 않는다는 뜻

들으면 병이고, 듣지 않으면 약이다.
→ 듣고 알게 되면 오히려 우리의 걱정이나 불안함이 커지는 말들도 있다는 뜻

어린아이의 말일지라도 귀담아들어야 한다.
→ 어린아이의 말도 존중하고 들어줘야 한다는 뜻

노랫소리가 아무리 아름다워도 오래 들으면 싫증이 난다.
→ 어떤 말이라도 계속 들으면 싫증이 나기 때문에 무엇이든 적당히 해야 한다는 뜻

05회 어법·어휘편 본문에 나온 어휘들만 따로 모아 복습하는 순서입니다.

[1단계] 아래의 낱말에 알맞은 뜻을 선으로 이어 보세요.

[1] 건성 •　　　　　　　　• ㉠ 놀랄 만한 데도 보통 때와 같다.

[2] 태연하다 •　　　　　　　• ㉡ 어떤 일을 성의 없이 대충 겉으로만 함

[3] 깍듯하다 •　　　　　　　• ㉢ 예의가 바르다.

[2단계] 빈칸에 알맞은 낱말을 [보기]에서 골라 쓰세요.

> [보기]　　　　　　　건성　　　버럭

[1] 너는 왜 항상 모든 일을 □□으로 하니?

[2] 왜 갑자기 소리를 □□ 지르니?

[3단계] [보기]의 수를 세는 단위에 대한 설명을 보고, 아래 빈칸을 채워 보세요.

> [보기]　[1] 근 : 고기 등의 무게를 재는 단위
> 　　　　[2] 포기 : 뿌리까지 통째로의 식물 하나하나를 세는 단위
> 　　　　[3] 잔 : 음료나 술을 담은 컵을 세는 단위
> 　　　　[4] 그루 : 나무를 세는 단위

[1] 김치를 담그는 데 무려 배추가 열 □□ 나 들어갔네.

[2] 너무 목이 마르니 물 한 □ 만 줄 수 있겠니?

[3] 아저씨, 삼겹살 두 □ 만 포장해 주세요.

[4] 내일 지구가 멸망하더라도 나는 오늘 한 □□ 의 사과나무를 심겠다.

시간　끝난 시간 □시 □분　채점　독해 7문제 중 □개　　　◆ 스스로 붙임딱지
1회분 푸는 데 걸린 시간 □분　　　어법·어휘 9문제 중 □개　　문제를 다 풀고 맨 뒷장에 있는 붙임딱지를 붙여보세요.

1주 | 05회 29

가려고(○) / 갈려고(×)

> 오늘은 즐거운 겨울 방학식 날입니다. 영훈이와 서영이는 방학 계획에 대해서 이야기하고 있습니다.
>
> 　영훈 : 서영아! 너 방학 때 뭘 할 거니?
>
> 　서영 : 나는 부산에 있는 할머니 댁에 **가려고** 해. 너는 뭘 **할려고**?
>
> 　영훈 : 난 강릉에 가족 여행을 **갈려고** 해.
>
> 　서영 : 그런데 잠깐! '갈려고'라니? '가려고'라고 말해야지.
>
> 　영훈 : 글쎄. 난 둘 다 맞는 것 같은데. 그럼 '할려고'는 맞는 거야?

'가려고'와 '갈려고' 중 바른 표현은 '가려고'입니다. '가다, 하다'와 같이 '-다' 앞의 말에 받침이 없으면 '-려고'가 붙어 '가려고, 하려고'가 되고, '먹다, 잡다'처럼 '-다' 앞의 말에 받침이 있으면 '-(으)려고'가 붙어 '먹으려고, 잡으려고'가 됩니다. 그런데 이 표현을 <u>갈려고, 할려고', '먹을려고, 잡을려고</u>'로 잘못 쓰는 경우가 많습니다. 원래 'ㄹ'받침이 있는 '만들다'의 '만들려고'처럼 '-려고' 앞에 'ㄹ'을 덧붙였기 때문입니다. '갈려고, 할려고, 먹을려고, 잡을려고'는 우리에게 익숙한 표현이지만, '가려고, 하려고, 먹으려고, 잡으려고'로 쓰는 것이 맞습니다.

바르게 고쳐 보세요.

서영 : 너는 뭘 **할려고**?

　　→ 너는 뭘 ☐☐☐ ?

영훈 : 나는 강릉에 가족 여행을 **갈려고** 해.

　　→ 나는 강릉에 가족 여행을 ☐☐☐ 해.

2주차

한 주 간의 계획을 먼저 세워보세요. 매일 학습을 마친 후 맞힌 문제의 개수를 쓰세요!

회차	영역	학습 내용	학습계획일	맞은 문제수
06회	독서 기타	**잡채 만들기** 요리 레시피입니다. 줄글로 된 요리법을 순서대로 독해하고, 필요한 정보를 파악하는 법을 연습하는 회차입니다.	월 일	독해 7문제 중 □개 어법·어휘 8문제 중 □개
07회	독서 사회	**가장 빠른 동물들** 세상에서 가장 빠른 동물들에 대해 설명한 글입니다. 각 동물들이 빠른 까닭을 독해해 보는 회차입니다. 독해한 내용을 바탕으로 지구상에서 가장 빠른 동물들의 특징을 알아보세요.	월 일	독해 7문제 중 □개 어법·어휘 8문제 중 □개
08회	독서 사회	**어린이 태권도 대회** 어린이 태권도 대회 행사를 알리는 안내문입니다. 이 안내문에는 많은 정보가 담겨 있습니다. 안내문을 잘 독해한 후 많은 정보들 속에서 문제에서 요구하는 정답의 내용을 찾아보는 연습을 하는 회차입니다.	월 일	독해 7문제 중 □개 어법·어휘 8문제 중 □개
09회	문학 동시	**잔디밭에는** 이 시는 주변에서 흔히 볼 수 있는 장면을 시적 표현을 통해 새롭게 나타냈습니다. 시에서 어떤 표현법이 쓰였는지를 잘 생각하며 독해 문제를 풀어 보세요.	월 일	독해 7문제 중 □개 어법·어휘 8문제 중 □개
10회	문학 소설	**바보 이반** 톨스토이의 유명한 단편 소설 중 일부분을 지문으로 실었습니다. 사람들이 악마의 말과 행동을 왜 오해했는지 독해해 봄으로써 소설을 입체적으로 읽어 내는 연습을 하는 회차입니다.	월 일	독해 7문제 중 □개 어법·어휘 8문제 중 □개

독서 | 설명문 | 관련교과 : 겨울1-2 1.우리나라 문화

06회

공부한 날 ☐월 ☐일
시작 시간 ☐시 ☐분

독해력 3단계 06회
▲ QR코드를 찍으면
지문 읽기를 들을 수 있어요

잡채는 **잔칫상**①에 빠지지 않는, 누구나 좋아하는 음식입니다. '잡채'란 여러 가지 채소를 섞은 음식이라는 뜻을 가지고 있습니다. 지금부터 우리의 전통 음식인 잡채를 만드는 방법에 대해 알아봅시다.

첫째, **재료**②를 준비합니다. 잡채에 들어가는 재료는 당면, 돼지고기 또는 소고기, 당근, 양파, 버섯, 간장, 설탕, 참기름, 후추 등이 있습니다. 당면은 물에 미리 담가서 1시간 정도 불려 둡니다. 채소들은 깨끗하게 씻어 준비합니다.

둘째, 고기는 길게 **채**③ 썰어서 간장, 후추 등으로 미리 **밑간**④을 합니다. 그리고 당근, 양파는 가늘게 채를 썰고 버섯도 긴 모양으로 먹기 좋게 **손질**⑤합니다. 버섯은 목이버섯이나 표고버섯을 많이 이용합니다. 느타리버섯을 사용할 수도 있습니다.

셋째, 팬에 기름을 두르고 채소와 버섯, 그리고 고기를 볶아 줍니다. 채소와 버섯을 볶을 때는 소금을 조금 넣어 줍니다. 한 번에 다 같이 볶지 않고 따로 볶아 주면 채소의 **색감**⑥도 살고 **고유**⑦의 맛도 잘 살릴 수 있습니다.

넷째, 불려 둔 당면은 끓는 물에 삶아서 부드럽게 해 줍니다. 그리고 큰 볼에 옮긴 뒤 간장, 설탕, 참기름으로 양념을 하고 볶아 둔 재료와 잘 섞어 줍니다.

이렇게 만들어진 잡채는 먹기 좋게 그릇에 담아냅니다. 여기에 달걀로 **지단**⑧을 만들어서 **고명**⑨으로 얹으면 더욱 먹음직스러운 잡채를 만들 수 있습니다. 잡채는 맛도 좋지만 여러 가지 영양소가 골고루 들어가 건강에도 좋은 음식입니다. 여러분도 잡채 요리에 도전해 보세요.

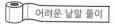 **어려운 낱말 풀이**

① **잔칫상** 잔치를 벌이기 위하여 음식을 차려 놓은 상 -床평상 상   ② **재료** 물건을 만드는 데 들어가는 것 材재목 재 料헤아릴 료   ③ **채** 야채나 과일을 가늘고 길쭉하게 잘게 써는 일   ④ **밑간** 음식을 만들기 전에 재료에 미리 해 놓는 간   ⑤ **손질** 손을 대어 잘 매만지는 일   ⑥ **색감** 색에서 받는 느낌 色빛 색 感느낄 감   ⑦ **고유** 본래부터 가지고 있는 것 固굳을 고 有있을 유   ⑧ **지단** 달걀의 흰자와 노른자를 갈라서 따로따로 프라이팬에 얇게 부쳐 잘게 썬 것   ⑨ **고명** 음식의 모양과 빛깔을 돋보이게 하고 음식의 맛을 더하기 위하여 음식 위에 얹거나 뿌리는 것

1
중심
생각

가장 중심이 되는 낱말을 찾아 ○표 하세요.

| 고기 | 손질 | 음식 | 당면 | 잡채 | 고명 |

해설편 004쪽

2
세부
내용

윗글을 읽고 재료별로 어떻게 준비해야 하는지 알맞은 것끼리 연결해 보세요.

[1] 고기 •   • ㉠ 물에 미리 불립니다.

[2] 당면 •   • ㉡ 밑간을 합니다.

[3] 버섯 •   • ㉢ 긴 모양으로 먹기 좋게 손질합니다.

3
구조
알기

빈칸에 알맞은 낱말을 넣어 잡채 만드는 방법을 정리해 봅시다.

> ### 잡채 만드는 방법
>
> 1. 재료 준비
>
>   재료 : ☐☐ , 돼지고기 또는 소고기, 당근, 양파, 버섯, 간장, 설탕 등
>
>   - ☐☐ 은 1시간 정도 미리 물에 담가서 불려 둔다.
>
>   -채소는 물에 깨끗이 씻어 둔다.
>
> 2. 재료 ☐ 썰기
>
>   고기, 당근, 양파, 버섯 등을 길게 썰어 놓는다.
>
> 3. ☐☐ 하기
>
>   길게 썰어놓은 고기는 간장, 후추 등을 뿌려 재어 놓는다.
>
> 4. 볶기
>
>   팬에 기름을 두르고 채소와 버섯, 고기를 볶는다.
>
> 5. ☐☐ 삶기
>
>   불려 둔 ☐☐ 은 끓는 물에 삶아서 부드럽게 해 준다.
>
> 6. 섞기
>
>   부드럽게 된 당면과 볶은 재료들을 간장, 설탕, 참기름으로 양념을 하면서 잘 섞어
>   준다.

4

세부
내용

다음 중 잡채를 만드는 방법에 대해 <u>잘못</u> 말하고 있는 친구를 고르세요. ············· [　　　]

① 민지 : 당면은 미리 물에 담가야겠어.

② 유찬 : 당근과 양파는 굵게 썰어야겠어.

③ 세민 : 양념할 때에는 설탕, 간장, 참기름이 필요해.

④ 한서 : 채소를 볶을 때에는 따로따로 볶는 게 좋겠어.

⑤ 수호 : 불린 당면은 끓는 물에 삶아서 부드럽게 만들어야겠어.

5

어휘
표현

아래 문장이 뜻하는 낱말을 이 글에서 찾아 쓰세요.

> 본래부터 가지고 있는 것

☐☐

6

내용
적용

채소와 버섯을 볶을 때 따로 볶으면 좋은 점을 써 보세요.

채소와 버섯을 한 번에 다 같이 볶지 않고 따로 볶아주면

채소의 ☐☐ 도 살고 ☐☐ 의 맛도 잘 살릴 수 있습니다.

7

추론

이 글을 읽는 방법으로 바른 것을 고르세요. ------------------------------------- [　　　]

① 사실과 의견을 구분하면서 읽어야 한다.

② 과정과 순서를 잘 살펴보면서 읽어야 한다.

③ 시간과 장소를 잘 기억하면서 읽어야 한다.

④ 주인공의 기분이 어떤지 생각하면서 읽어야 한다.

⑤ 문제를 어떻게 해결할지 생각하면서 읽어야 한다.

[**1단계**] 아래의 낱말에 알맞은 뜻을 선으로 이어 보세요.

[1] 재료 •   • ㉠ 손을 대어 잘 매만지는 일

[2] 손질 •   • ㉡ 물건을 만드는 데 들어가는 것

[3] 색감 •   • ㉢ 색에서 받는 느낌

[**2단계**] 아래 문장의 빈칸에 알맞은 낱말을 [보기]에서 찾아서 써넣으세요.

> [보 기]   재료   손질   색감

[1] 잡채에 들어가는 ☐☐ 은(는) 당면, 돼지고기 등이 있습니다.

[2] 한 번에 다 같이 볶지 않고 따로 볶아주면 채소의 ☐☐ 이(가) 삽니다.

[3] 버섯도 긴 모양으로 먹기 좋게 ☐☐ 합니다.

[**3단계**] 다음 문장과 낱말의 뜻을 읽고 빈칸을 채워 문장을 완성하세요.

[1] 이러한 좋은 행사는 우리의 ☐☐ 으로 가꾸어 나가야 한다.

☞ 옛날부터 전해져 내려오는 문화, 행사, 놀이 등의 생활 모습이나 행동

[2] 잡채는 맛도 좋지만 여러 가지 ☐☐☐ 가 골고루 들어 있다.

☞ 우리 몸이 성장하거나 움직이는 데 꼭 필요한 성분

시간 **끝난 시간** ☐시 ☐분   채점 **독해** 7문제 중 ☐개   ← 스스로 붙임딱지 문제를 다 풀고 맨 뒷장에 있는 붙임딱지를 붙여보세요.

🕐 **1회분 푸는 데 걸린 시간** ☐분   ⭐ **어법·어휘** 8문제 중 ☐개

독서 | 설명문 |

07회

공부한 날 ☐ 월 ☐ 일
시작 시간 ☐ 시 ☐ 분

독해력 3단계 07회
▲ QR코드를 찍으면
지문 읽기를 들을 수 있어요

치타는 육지에서 가장 빨리 달리는 동물입니다. 치타는 용수철처럼 **탄력**[1] 있는 등뼈와 강한 다리를 이용해서 **시속**[2] 112~120km의 속도로 달릴 수 있습니다. 치타가 이처럼 빨리 달려야 하는 이유는 ㉠가젤이나 영양을 잡아먹기 위해서입니다. 가젤과 영양의 속력은 시속 80km 정도로, ㉡치타 다음으로 빠른 육상 동물입니다. 치타가 이렇게 빠른 가젤이나 영양을 사냥하는 이유는 ㉢사자나 표범 같은 대부분의 육식동물들이 ㉣이들을 잡지 못하기 때문입니다. 치타는 ㉤자신보다 힘센 육식동물들이 사냥할 수 없는 대상을 먹이로 삼는 것입니다. 가젤은 치타보다 느리기 때문에 지그재그로 뛰면서 치타를 지치게 만든 뒤 달아납니다. 치타는 빠른 대신 오래 달리지는 못해서 300m가량 달리면 잠시 쉬어야 합니다.

↑ 치타

바다에서 가장 빠른 동물은 시속 110km의 속도로 헤엄칠 수 있는 돛새치입니다. 바닷속에서는 물의 **저항**[3] 때문에 육지에서만큼 빠르게 이동하기 어렵습니다. 그런데도 돛새치는 치타만큼 빠른 속도로 헤엄칠 수 있습니다. 돛새치는 이름이 말해주듯이 **돛**[4]처럼 생긴 커다란 등지느러미를 가지고 있습니다. 이 등지느러미와 잘 **발달한**[5] 근육 덕분에 돛새치는 물살을 힘차게 가르며 헤엄칠 수 있습니다.

송골매는 하늘에서 가장 빠르게 날 수 있는 동물입니다. 송골매의 콧구멍에는 조그만 **돌기**[6]가 있어서 돌진할 때 코로 바람이 한꺼번에 많이 들어가지 않고 안정적으로 호흡할 수 있습니다. 뛰어난 시력으로 공중에서 먹이를 발견한 송골매는 무려 시속 360~390km의 속도로 **맹렬하게**[7] 내려갑니다. 송골매는 이처럼 **수직**[8]으로 날아갈 때 가장 빠른 동물입니다. 한편 **수평**[9]으로 가장 빨리 비행하는 동물은 큰귀박쥐입니다. 최근 경비행기를 이용해 **추적한**[10] 결과, 큰귀박쥐가 시속 160km 이상의 속도로 날 수 있다는 사실이 밝혀졌습니다.

↑ 송골매

↑ 큰귀박쥐

1
중심
생각

이 글은 무엇에 대해 쓴 글인지 고르세요. --- [   ]

① 송골매와 큰귀박쥐의 차이점은 무엇일까요?

② 환경 오염은 동물들에게 어떤 영향을 끼칠까요?

③ 육지·바다·하늘에서 가장 빠른 동물은 무엇일까요?

④ 동물들의 먹이 사슬은 어떻게 이루어져 있을까요?

⑤ 육지·바다·하늘에 사는 동물들이 내는 소리는 어떻게 다를까요?

2
세부
내용

이 글에 나온 내용이 <u>아닌</u> 것은 무엇인가요? ------------------------------------ [   ]

① 돛새치의 신체적인 특징   ② 가젤이 치타를 따돌리는 방법

③ 치타가 가젤이나 영양을 사냥하는 이유   ④ 바닷속에서 돛새치 다음으로 빠른 동물

⑤ 송골매가 하늘에서 수직으로 비행하는 속도

3
세부
내용

⊙~ⓜ 중 가리키는 대상이 나머지와 <u>다른</u> 것을 고르세요. ------------------------ [   ]

① ⊙   ② ⓛ   ③ ⓒ   ④ ⓔ   ⑤ ⓜ

4
세부
내용

이 글을 읽고, 각각의 장소에서 가장 빠른 동물과 그 신체 특징을 선으로 알맞게 이으세요.

[1] 육지 •   • 송골매 •   • ㉮ 큰 등지느러미, 발달한 근육

[2] 바다 •   • 치   타 •   • ㉯ 뛰어난 시력, 콧속 작은 돌기

[3] 하늘 •   • 돛새치 •   • ㉰ 탄력 있는 등뼈, 강한 다리

어려운 낱말 풀이

① **탄력** 튀거나 팽팽하게 버티는 힘 彈탄알 탄 力힘 력   ② **시속** 1시간을 단위로 하여 잰 속도(1시간 동안 갈 수 있는 거리) 時때 시 速빠를 속   ③ **저항** 가려는 방향과 반대 방향으로 작용하는 힘 抵막을 저 抗겨룰 항   ④ **돛** 바람을 받아 배가 나아가도록 배의 기둥에 매어 펴 올리고 내리도록 만든 넓은 천   ⑤ **발달한** 신체, 정서, 지능 따위가 성장하거나 성숙한 發필 발 達도달할 달-   ⑥ **돌기** 뾰족하게 내밀거나 도드라진 부분 突내밀 돌 起일어날 기   ⑦ **맹렬하게** 기세가 몹시 사납고 세차게 猛사나울 맹 烈세찰 렬-   ⑧ **수직** 똑바로 드리우는 상태 垂드리울 수 直곧을 직   ⑨ **수평** 기울지 않고 평평한 상태 水물 수 平평평할 평   ⑩ **추적한** 사물의 자취를 더듬어 간 追쫓을 추 跡발자취 적-

5

추론

이 글의 내용으로 볼 때, 다음 중 돛새치의 생김새로 알맞은 것을 고르세요. ······ [　　]

① 　　② 　　③

④ 　　⑤

6

내용
적용

빈칸에 알맞은 낱말을 넣어 내용을 정리해 보세요.

치타는 강한 다리와 용수철처럼 탄력 있는 □□ 를 이용해서 육지를 빠르게 달립니다. 돛새치는 돛처럼 생긴 □□□□□ 를 이용해서 바다를 빠르게 헤엄칩니다. 송골매는 콧구멍에 □□ 가 있어서 빠르게 비행할 때도 편하게 호흡할 수 있습니다.

7

추론

다음 중 이 글의 내용과 <u>다르게</u> 말하고 있는 동물을 고르세요. ------------------------ [　　]

① 가젤 : 치타가 날 뒤쫓고 있구나! 지그재그로 뛰면서 달아나야겠어.

② 큰귀박쥐 : 에헴, 하늘에서 수평으로 비행하는 데는 내가 가장 빠르다구.

③ 치타 : 가젤은 나보다 빠르지만 오래 달리진 못하니 지치면 잡아먹어야겠다.

④ 송골매 : 먹잇감 발견! 이 세상에 순간적인 속도가 나보다 빠른 동물은 없지.

⑤ 돛새치 : 난 이 멋진 등지느러미 덕분에 바닷속에서도 치타만큼 빠르게 움직일 수 있다구.

07회 어법·어휘편 본문에 나온 어휘들만 따로 모아 복습하는 순서입니다.

[1단계] 아래 낱말의 알맞은 뜻에 선을 이어 보세요.

[1] 탄력 •   • ㉠ 튀거나 팽팽하게 버티는 힘

[2] 저항 •   • ㉡ 뾰족하게 내밀거나 도드라진 부분

[3] 돌기 •   • ㉢ 가려는 방향과 반대 방향으로 작용하는 힘

[2단계] 아래 문장의 빈칸에 알맞은 낱말을 [보기]에서 찾아서 써넣으세요.

[보기]   발달한   맹렬한   추적한

[1] 경찰이 끈질기게 ☐☐☐ 끝에 결국 범인을 체포했다.

[2] 우리 팀은 후반전에서 ☐☐☐ 기세로 공격하여 승리를 차지했다.

[3] 개는 감각 기관 중에서 코가 ☐☐☐ 동물입니다.

[3단계] 아래 그림에 대한 설명에 알맞은 낱말을 [보기]에서 찾아 쓰세요.

| 수직 | ① 똑바로 드리우는 상태 | ② 중력의 방향(아래로 향하는 방향) |
| 수평 | ① 기울지 않고 평평한 상태 | ② 중력의 방향과 직각 방향 |

[1]

하늘과 바다가 ☐☐으로
맞닿아 있습니다.

[2]

다이빙은 물속으로 ☐☐으로
떨어지는 운동입니다.

시간 끝난 시간 ☐시 ☐분   채점 독해 7문제 중 ☐개

1회분 푸는 데 걸린 시간 ☐분   어법·어휘 8문제 중 ☐개

↖ 스스로 붙임딱지
문제를 다 풀고
맨 뒷장에 있는
붙임딱지를
붙여보세요.

08회

어린이 태권도 대회 안내

개 회 식 ① 2024년 7월 9일 오전 10시   대회 기간 2024년 7월 9일 ~ 7월 12일

장   소 실내 체육관 2층   접수 기간 ② 2024년 6월 3일 ~ 6월 17일

접 수 처 어린이 태권도 조직 위원회 사무소 1층 (직접 오셔서 접수하여야 합니다.)

(주소 : 서울시 금천구 가마산로 96)

경기 일정

7월 9일	7월 10일	7월 11일	7월 12일
유치부(6, 7세)	초등 저학년부(1, 2학년)	초등 중학년부(3, 4학년)	초등 고학년부(5, 6학년)

종목③과 경기 시간

순서	종목	시간	내용
1	품새 (개인 종목)	오전 10:00 ~ 낮 12:00 *개회 당일④은 10:30~12:30	품새란, 공격과 방어의 기본 기술을 연결한 연속 동작을 **시연**⑤하는 경기입니다. - 아래 표에 제시된 급수에 맞는 품새를 시연합니다.
2	겨루기 (개인 종목)	오후 01:00 ~ 오후 03:00	겨루기란, 기본 기술과 품새로 익힌 기술을 활용하여 두 사람의 실력을 겨루어 보는 경기입니다. - 겨루기 경기는 각각 1분씩 3회전, 휴식 30초로 진행됩니다. - 모든 **보호대**⑧는 개인이 준비해야 하며 대한태권도협회 **공인**⑨ 제품만 사용 가능합니다.
3	태권 체조 (**혼성**⑩ 단체전)	오후 03:00 ~ 오후 05:00	태권 체조란, 태권도의 체조형 동작들을 음악에 맞추어 표현하는 경기입니다. - 태권 체조는 반드시 혼성팀 최소 7명 ~ 최대 20명으로 구성해야 합니다.

품새 종목 내 급수별 품새 표:

유급자⑥	9~8급	7~6급	5~4급	3~2급	1급
	태극 1장	태극 2, 3장	태극 4, 5장	태극 6, 7장	태극 8장

유품자⑦	1품	2품	3~4품
	고려	금강	태백

※ 모든 참가자는 알맞은 **품도복**⑪과 자신의 급수에 맞는 띠를 **착용**⑫하여야 합니다.

급수	9~8급	7~6급	5~4급	3~2급	1급	1품	2품	3품	4품
띠	노란 띠	초록 띠	파란 띠	밤 띠	빨간 띠	품 띠			

※ **문의**⑬: 어린이 태권도 조직 위원회 070-8260-5456

(문의는 전화로만 받으며, 이메일 및 홈페이지로는 문의를 받지 않습니다.)

1

중심
생각

이 글은 어떤 목적으로 쓴 글인가요? --------------------------------- [   ]

① 위인을 소개하는 글   ② 정보를 전달하는 글
③ 글쓴이의 주장을 제시하는 글   ④ 글쓴이의 느낌을 표현하는 글
⑤ 어떤 문제에 대해 글쓴이의 생각을 말하는 글

2

세부
내용

안내문의 내용을 바르게 이해한 친구는 누구인가요? ----------------- [   ]

① 상현 : 보호대들은 모두 챙겨 가야겠어.
② 은서 : 1품은 밤 띠를 매고 경기를 치르겠구나.
③ 형준 : 겨루기는 한 번의 경기로 승부가 결정되는구나.
④ 태경 : 나는 태권도 8급이니 태극 8장을 연습하면 되겠구나.
⑤ 지원 : 친한 친구 4명과 팀을 만들어서 태권 체조 종목에 참가해야겠어.

3

세부
내용

[보기]의 내용으로 볼 때, 민지는 어떻게 해야 할까요? --------------- [   ]

> [보 기] 초등학교 3학년 참가자인 민지는 대회 당일 몇 시까지 실내 체육관 2층으로
> 가야 하는지 알고 싶습니다.

① 실내 체육관에 직접 찾아가 물어본다.
② 실내 체육관에 전화를 걸어 물어본다.
③ 070-8260-5456로 전화를 걸어 물어본다.
④ 어린이 태권도 조직 위원회로 이메일을 보내 물어본다.
⑤ 어린이 태권도 조직 위원회 홈페이지에 문의 글을 남긴다.

4

내용
적용

이 글을 바탕으로 교내 신문 기사를 작성하려고 합니다. 빈칸을 채워 보세요.

어린이 ☐☐☐ 대회가 7월 9일부터 7월 12일까지 실내 체육관에서
열립니다. 초등부 경기는 7월 ☐일부터 7월 ☐일까지이며
개최 종목은 ☐☐ , ☐☐☐ , ☐☐☐☐ 로 총 세 종목입니다.
오는 6월 3일부터 6월 17일까지 참가 신청을 받는다고 하니 관심 있는 학생들은
어린이 태권도 조직 위원회(070-8260-5456)로 문의하시기 바랍니다.

어려운 낱말 풀이 ① **개회식** 어떤 모임이나 행사를 시작할 때 하는 의식 開열 개 會모일 회 式법 식 ② **접수** 신청이나 신고 따위를 말이나 문서로 받음 接이을 접 受받을 수 ③ **종목** 여러 가지 종류에 따라 나눈 항목 種종류 종 目눈 목 ④ **당일** 일이 있는 바로 그날 當마땅 당 日날 일 ⑤ **시연** 대중에게 공개하기에 앞서 시험적으로 보여줌 試시험 시 演펼 연 ⑥ **유급자** 태권도에서 단(품)을 준비하는 흰 띠에서 빨간 띠까지의 수련생 有있을 유 級등급 급 者사람 자 ⑦ **유품자** 태권도 유급자 과정을 모두 끝내고 공인1단(1품)을 딴 사람 有있을 유 - 者사람 자 ⑧ **보호대** 신체 등을 보호하기 위해 대거나 두르는 도구 保지킬 보 護도울 호 帶띠 대 ⑨ **공인** 국가나 공공 단체 또는 사회단체 등이 어느 행위나 물건에 대하여 인정함 公공평할 공 認알 인 ⑩ **혼성** 남녀가 함께 섞임 混섞을 혼 性성품 성 ⑪ **품도복** 태권도에서 유품자의 운동복 -道길 도 服옷 복 ⑫ **착용** 옷, 모자, 신발, 액세서리 따위를 입거나, 쓰거나, 신거나 참 着붙을 착 用쓸 용 ⑬ **문의** 어떤 일에 대해 물어보고 의견을 주고받음 問물을 문 議의논할 의

5
내용 적용

안내문을 참고하여 태권도 대회 참가자와 경기 일정을 알맞게 연결해 보세요.

[1] 초등 2학년 태권 체조 •　　　　　• ㉠ 7월 10일 오후 03:00~05:00

[2] 초등 5학년 품새 •　　　　　• ㉡ 7월 11일 오후 01:00~03:00

[3] 초등 3학년 겨루기 •　　　　　• ㉢ 7월 12일 오전 10:00~낮 12:00

6
내용 적용

[보기]에서 설명하고 있는 태권도 경기 종목은 무엇일까요?

> [보 기]　이것은 기본 기술과 품새로 익힌 기술을 활용하여 두 사람의 실력을 겨루어 보는 경기입니다. 정해진 경기 시간 안에 공격과 방어를 통하여 상대방보다 높은 점수를 얻는 사람이 승리합니다.

□□□

7
추론

다음은 태권도 대회에 참가하는 성현이의 참가 신청서와 메모입니다. 빈칸을 알맞게 채워 보세요.

참가 신청서　　접수번호 20240603xx

구분	□유급자　☑유품자	*해당란에 ∨표 해 주시기 바랍니다.			
성명	성별	현품	품(단)번호	학교 및 학년	참가 종목
문성현	남	1품	12345432	OO초등학교 3학년	☑품새 ☑겨루기 □태권 체조

· 품도복, □ 띠 챙기기

· 겨루기에 필요한 □ □ □ 모두 챙기기

· □ □ 품새 연습하기

· 경기 날짜 : 7월 □ 일 오전 10시까지 실내 체육관 □ 층

[1단계] 아래의 낱말에 알맞은 뜻을 선으로 이어 보세요.

[1] 접수 •   • ㉠ 옷, 모자, 신발, 액세서리 따위를 입거나, 쓰거나, 신거나 참

[2] 착용 •   • ㉡ 어떤 일에 대해 물어보고 의견을 주고받음

[3] 문의 •   • ㉢ 신청이나 신고 따위를 말이나 문서로 받음

[2단계] 아래 문장의 빈칸에 알맞은 낱말을 [보기]에서 찾아서 써넣으세요.

> [보기]   접수   착용   문의

[1] 이번 대회에 참가할 사람은 이번 주 금요일까지 직접 오셔서 ☐☐ 해야 합니다.

[2] 저희 옷가게에는 옷을 사기 전에 ☐☐ 해 볼 수 있는 공간이 있습니다.

[3] 더 궁금한 점이 있으신 분은 이 번호로 전화를 거셔서 ☐☐ 해 주세요.

[3단계] 뜻풀이를 참고하여 문장의 빈칸에 들어갈 낱말을 알맞게 써넣으세요.

[1] 필재와 친구들은 연극 공연을 앞두고 연습한 것을 ☐☐ 을 해 보기로 했다.
→ 연극이나 무용, 음악 등을 대중에게 공개하기에 앞서 시험적으로 보여줌

[2] 그 선수가 다섯 개의 ☐☐ 에서 금메달을 딴 덕분에 종합 순위가 높아졌다.
→ 여러 가지 종류에 따라 나눈 항목

시간 끝난 시간 ☐시 ☐분
1회분 푸는 데 걸린 시간 ☐분

채점 독해 7문제 중 ☐개
어법·어휘 8문제 중 ☐개

← 스스로 붙임딱지
문제를 다 풀고 맨 뒷장에 있는 붙임딱지를 붙여보세요.

09회

문학 | 동시

공부한 날 [ ]월 [ ]일

시작 시간 [ ]시 [ ]분

3단계 09회 28쇄

▲ QR코드를 찍으면
지문 읽기를 들을 수 있어요

잔디밭에는

선용

잔디밭에는 잔디만 한
바람끼리 와서 논다

뒹굴기도 하고
공차기도 하고

일 바쁜 개미 등
타기도 하고

발 뻗고 누운 해님
행여① 깰까 봐

기침도 꾹 참고
뒤꿈치도 들고

잔디밭에는
모여서 논다

잔디 닮아 손이 파란
아기 바람이.

어려운 낱말 풀이 | ① **행여** 어쩌다가 혹시

1
요소

이 시는 몇 연 몇 행으로 이루어져 있는지 적어 보세요.

[ ] 연 [ ][ ] 행

2
요소

이 시의 바람이 어디에서 놀고 있는지 적어 보세요.

[ ][ ][ ]

3
세부
내용

이 시에서 바람이 하고 있는 행동으로 알맞은 것을 <u>모두</u> 골라 보세요. ---------- [,   ]

① 잔디밭에서 뒹굴며 놀고 있다.
② 개미들과 함께 공을 차며 놀고 있다.
③ 일하느라 바쁜 개미를 도와주고 있다.
④ 해님이 깨지 않도록 조심해서 놀고 있다.
⑤ 어른 바람이 아기 바람과 놀아 주고 있다.

4
세부
내용

이 시에 나오는 바람이 쓴 일기입니다. 빈칸에 들어갈 알맞은 낱말을 이 시에서 찾아 써 보세요.

> ○월 ○일
>
> 오늘은 바람 친구들과 함께 놀았다. 우리는 잔디밭에서 함께 뒹굴기도 하고
> [ ][ ][ ] 도 했다. 신나게 놀던 중에 열심히 일하고 있는 개미들을 보았다.
> 우리는 바쁜 개미의 등에 올라타 장난을 쳤다. 어느새 잔디밭에 온 [ ][ ] 은 발을
> 쭉 뻗고 누워 있었다. 우리는 행여 [ ][ ] 이 깰까 봐 [ ][ ][ ] 를 들고
> 조심히 다니기 시작했다. 잔디밭에서 [ ][ ] 바람 친구들과 모여서 노니 정말
> 즐거웠다.

5 이 시에 대한 설명으로 알맞은 것을 골라 보세요. ──────────────────── [   ]

작품
이해

① 두 대상을 비교하고 있다.

② 모든 연의 행의 수가 서로 다르다.

③ 냄새를 나타내는 표현을 사용했다.

④ 여러 가지 바람의 종류를 설명했다.

⑤ 해, 바람과 같은 자연을 사람처럼 표현했다.

6 이 시를 읽고 떠올릴 수 있는 장면으로 알맞은 것을 골라 보세요. ────────── [   ]

작품
이해

① 꽃가루가 날려 기침이 나는 봄날의 장면

② 바람이 불어 낙엽이 날리는 가을날의 장면

③ 바람이 강하게 불어 큰 나무가 흔들리는 장면

④ 햇살이 비치는 잔디밭에 바람이 불고 있는 장면

⑤ 햇볕만 내리쬐고 바람은 불지 않는 여름날의 장면

7 이 시를 학교에서 배운다고 했을 때, 교과서에 쓰여 있을 말로 알맞은 것을 골라 보세요.

추론
적용

── [   ]

① 잔디의 모양을 살펴보며 시를 읽어 봅시다.

② 바람의 종류를 생각하며 시를 읽어 봅시다.

③ 여름 날씨의 특징을 생각하며 시를 읽어 봅시다.

④ 계절을 나타내는 표현을 살펴보면서 시를 읽어 봅시다.

⑤ 사람이 아닌 것을 사람처럼 표현한 의인법을 이해하며 시를 읽어 봅시다.

09회 어법·어휘편
본문에 나온 어휘들만 따로 모아 복습하는 순서입니다.

해설편 0006쪽

[1단계] 밑줄 친 부분을 맞춤법에 알맞게 고쳐 보세요.

[1] 나는 기지개를 켜며 팔을 쭉 **뻣었다.** → ☐☐☐

[2] 시끄러운 소리가 들려서 한밤중에 잠을 **껬다.** → ☐☐

[3] 나는 '**햇님**과 달님'이라는 동화를 좋아한다. → ☐☐

[2단계] 밑줄 친 부분이 [보기]의 뜻과 같이 쓰인 것에 <u>모두</u> ○를 해 보세요.

> [보기] '-만'이라는 낱말은 '하다', '못하다'와 함께 쓰여, 앞말이 비교의 대상이라는 뜻을 나타냅니다. 즉, 앞말이 나타내는 대상이나 내용의 정도와 비슷하거나 비슷하지 못하다는 것을 나타냅니다. 예로, '파도가 집채만 하다'라는 표현은, 파도의 크기가 집과 비슷할 만큼 크다는 뜻입니다.

[1] 이것<u>만</u> 먹어도 배가 부를 것 같다. ────────── [　　　]

[2] 새끼 고양이의 크기는 내 손바닥<u>만</u> 했다. ────────── [　　　]

[3] 이야기를 듣고 보니 동생이 화를 낼 <u>만</u>했다. ────────── [　　　]

[4] 새로 이사한 집은 학교와 거리가 멀어, 예전 집<u>만</u> 못했다. ──── [　　　]

[3단계] '행여'가 바르게 쓰이지 <u>않은</u> 문장을 골라 보세요. ────── [　　　]

① 행여 약속은 꼭 지켜야 한다.

② 행여 버스를 놓칠까 봐 일찍 나갔다.

③ 행여 저녁에 비가 올까 봐 우산을 챙겼다.

④ 행여 약속을 잊을까 봐 달력에 표시해 두었다.

⑤ 행여 감기에 걸릴까 봐 옷을 따뜻하게 입었다.

시간 끝난 시간 ☐시 ☐분
1회분 푸는 데 걸린 시간 ☐분

채점 독해 7문제 중 ☐개
어법·어휘 8문제 중 ☐개

← 스스로 붙임딱지
문제를 다 풀고 맨 뒷장에 있는 붙임딱지를 붙여보세요.

문학 | 소설 |

10회

공부한 날 [ ] 월 [ ] 일
시작 시간 [ ] 시 [ ] 분

독해력 3단계 10회
▲ QR코드를 찍으면
지문 읽기를 들을 수 있어요

악마가 **말쑥한**^① 신사의 모습으로 이반의 나라에 찾아와 말했습니다.

"**폐하**^②의 나라에는 모든 백성에게 손으로 일하도록 하는 법이 있더군요. **오직**^③ 어리석은 사람만이 손으로만 일하지요. 영리한 사람은 무엇으로 일하는지 아십니까?"

"바보인 우리가 어찌 그런 걸 알겠소?"

"㉠영리한 사람들은 머리로 일합니다. 이 나라는 힘들게 손으로 밭을 갈고 농사를 짓는데, 그것은 머리로 일하는 것이 손으로 일하는 것보다 훨씬 훌륭하다는 것을 폐하와 백성들이 모르기 때문입니다. 제가 어떻게 머리로 일하는지 가르쳐 드리겠습니다."

이반은 신하를 시켜 온 나라에 이 사실을 알렸습니다.

"훌륭한 신사가 머리로 일하는 법을 가르쳐 준다니 모두들 배우러 나오라."

㉡ 이반은 많은 백성들이 악마를 볼 수 있도록 높은 **망대**^④를 나라 한가운데에 세웠습니다. 악마는 높은 망대에 서서 말했습니다. 바보인 백성들은 악마가 손을 쓰지 않고 머리로 일하는 방법을 보여 줄 것이라고 기대했습니다. 하지만 악마는 말로만 머리로 일하는 법을 가르쳤습니다. 바보인 백성들은 악마가 하는 말을 알아듣지 못했습니다. 그래서 곧 뿔뿔이 흩어졌습니다.

악마는 그 다음날도 망대 위에서 계속 머리로 일하는 법을 말로 설명했습니다.

"저렇게 하루 종일 떠들면 배가 고프지 않을까요?"

악마가 걱정이 된 한 바보가 말했습니다. 그러자 옆에 있던 다른 바보가 말했습니다.

"손보다 머리로 일을 더 잘 한다면 자기가 먹을 빵 정도는 머리로 간단히 만들 수 있을 거야."

악마는 그 다음날도 망대 위에 서서 말을 했습니다. 그렇게 며칠이 지났습니다.

아무것도 먹지 못한 악마는 점점 몸이 약해졌습니다. 기운이 빠진 악마는 망대 위에서 비틀거리다가 그만 기둥에 머리를 부딪쳤습니다. 그 모습을 본 한 바보가 이반에게 달려갔습니다.

"ⓒ폐하! 드디어 신사가 머리로 일을 하기 시작했습니다!"

"그게 정말인가?"

이반은 말을 타고 재빨리 악마가 있는 곳으로 갔습니다. 악마는 계속 비틀거리는 바람에 머리를 계속 기둥에 찧었습니다. 기운이 완전히 빠진 악마는 망대 아래로 떨어졌고, 그대로 머리를 땅에 처박고 말았습니다. 이반은 악마가 괜찮은지 살피러 악마에게 다가갔습니다. 하지만 그 자리에는 신사로 변장⑤한 악마는 없고, 대신에 구멍만 한 개 남아 있었습니다.

-톨스토이, 「바보 이반」

1 중심생각 이야기에 등장하는 나라의 왕은 누구인지 쓰세요.
☐☐

2 요소 악마는 어떤 모습으로 변장했는지 쓰세요.
말쑥한 ☐☐

3 어휘표현 밑줄 친 ㉠ 대신 쓸 수 있는 표현을 고르세요. [ ]
① 똑똑한 ② 뚱뚱한 ③ 미련한
④ 영원한 ⑤ 한가한

4 추론적용 제시된 ㉡에서 사람들이 느꼈을 기분의 변화로 알맞은 것을 고르세요. [ ]
① 분노 → 슬픔 ② 기대 → 실망 ③ 기대 → 미안함
④ 놀람 → 우스움 ⑤ 놀람 → 부끄러움

어려운 낱말 풀이 ① **말쑥한** 지저분하지 않고 말끔하고 깨끗한 ② **폐하** 황제를 부를 때 쓰는 말 陛계단 폐 下아래 하 ③ **오직** 여러 가지 가운데서 다른 것은 있을 수 없고 다만 ④ **망대** 무언가를 하기 위하여 높이 세운 곳 望바랄 망 臺돈대 대 ⑤ **변장** 생김새를 다르게 꾸밈 變변할 변 裝꾸밀 장

5

다음 중 이야기의 내용과 <u>다른</u> 것을 고르세요. -- [   ]

① 이반은 높은 망대를 나라 한가운데에 세웠다.

② 이반의 나라에서는 손으로 일하는 것이 법이다.

③ 악마는 머리로 일을 하는 방법을 가르쳐주겠다고 했다.

④ 악마는 결국 기운이 빠져 망대 아래로 떨어지고 말았다.

⑤ 악마는 자신이 먹을 빵을 머리로 간단히 만들어내서 먹었다.

6

이야기의 한 바보가 밑줄 친 ⓒ처럼 말한 까닭을 다음과 같이 정리해 보았습니다.
빈칸에 알맞은 낱말을 [보기]에서 찾아 채워 보세요.

[보 기] 머리   바보   기둥   손   돈   법   망대

```
                        '머리'로 일하는 것
         ┌──────────────────────┴──────────────────────┐
     악마의 생각                                    바보의 생각
  ┌──────────────────┐                      ┌──────────────────────┐
  │ □ 을 쓰지 않고 □□ 만 │                      │ 정말 □□ 를 □ 처럼 직접 │
  │ 써서 생각으로 일하는 것 │                      │ 써서 일하는 것          │
  └──────────────────┘                      └──────────────────────┘
                                                    │
  악마가 머리를 찧는 모습이 바보에게는 □□ 로 직접 일하는 모습으로 보였다.
```

7

이야기를 읽고 친구들이 대화를 나누었습니다. 이야기를 <u>잘못</u> 읽은 친구를 고르세요.
-- [   ]

① 형솔: 악마는 머리로 일해야 영리하다고 생각하는군.

② 혁찬: 이반의 백성들은 악마가 망대에서 하는 말을 알아듣지 못했을 거야.

③ 태희: 악마는 이반과 백성들이 머리로 일하는 법을 알고 있다고 생각하고 있군.

④ 석하: 악마가 기둥에 머리를 찧는 모습을 머리를 써서 일하는 것이라고 생각한 부분이
재미있었어.

⑤ 호준: 마지막에 악마가 있던 자리에 구멍만 남고 사라졌다는데, 과연 어디로 사라진 건지
궁금해졌어.

10회 어법·어휘편 본문에 나온 어휘들만 따로 모아 복습하는 순서입니다.

[**1단계**] **아래의 낱말에 알맞은 뜻을 선으로 이어 보세요.**

[1] 오직 •　　　　　　• ㉠ 생김새를 다르게 꾸밈

[2] 망대 •　　　　　　• ㉡ 여러 가지 가운데서 다른 것은 있을 수 없고 다만

[3] 변장 •　　　　　　• ㉢ 무언가를 하기 위하여 높이 세운 곳

[**2단계**] **빈칸에 알맞은 낱말을 [보기]에서 골라 쓰세요.**

> [보 기]　　　　　　오직　　　망대　　　변장

[1] 그들은 주위를 살피기 위해 높은 ☐☐ 를 세웠다.

[2] 아무도 알아볼 수 없도록 ☐☐ 을 하자.

[3] ☐☐ 그것만을 목표로 해서 달려가도록 할게!

[**3단계**] **아래의 밑줄 친 부분을 소리 나는 대로 써 보세요.**

[1] 먹을 것을 주지 <u>않는데</u>

→ ☐☐

[2] <u>옆에</u> 있던 다른 바보가

→ ☐☐

시간　끝난 시간 ☐ 시 ☐ 분　　채점　**독해** 7문제 중 ☐ 개
1회분 푸는 데 걸린 시간 ☐ 분　　　　**어법·어휘** 8문제 중 ☐ 개

◀ 스스로 붙임딱지
문제를 다 풀고
맨 뒷장에 있는
붙임딱지를
붙여보세요.

귀에 못이 박히다

인성이는 침대에 누워 엄마가 읽어 주는 동화책을 보고 있었어요.

"옛날에 엄마의 말씀마다 모두 반대로 행동하는 청개구리가 있었단다.

산에 가서 열매를 따오라고 하면 냇가에 가서 풀을 뜯어 오고, 맹꽁이 아저씨에게 다녀오라고 하면 무당개구리 아줌마를 만나고 왔지. 그런데 어느 날부턴가, 청개구리의 엄마가 시름시름 앓기 시작했어. 엄마는 자신이 죽으면 산에 묻어 달라고 말하고 싶었대.

하지만 모든 말에 반대로 행동하는 청개구리 때문에 고민이 되었겠지?

한참을 생각하다가 결국 이렇게 말했어.

'청개구리야, 엄마가 죽으면 꼭 강가에 묻어 주렴.'

그런데 엄마가 죽자 청개구리는 이제부터라도 엄마 말을 잘 들어야겠다고 다짐하게 된 거야.

그러고는 정말로 엄마를 강가에 묻었고, 그 후로 비가 오는 날마다 엄마의 무덤이 떠내려 갈까봐 강가에 나와 개굴개굴 울게 되었대."

인성이는 하품을 하며 뾰로통하게 말했어요.

"나는 청개구리처럼 반대로 행동했으면 엄마한테 엄청 혼났을 텐데."

엄마는 인성이의 머리를 쓰다듬으며 웃었어요.

"엄마가 <u>귀에 못이 박힐 정도로 말해야</u> 실천을 하니까 잔소리를 하는 거야."

인성이는 고개를 갸웃했어요.

"귀에 못이 박힌다고요?"

"귀에 못이 박히다."라는 표현은 같은 말을 여러 번 되풀이해 들었다는 뜻이에요. 여기에 쓰인 '못'은 손바닥이나 발바닥에 생기는 단단한 굳은살을 말해요. 그러니까 엄마는 인성이의 귀에 굳은살이 생길 정도로 같은 말을 여러 번 해야 인성이가 실천한다는 뜻으로 사용한 것이지요.

> **'귀'와 관련된 또 다른 관용 표현** 귀가 닳다 귀가 닳을 정도로 같은 말을 여러 번 듣는다.

3주차

주간 학습 계획표

한 주 간의 계획을 먼저 세워보세요. 매일 학습을 마친 후 맞힌 문제의 개수를 쓰세요!

회차	영역	학습 내용	학습계획일	맞은 문제수
11회	독서 과학	**우리 몸에서 피가 하는 일** 낯선 낱말이 많이 나오는 글입니다. 글에서 알려주는 내용만으로 어떤 것들이 있는지 읽어내는 방법을 연습하는 회차입니다.	월 일	독해 7문제 중 □개 / 어법·어휘 8문제 중 □개
12회	독서 과학	**고체, 액체, 기체** 11회와 마찬가지로 저학년 학생들에겐 새로운 개념을 설명하는 글입니다. 단락의 길이가 이전 지문보다 긴 편입니다. 새로운 내용을 글로 독해하는 방법을 연습하는 회차입니다.	월 일	독해 7문제 중 □개 / 어법·어휘 9문제 중 □개
13회	독서 국어	**할머니께 보내는 편지** 손녀가 할머니께 보내는 편지입니다. 편지의 구성 요소를 알고, 내용을 정리해보는 회차입니다. 더불어 웃어른께 편지 쓰는 법도 알 수 있습니다.	월 일	독해 7문제 중 □개 / 어법·어휘 9문제 중 □개
14회	문학 동시	**빗방울 눈** 비가 그친 뒤의 풍경을 나타낸 동시입니다. 시에서 어떠한 표현법이 쓰였으며, 또한 흉내 내는 말을 통해 무엇을 표현하고 있는지 독해 문제를 풀어 보며 공부해 보세요.	월 일	독해 7문제 중 □개 / 어법·어휘 7문제 중 □개
15회	문학 동화	**행복한 왕자** 유명한 명작을 3단계 수준에 맞게 각색한 동화입니다. 행복한 왕자가 사람들을 도와준 순서 등을 정확히 읽는 연습을 통해 세부 내용 및 인물의 정서를 독해하는 회차입니다.	월 일	독해 7문제 중 □개 / 어법·어휘 8문제 중 □개

3주차 53

11회

(가) 넘어지거나 손을 베였을 때 빨간 피가 나지요? 피가 나면 굉장히 아프고 무섭지만, 피는 우리 몸에 꼭 필요한 존재입니다. 피에는 적혈구, 백혈구, 혈소판이 있어서 각각 피가 하는 일을 나눠서 맡습니다. 적혈구, 백혈구, 혈소판이 하는 일을 알면 피가 우리 몸에서 하는 일에 대해서 쉽게 알 수 있습니다.

(나) 적혈구는 붉은색이기 때문에 붙여진 이름입니다. 피가 붉은색인 까닭도 적혈구가 붉은색이기 때문입니다. 적혈구에는 헤모글로빈이라는 **색소**① 단백질이 있습니다. 이 색소 단백질 때문에 적혈구는 붉은색을 띱니다. 적혈구는 온몸 구석구석으로 **산소**②를 실어 나르는 일을 합니다.

(다) 백혈구는 적혈구가 아닌 나머지 피의 **성분**③을 말합니다. 색깔이 없기 때문에 붙여진 이름입니다. 백혈구는 몸속으로 들어온 **병균**④으로부터 ㉠우리 몸을 지켜 줍니다. 상처가 난 곳으로 병균이 들어오면 백혈구가 병균을 잡아먹습니다. 우리 몸이 아플 때에는 병균을 잡아먹을 백혈구 수가 많아집니다. 백혈구는 병균을 잡아먹은 후에 죽습니다.

(라) 상처가 나서 피가 난 곳은 시간이 지나면 딱지가 생깁니다. 이렇게 피를 굳게 해서 멈추게 하는 일은 혈소판이 합니다. 피부에 상처가 생겨서 피가 나면 상처 난 곳으로 병균이 들어올 수 있습니다. 그래서 피를 굳게 하기 위해 혈소판들이 모여듭니다.

(마) 지금까지 피의 세 가지 성분인 적혈구, 백혈구, 혈소판의 **역할**⑤을 알아 보았습니다. 피는 우리 몸에 산소를 실어 나르고, 병균을 막고, **상처**⑥를 보호합니다. 피가 우리 몸에서 하는 역할을 알게 되니 이제 피가 덜 무섭게 느껴지지 않나요?

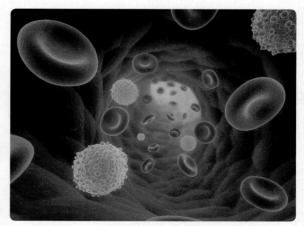

↑ 적혈구와 백혈구의 모습을 알기 쉽게 표현한 그림입니다.

1
중심
생각

무엇에 대해 쓴 글인가요? ━━━━━━━━━━━━━ [　　　]

① 병균이 하는 일

② 코피가 나는 까닭

③ 피가 무서운 까닭

④ 딱지가 생기는 까닭

⑤ 피가 우리 몸에서 하는 일

2
세부
내용

글에 나온 내용이 <u>아닌</u> 것은 무엇인가요? ━━━━━━ [　　　]

① 산소가 하는 일

② 적혈구가 하는 일

③ 백혈구가 하는 일

④ 혈소판이 하는 일

⑤ 백혈구가 잡아먹는 것

3
어휘
표현

밑줄 친 ㉠을 나타낼 수 있는 낱말을 고르세요. ━━━━━ [　　　]

① 순찰　　　② 보호　　　③ 무시　　　④ 구조　　　⑤ 관찰

4
구조
알기

아래의 문장이 들어갈 알맞은 문단을 고르세요. ━━━━━ [　　　]

> 딱지는 우리 몸을 지켜주는 역할을 하니까 손으로 뜯지 않아야 합니다.

① (가)　　　② (나)　　　③ (다)　　　④ (라)　　　⑤ (마)

🧻 어려운 낱말 풀이 ① **색소** 물체의 색깔이 나타나도록 해 주는 성분 色빛 색 素본디 소　② **산소** 공기의 주성분이면서 맛과 빛깔과 냄새가 없는 물질 酸실 산 素본디 소　③ **성분** 어떤 것을 이루고 있는 한 부분 成이룰 성 分나눌 분　④ **병균** 다른 생물체에게 병을 일으키는 생물체 病병 병 菌버섯 균　⑤ **역할** 자기가 해야 할 맡은 일 役부릴 역 割벨 할　⑥ **상처** 몸이 다친 곳 傷상처 상 處곳 처

5 이 글의 내용을 정리해 봅시다.

구조
알기

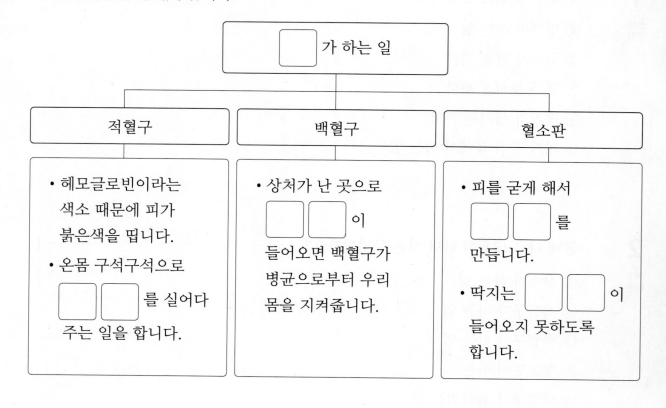

6 빈칸에 알맞은 말을 써넣으세요.

내용
적용

적혈구에는 ☐☐☐☐☐이라는 색소가 있습니다. 이 색소 때문에 피는 ☐☐ 색을 띱니다. 적혈구는 온몸 구석구석으로 산소를 실어다 주는 일을 합니다.

7 다음 중 설명하는 것이 <u>다른</u> 한 가지를 고르세요. ------------------------- [　　　　]

추론

① 우리 몸을 지켜줍니다.

② 병균과 싸운 후에 죽습니다.

③ 병균이 들어오면 병균을 잡아먹습니다.

④ 온몸으로 산소를 실어주는 일을 합니다.

⑤ 우리 몸이 아플 때에는 그 수가 많아집니다.

11회 어법·어휘편 본문에 나온 어휘들만 따로 모아 복습하는 순서입니다.

[1단계] 아래의 낱말의 알맞은 뜻에 선을 이어 보세요.

[1] 색소 •

[2] 산소 •

[3] 병균 •

• ㉠ 병의 원인이 되는 균

• ㉡ 공기의 주성분이면서 맛과 빛깔과 냄새가 없는 물질

• ㉢ 물체의 색깔이 나타나도록 해 주는 성분

[2단계] 아래 문장의 빈칸에 알맞은 낱말을 [보기]에서 찾아서 써넣으세요.

[보 기]   색소   산소   병균

[1] 적혈구에는 헤모글로빈이라는 ☐☐ 단백질이 있습니다.

[2] 적혈구는 온몸 구석구석으로 ☐☐ 을(를) 실어다 주는 일을 합니다.

[3] 백혈구는 몸속으로 들어온 ☐☐ (으)로부터 우리 몸을 지켜줍니다.

[3단계] 문장을 읽고 빈칸에 들어갈 낱말을 알맞게 써넣으세요.

[1] 나는 연극 '콩쥐팥쥐'에서 팥쥐 ☐☐ 을 맡아 속상했다.

☞ 맡아서 하는 일

[2] 덥다고 아이스크림을 많이 먹었더니 ☐☐ 이 났다.

☞ 먹은 것이 체하거나 설사를 하는, 배 속 병을 통틀어 이르는 말

시간 끝난 시간 ☐시 ☐분   채점 독해 7문제 중 ☐개   ← 스스로 붙임딱지
1회분 푸는 데 걸린 시간 ☐분   어법·어휘 8문제 중 ☐개   문제를 다 풀고 맨 뒷장에 있는 붙임딱지를 붙여보세요.

독서 | 설명문 | 관련교과 : 초등과학3-1 2.물질의 성질

12회

공부한 날 [ ]월 [ ]일
시작 시간 [ ]시 [ ]분

독해력 3단계 12회
▲ QR코드를 찍으면
지문 읽기를 들을 수 있어요

여러분은 물고기가 살고 있는 수족관이나 어항을 본 적이 있나요? 자세히 들여다보면 자갈이 있고, 물이 채워져 있고, 공기 방울이 나오는 모습을 볼 수 있습니다. 우리 주위에 있는 대부분의 **물질**①도 자갈, 물, 공기와 같은 상태로 존재합니다. 자갈, 물, 공기를 보면 각 특징에 따라 각각 고체, 액체, 기체로 구분할 수 있습니다.

자갈은 손으로 만질 수 있고, 잡을 수도 있습니다. 자갈은 모양이 다른 컵에 넣어도 모양과 크기가 변하지 않습니다. 이렇게 자갈처럼 담는 그릇이 바뀌어도 모양과 크기가 변하지 않는 물질의 상태를 고체라고 합니다. 우리 주위에서도 고체 상태로 이루어진 물체를 쉽게 찾아볼 수 있습니다. 연필이나 리코더, 가위, 공책 모두 손으로 만질 수 있고 담는 그릇이 바뀌어도 모양과 크기가 변하지 않는 고체입니다.

모양이 다른 컵에 어항 속의 물을 담으면 어떻게 될까요? 둥근 모양의 컵에 담긴 물은 둥근 모양이, 원통 모양의 컵에 담긴 물은 원통 모양이 됩니다. 물의 모양은 담는 그릇의 모양에 따라 변하지만, 처음 사용한 그릇에 다시 옮겨 담아도 양은 바뀌지 않습니다. 이와 같이 담는 그릇에 따라 모양은 변하지만 양은 변하지 않는 물질의 상태를 액체라고 합니다. 우리 주위에서 볼 수 있는 액체에는 물, 식용유, 음료수 등이 있습니다. 액체는 눈으로 볼 수 있지만, 흘러내리는 **성질**② 때문에 손으로 잡을 수는 없습니다.

마지막으로 어항 속의 공기 방울을 살펴볼까요? 물속에 있던 공기 방울은 물 밖을 나오면서 터지고, 그 속에 있던 공기는 우리 눈에 보이지 않게 됩니다. 공기는 우리 눈에 보이지 않지만 항상 우리 주위를 둘러싸고 있습니다. 풍선으로 여러 가지 모양을 만들면 풍선의 모양에 따라 공기의 모양도 변하고, 공기를 많이 넣건 적게 넣건 항상 풍선 전체를 고르게 채웁니다. 공기와 같이 담는 그릇에 따라 모양이 변하고 담긴 그릇을 항상 가득 채우는 물질의 상태를 기체라고 합니다. 기체는 손으로 잡을 수 없고, 같은 **부피**③의 고체나 액체에 비해 매우 가볍습니다.

↑ 액체는 담는 그릇에 따라 모양이 변합니다.

1
중심
생각

이 글의 중심이 되는 낱말 세 가지를 찾아서 〇표를 하세요.

| 고체 | 자갈 | 기체 | 물 | 공기방울 | 액체 |

2
세부
내용

이 글의 내용과 일치하지 <u>않는</u> 것을 고르세요. ---------------------------- [   ]

① 액체보다 기체가 더 가볍다.

② 풍선에 공기를 넣으면 항상 고르게 풍선을 채운다.

③ 자갈은 담는 통에 따라 모양이 바뀌므로 액체이다.

④ 공기는 눈에 보이지 않지만 항상 우리 주위에 있다.

⑤ 샴푸는 끈적끈적하지만 주르륵 흘러내리므로 액체이다.

3
구조
알기

빈칸에 알맞은 낱말을 넣어 표를 완성하세요.

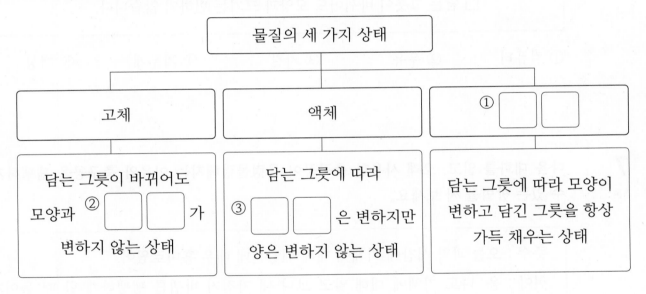

물질의 세 가지 상태

고체	액체	① ☐☐
담는 그릇이 바뀌어도 모양과 ② ☐☐ 가 변하지 않는 상태	담는 그릇에 따라 ③ ☐☐ 은 변하지만 양은 변하지 않는 상태	담는 그릇에 따라 모양이 변하고 담긴 그릇을 항상 가득 채우는 상태

4
어휘
표현

아래 문장이 뜻하는 낱말을 본문에서 찾아 쓰세요.

물고기를 기르는 데 사용하는, 유리로 모양을 만든 항아리

☐☐

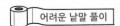 어려운 낱말 풀이 | ① **물질** 자연을 이루는 요소의 하나 物물건 물 質바탕 질   ② **성질** 사물이나 현상이 가지고 있는 고유의 특징 性성품 성 質바탕 질   ③ **부피** 넓이와 높이를 가진 물건이 공간에서 차지하는 크기

5

중심내용이 잘 나타나도록 정리해 보세요.

우리 주위에 있는 대부분의 물질은 각 ☐☐ 에 따라 ☐☐ , ☐☐ , ☐☐ 로 구분할 수 있습니다. 이들은 각각 ☐☐ , ☐ , ☐☐ 와 같은 상태로 존재합니다.

6

[보기]의 설명과 다른 물체는 무엇인지 골라 보세요. ──────────────── [　　]

[보기]　☐ 눈으로 볼 수 있습니다.
　　　　☐ 손으로 만질 수 있습니다.
　　　　☐ 담는 그릇이 바뀌어도 모양과 크기는 변하지 않습니다.

① 컴퓨터　　　② 우유　　　③ 자갈　　　④ 지우개　　　⑤ 책상

7

다음 대화를 읽고, 오래 사용한 축구공이 물렁물렁해지는 이유와 축구공을 팽팽하게 만들 수 있는 방법을 써 보세요.

준수 : 오늘 과학 시간에 기체에 대해 배웠는데 매우 흥미로웠어.

현아 : 응, 나도 기체에 대해 알고 보니 내 자전거 바퀴를 팽팽하게 할 때 들어가는 공기도 기체라는 것을 알게 되어서 좋았어.

준수 : 아! 그리고 보니 내 축구공이 며칠 전부터 물렁물렁해졌는데 기체인 공기를 더 넣으면 팽팽해지겠지?

축구공에 들어가는 공기는 ☐☐ 입니다. 그래서 축구공을 오래

사용하면 시간이 지나면서 ☐☐ 가 빠져서 물렁물렁해집니다.

팽팽하게 하려면 ☐☐ 를 넣어주면 됩니다.

12회 어법·어휘편

본문에 나온 어휘들만 따로 모아 복습하는 순서입니다.

[1단계] 아래의 낱말에 알맞은 뜻을 선으로 이어 보세요.

[1] 물질 •   • ㉠ 넓이와 높이를 가진 물건이 공간에서 차지하는 크기

[2] 성질 •   • ㉡ 사물이나 현상이 가지고 있는 고유의 특징

[3] 부피 •   • ㉢ 자연을 이루는 요소의 하나

[2단계] 아래 문장의 빈칸에 알맞은 낱말을 [보기]에서 찾아서 써넣으세요.

> [보 기]   물질   성질   부피

[1] 기체는 같은 ☐ ☐ 의 고체나 액체에 비해 매우 가볍습니다.

[2] 대부분의 ☐ ☐ 은(는) 자갈, 물, 공기와 같은 상태로 존재합니다.

[3] 액체는 흘러내리는 ☐ ☐ 때문에 손으로 잡을 수는 없습니다.

[3단계] 빈칸에 들어갈 알맞은 한자를 [보기]에서 찾아서 써 보세요.

> [보 기]   固   液   氣
> 　　　　　　굳을 고 진 액   기운 기

[1] ☐ 體 / 몸 체 : 일정한 부피는 가졌으나 일정한 형태를 가지지 못한 물질의 상태

[2] ☐ 體 / 몸 체 : 일정한 모양과 부피가 있으며 쉽게 변형되지 않는 물질의 상태

[3] ☐ 體 / 몸 체 : 공기, 수소, 산소 따위와 같이 일정한 모양과 부피를 갖지 않고 용기를 채우려는 성질이 있는 물질의 상태

시간 **끝난 시간** ☐ 시 ☐ 분   채점 **독해** 7문제 중 ☐ 개   ← 스스로 붙임딱지
🕐 **1회분 푸는 데 걸린 시간** ☐ 분   ⭐ **어법·어휘** 9문제 중 ☐ 개   문제를 다 풀고 맨 뒷장에 있는 붙임딱지를 붙여보세요.

해설편 007쪽

13회

독서 | 편지글 | 관련교과 : 초등국어2-1 5.낱말을 바르고 정확하게 써요

공부한 날 ☐ 월 ☐ 일

시작 시간 ☐ 시 ☐ 분

3단계 13회 15쇄

▲ QR코드를 찍으면
지문 읽기를 들을 수 있어요

할머니께

(가) 할머니, 그동안 안녕하셨어요? ㉠빨갛고 노란 나뭇잎들이 하나둘 떨어지는 계절입니다. 바람까지 점점 **매서워지는데**① 혹시 감기에 걸리지 않으셨는지요? 새로 태어난 강아지도 건강하게 잘 크고 있는지 궁금합니다.

(나) 아버지와 어머니는 잘 계세요. 오빠는 **석고**② 붕대를 하고 생활하느라 불편해 했지만 이틀 전에 드디어 붕대를 풀었어요. 저는 건강하게 학교에 잘 다니고 있어요.

(다) 얼마 전 선물로 보내 주신 털모자와 털장갑 잘 받았습니다. **촉감**③도 부드럽고 색도 제가 가장 좋아하는 빨간색이에요. 그리고 **착용**④해 보니 제게 꼭 맞았답니다. 허리도 아프신데 모자와 장갑을 뜨시느라 한 달이나 고생하셨다고 어머니께서 말씀해 주셨어요. 정말 감사합니다.

어렸을 때 일이 생각나요. 많은 비가 내렸던 여름날 시원하다고 비를 맞으면서 한참을 놀았었죠. 그리고 감기에 걸려 밤새 끙끙 앓았었는데 할머니께서 밤을 새우며 저를 간호해 주셨죠. 그때 저를 돌보아 주셨던 할머니의 따뜻한 손이 아직도 생생하게 기억이 납니다.

할머니의 은혜를 잊지 않고 학교에서 공부 열심히 하고 부모님 말씀도 잘 듣는 착한 어린이가 되겠어요.

(라) 겨울 방학이 되면 오빠와 함께 뵈러 가겠습니다. 할머니, 항상 건강하시고 찾아뵐 때까지 안녕히 계세요.

(마) 2021년 11월 13일

손녀 은서 올림

📏 어려운 낱말 풀이

① **매서워지는데** 정도가 매우 심해지는데

② **석고** 분필, 모형, 조각 등의 재료로 쓰이는 물질 石돌 석 膏기름 고

③ **촉감** 외부의 자극이 피부 감각을 통하여 전해지는 느낌 觸닿을 촉 感느낄 감

④ **착용** 옷, 모자, 신발 등을 입거나, 쓰거나, 신거나 함 着붙을 착 用쓸 용

1
세부
내용

누가 누구에게 쓴 편지인가요?

[1] 누가 : ☐☐   [2] 누구에게 : ☐☐☐

2
세부
내용

이 글의 내용과 <u>다른</u> 것을 고르세요. ────────────── [   ]

① 할머니 댁에는 새끼 강아지가 있다.

② 오빠는 이틀 전부터 석고 붕대를 하고 생활하였다.

③ 할머니께서 보내주신 털모자와 털장갑은 은서에게 꼭 맞았다.

④ 은서는 어릴 적에 비를 맞으면서 놀다가 감기에 걸린 적이 있다.

⑤ 은서는 겨울 방학이 되면 오빠와 함께 할머니를 뵈러갈 예정이다.

3
내용
적용

이 글 내용을 편지글의 형식에 맞게 연결하세요.

(가) •   • ㉠ 첫인사
(나) •   • ㉡ 끝인사
(다) •   • ㉢ 날짜
(라) •   • ㉣ 글쓴이의 안부
(마) •   • ㉤ 하고 싶은 말

4
구조
알기

다음 내용이 들어갈 알맞은 곳을 고르세요. ────────── [   ]

> 갈 때 할머니께서 좋아하시는 붕어빵 사 갈게요.

① (가)   ② (나)   ③ (다)   ④ (라)   ⑤ (마)

5
어휘
표현

밑줄 친 ㉠은 어느 계절을 표현한 말인지 고르세요. ──────── [   ]

① 봄   ② 여름   ③ 가을   ④ 겨울

6 이와 같은 글에 대한 설명으로 옳은 것을 고르세요. ────────────────── [　　　]

세부
내용

① 인사말이 있다.

② 보내는 사람과 받는 사람이 없다.

③ 자신이 주장하는 내용이 담겨있다.

④ 인물의 일생, 성품, 업적 등이 드러나 있다.

⑤ 현실에 있을 법한 이야기를 꾸며낸 글이다.

7 이 글에서 알 수 있는 내용은 무엇인지 고르세요. ────────────────── [　　　]

추론

① 은서의 나이

② 은서가 다니는 학교

③ 은서 할머니가 사시는 곳

④ 은서네 식구들이 하는 일

⑤ 할머니가 은서를 사랑하는 마음

배경지식 더하기

편지는 왜 아직도 쓰일까요?

요즘은 이메일의 등장으로 편지를 예전만큼 많이 쓰지는 않습니다. 하지만 아직까지도 편지는 계속해서 쓰이고 있습니다. 그 까닭은 무엇일까요?

우선은 사람이 직접 쓴 글씨체로 전달하기 때문에 그 사람의 마음을 더 잘 보여 주는 느낌을 줍니다. 때문에 이메일보다는 손으로 쓴 편지를 받으면 더 큰 감동을 느낄 수 있습니다.

또한 군대 등 전자 통신으로 연락하기 까다로운 곳에서는 편지가 아직도 연락하기 가장 좋은 수단이기 때문에 계속해서 쓰이고 있습니다. 여러분들도 누군가에게 마음을 전달하고 싶을 때, 이메일보다는 편지 한 통 보내는 것은 어떨까요?

[1단계] 아래의 낱말의 알맞은 뜻에 선을 이어 보세요.

[1] 매섭다 •　　　　　 • ㉠ 정도가 매우 심하다.

[2] 촉감 •　　　　　 • ㉡ 외부의 자극이 피부 감각을 통하여 전해지는 느낌

[3] 착용 •　　　　　 • ㉢ 옷, 모자, 신발 등을 입거나, 쓰거나, 신거나 함

[2단계] 아래 문장의 빈칸에 알맞은 낱말을 [보기]에서 찾아서 써넣으세요.

> [보기]　　　　매섭다　　　촉감　　　착용

[1] 털모자와 털장갑의 [　　　　　] 은(는) 참 부드러워요.

[2] 겨울바람이 참 [　　　　　].

[3] [　　　　　] 해 보니 제게 꼭 맞았답니다.

[3단계] 빈칸에 알맞은 낱말을 넣어 문장을 완성하세요.

[1] 오빠는 이틀 전에 드디어 [ㅂ][ㄷ] 을(를) 풀었어요.
→ 상처에 감는 소독한 헝겊

[2] 모자를 만드시느라 한 달이나 [ㄱ][ㅅ] 하셨다고 어머니께 들었어요.
→ 어렵고 고된 일을 겪음

[3] 감기에 걸려 밤새 앓았었는데 할머니께서 밤새 [ㄱ][ㅎ] 해 주셨죠.
→ 다쳤거나 앓고 있는 환자나 노약자를 보살피고 돌봄

시간　**끝난 시간** [　] 시 [　] 분　　**채점**　**독해** 7문제 중 [　] 개

 1회분 푸는 데 걸린 시간 [　] 분　　**어법·어휘** 9문제 중 [　] 개

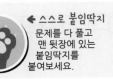
↞ 스스로 붙임딱지
문제를 다 풀고 맨 뒷장에 있는 붙임딱지를 붙여보세요.

14회

문학 | 동시

공부한 날 [　]월 [　]일

시작 시간 [　]시 [　]분

3단계 14회 28쇄
▲ QR코드를 찍으면
지문 읽기를 들을 수 있어요

빗방울 눈

문삼석

비 **갠**① 뒤 산과 들이

얼마나

해맑은지②

빗방울은

몹시③

궁금했던④ 거야.

저토록 거미줄에

조롱조롱⑤

매달려

초롱초롱⑥ **사방**⑦을

살피는 걸

보면…….

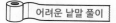
어려운 낱말 풀이 ┃ ① **갠** 흐리거나 나쁜 날씨가 맑아진 ② **해맑은지** 아주 환하고 티 없이 깨끗한지 ③ **몹시** 아주 심하게 ④ **궁금했던** (무엇이) 알고 싶었던 ⑤ **조롱조롱** 작은 열매와 같은 것들이 많이 매달려 있는 모양 ⑥ **초롱초롱** 눈빛이 생기있고 빛이 나는 모양 ⑦ **사방** 동, 서, 남, 북의 네 방향을 통틀어 이르는 말

1
중심
생각

이 시의 중심 글감은 무엇인지 골라 보세요. ━━━━━━━━━━━━━━━ [   ]

① 산   ② 들   ③ 거미

④ 거미줄   ⑤ 빗방울

2
요소

이 시는 언제 일어난 일을 표현한 것일까요? ━━━━━━━━━━━━━ [   ]

① 비가 막 내리기 시작했을 때

② 함박눈이 펑펑 내리고 있을 때

③ 여름 뙤약볕이 내리쬐고 있을 때

④ 비가 그치고 날씨가 맑아졌을 때

⑤ 소나기가 세차게 쏟아지고 있을 때

3
세부
내용

이 시의 말하는 이가 본 장면으로 가장 알맞은 것에 ○를 해 보세요.

[1] 아이가 창문으로 비 오는 것을 보는 모습 ━━━━━━━━━━━━━ [   ]

[2] 비가 와서 사람들이 우산을 쓰고 가는 모습 ━━━━━━━━━━━━ [   ]

[3] 비가 그친 뒤 거미줄에 빗방울이 매달려 있는 모습 ━━━━━━━━ [   ]

4
어휘
표현

이 시에서 '조롱조롱'과 '초롱초롱'이 표현하고 있는 것을 알맞게 연결해 보세요.

· ① 산과 들이 해맑게 빛나고 있는 모양

[1] 조롱조롱 ·

· ② 빗방울이 거미줄에 매달려 있는 모양

· ③ 빗방울에게서 울음이 터져 나오려는 모양

[2] 초롱초롱 ·

· ④ 빗방울이 궁금해하며 주변을 살피는 눈 모양

5 이 시의 말하는 이는 빗방울이 거미줄에 매달려 있는 까닭을 무엇이라고 생각했는지 적어
작품
이해   보세요.

이 시의 말하는 이는 빗방울이

거미줄에 매달려 있다고 생각했습니다.

6 이 시에 대해 <u>잘못</u> 이해하고 있는 친구를 골라 보세요. ---------------------------------- [   ]
작품
이해   ① 지민: 4연 12행으로 구성되어 있어.

② 솔지: 흉내 내는 말을 사용하고 있어.

③ 효진: 빗방울을 사람처럼 표현하고 있어.

④ 은서: 이 시에서 말하는 이는 빗방울이구나.

⑤ 재은: 이 시의 모든 연은 행의 개수가 똑같아.

7 이 시를 다음과 같은 글로 바꾸어 쓸 때, 빈칸에 들어갈 알맞은 말을 시에서 찾아 쓰세요.
작품
이해

비가 그친 후 □□□ 에 빗방울이 □□□□ 매달려

있는 모습을 보았다. 꼭 □□□ 이 초롱초롱 사방을 살피는 것처럼

보였다. □ 가 갠 후의 산과 □ 이 얼마나 해맑은지 빗방울도 몹시 궁금했나

보다.

[**1**단계] 문장을 읽고 맞춤법에 맞게 쓴 낱말에 ○를 해 보세요.

[1] 친구가 $\left\{ \begin{array}{l} \text{해맑게} \\ \text{해맗게} \end{array} \right\}$ 웃는 모습을 보자 기분이 좋아졌다.

[2] 초등학생이 된 내 동생은 학교에 대해 $\left\{ \begin{array}{l} \text{궁금한} \\ \text{궁굼한} \end{array} \right\}$ 것이 많다.

[3] 함부로 길에 쓰레기를 버리는 사람을 보자 $\left\{ \begin{array}{l} \text{몹씨} \\ \text{몹시} \end{array} \right\}$ 화가 났다.

[**2**단계] [보기]가 설명하는 낱말을 이 시에서 찾아 빈칸에 적어 보세요.

[보 기]　　　동, 서, 남, 북의 네 방향을 통틀어 이르는 말

☐ ☐

[**3**단계] [보기]를 읽고 빈칸을 알맞게 채워 보세요.

[보 기]　사방을 지도에 나타낼 때에는 4자 모양의 '방위표'를 사용합니다. 방위표 위쪽은 북, 아래쪽은 남, 오른쪽은 동, 왼쪽은 서를 의미합니다.

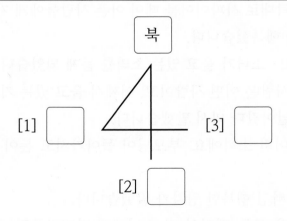

북

[1] ☐　　[3] ☐

[2] ☐

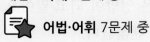

시간 **끝난 시간** ☐ 시 ☐ 분　채점 **독해** 7문제 중 ☐ 개

1회분 푸는 데 걸린 시간 ☐ 분　　**어법·어휘** 7문제 중 ☐ 개

← 스스로 붙임딱지
문제를 다 풀고
맨 뒷장에 있는
붙임딱지를
붙여보세요.

3주 | 14회 **69**

15회

문학 | 동화 | 관련교과 : 초등국어6-1㉯ 12.문학의 갈래(2015개정)

공부한 날 [ ]월 [ ]일
시작 시간 [ ]시 [ ]분

독해력 3단계 15회
▲ QR코드를 찍으면
지문 읽기를 들을 수 있어요

어느 도시 **광장**에 '행복한 왕자'라는 이름을 가진 아름다운 동상이 있었습니다. 그 동상은 아주 잘생긴 왕자의 모습을 하고 있었습니다. 두 눈은 빛나는 사파이어였고 몸은 순금으로

덮여 있었습니다. 그의 칼에는 반짝거리는 루비가 박혀 있었습니다. ㉠동상을 구경하는 사람들은 그 동상의 아름다움에 감탄하곤 했습니다.

어느 날 제비 한 마리가 행복한 왕자의 발아래에 앉았습니다. 제비는 자신의 깃털에 물 한 방울이 떨어지는 것을 느꼈습니다. 그것은 행복한 왕자의 눈물이었습니다.

"왕자님, 어째서 울고 계신가요?"

"이 도시에는 너무 ㉡가여운 사람들이 많구나. 제비야, 네가 나를 대신해서 ㉢그 사람들을 도와줄 수 있겠니? 내 칼의 루비를 떼어다가 ㉣굶주린 사람들에게 전해 줘."

제비는 행복한 왕자의 부탁대로 칼에서 루비를 떼어 굶주린 사람들에게 나눠 주었습니다.

"제비야, 이번에는 ㉤병들어 아픈 사람들에게 내 눈에 박혀 있는 사파이어를 가져다 줘. 사파이어를 팔아 치료비를 구할 수 있을 거야."

"하지만 사파이어를 빼면 왕자님은 앞을 볼 수 없어요."

"그들이 행복할 수 있다면 나는 괜찮단다."

제비는 행복한 왕자의 부탁대로 사파이어를 떼어 아픈 사람들에게 가져다주었습니다. 행복한 왕자는 앞을 볼 수 없었으나 행복했습니다.

어느 날 행복한 왕자는 어느 소녀가 울고 있는 소리를 듣게 되었습니다.

"제비야, 지금 울고 있는 사람은 어떤 사람이고, 어째서 울고 있는 거니?"

제비는 울음소리를 찾아 날아갔다 와서 말했습니다.

"지금 울고 있는 사람은 어린 소녀에요. 부모님이 돌아가시고 돈이 없어 집에서 쫓겨났다고 하네요. 너무 가여워요."

제비의 말을 듣고 슬픔에 빠진 행복한 왕자가 말했습니다.

"제비야 내 몸에 있는 금을 모두 떼어서 저 소녀에게 가져다주렴. 금을 판 돈으로 추위에서 벗어날 수 있을 거야."

"하지만 그렇게 되면 왕자님의 몸은 엉망이 되고 말아요."

"저 소녀가 행복할 수 있다면 나는 괜찮단다."

제비는 행복한 왕자의 부탁대로 금을 모두 떼어 소녀에게 가져다주었습니다. 제비는 다시 돌아와 행복한 왕자의 곁에 내려앉았습니다. 그러자 행복한 왕자가 말했습니다.

"제비야, 그동안 내 부탁을 들어줘서 정말 고마워. 이제 나는 아무 ㉠쓸모없는 동상이야. 이제 나는 곧 ^②**철거**되고 말 거야. 날씨가 더 추워지기 전에 너도 얼른 따뜻한 남쪽 나라로 떠나렴."

"안 돼요. 왕자님을 혼자 쓸쓸하게 두고 갈 수는 없어요. 저도 왕자님과 함께 있을게요."

제비는 그렇게 행복한 왕자의 곁에 머물렀습니다. 그리고 얼마 지나지 않아 추위로 인해 행복한 왕자의 발아래 쓰러져 죽었습니다. 제비의 죽음과 동시에 행복한 왕자의 심장도 '딱' 소리가 나며 떨어졌습니다.

그때였습니다. 한 명의 천사가 하늘에서 내려와 행복한 왕자의 심장과 제비를 하늘로 가지고 올라갔습니다.

"천사야, 내가 너에게 도시에서 가장 ^③**귀중**한 것 두 가지를 가져오라고 했는데, 가져왔느냐?"

"네, 하느님. 말씀하신대로 도시에서 가장 귀중한 것 두 가지를 가져왔습니다. 하나는 마음씨 착한 행복한 왕자의 심장이고, 다른 하나는 그런 행복한 왕자를 열심히 도와주고 지켜 준 제비입니다."

그러자 하느님이 말했습니다.

"㉤천사야, 가장 귀중한 것 두 가지를 정말 잘 가져왔구나. 이 작은 제비는 이제 천국에서 다시 살아나 영원히 노래할 것이란다. 그리고 행복한 왕자는 나의 천국에서 행복을 누리며 영원히 살게 될 것이란다."

-오스카 와일드, 「행복한 왕자」

1
중심
생각

이 이야기에서 나오는 동상의 이름은 무엇인가요?

☐ ☐ ☐ ☐ ☐

2
요소

이 이야기에서 왕자를 도와주는 동물은 무엇인가요?

☐ ☐

3
어휘
표현

밑줄 친 ㉠~㉤ 중 왕자가 도와주지 <u>않은</u> 사람들의 기호를 고르세요. ⋯⋯⋯⋯⋯⋯ [   ]

① ㉠   ② ㉡   ③ ㉢   ④ ㉣   ⑤ ㉤

🧻 **어려운 낱말 풀이** | ① **광장** 많은 사람이 모일 수 있게 거리에 만들어 놓은 넓은 공간 廣넓을 광 場마당 장   ② **철거** 건물, 시설 따위를 무너뜨려 없애거나 걷어치움 撤거둘 철 去갈 거   ③ **귀중** 아주 귀하고 가치가 있는 것 貴귀할 귀 重무거울 중

4 밑줄 친 ㉮와 반대되는 표현을 골라 보세요. ────────────────────── [   ]

어휘
표현

① 귀찮은   ② 지루한   ③ 커다란   ④ 유용한   ⑤ 향기로운

5 천사가 하늘로 가지고 올라간 것 두 가지는 무엇인가요?

세부
내용

왕자의 ☐☐ , ☐☐

6 밑줄 친 ㉯에서 하느님은 어떤 마음이 들었을까요? ──────────── [   ]

추론
적용

① 두렵고 무서웠다.

② 기쁘고 대견스러웠다.

③ 걱정되고 긴장되었다.

④ 지루하고 짜증이 났다.

⑤ 화가 나고 속이 상했다.

7 다음은 이야기의 내용을 간추린 것입니다. 순서에 맞게 나열해 보세요.

작품
이해

> (가) 천사는 왕자의 심장과 제비를 가지고 하늘로 올라갔다.
>
> (나) 제비는 금을 떼어 소녀에게 가져다주었다.
>
> (다) 제비는 사파이어를 떼어 병든 사람들에게 나눠 주었다.
>
> (라) 제비가 죽고 행복한 왕자의 심장도 아래로 떨어졌다.
>
> (마) 제비는 루비를 떼어 굶주린 사람들에게 나눠 주었다.

☐ → ☐ → ☐ → ☐ → ☐

15회 어법·어휘편 본문에 나온 어휘들만 따로 모아 복습하는 순서입니다.

[1단계] 아래의 낱말에 알맞은 뜻을 선으로 이어 보세요.

[1] 광장 •　　　　　　• ㉠ 아주 귀하고 가치가 있는 것

[2] 철거 •　　　　　　• ㉡ 많은 사람이 모일 수 있게 거리에 만들어 놓은 넓은 공간

[3] 귀중 •　　　　　　• ㉢ 건물, 시설 따위를 무너뜨려 없애거나 걷어치움

[2단계] 빈칸에 알맞은 낱말을 [보기]에서 골라 쓰세요.

[보 기]　　　　　광장　　　철거　　　귀중

[1] 다음 달부터 우리 동네 낡은 건물이 ☐☐ 될 예정이래.

[2] 내일 만남의 ☐☐ 에서 3시에 보기로 한 거 잊지 마!

[3] 이렇게 ☐☐ 한 선물을 주시다니, 정말 감사합니다.

[3단계] 밑줄 친 말을 다른 말로 알맞게 바꾸어 쓰세요.

[1] 그 동상의 아름다움에 **놀라곤** 했습니다.

→ ☐☐ 하 곤

[2] 너무 **불쌍해요**.

→ 가 ☐ ☐ 요

시간　끝난 시간 ☐시 ☐분　　채점　독해 7문제 중 ☐개　　← 스스로 붙임딱지
　　1회분 푸는 데 걸린 시간 ☐분　　　　어법·어휘 8문제 중 ☐개　　문제를 다 풀고
　　　　　　　　　　　　　　　　　　　　　　　　　　　　　　맨 뒷장에 있는
　　　　　　　　　　　　　　　　　　　　　　　　　　　　　　붙임딱지를
　　　　　　　　　　　　　　　　　　　　　　　　　　　　　　붙여보세요.

피부색이 다른 이유는 무엇인가요?

전 세계 사람들의 피부색은 모두 다릅니다. 살구색 피부를 가진 사람도 있고, 밝은 갈색이나 어두운 갈색의 피부를 가진 사람도 있습니다. 이렇게 사람들의 피부색이 다른 이유는 '멜라닌' 때문입니다.

멜라닌은 피부와 머리카락, 눈동자 속에서 만들어지는 화학 물질입니다. 멜라닌의 양이 피부색을 결정합니다. 멜라닌의 양이 많으면 피부색이 어두워집니다. 마찬가지로 멜라닌이 적으면 피부색이 밝아집니다.

멜라닌은 뜨거운 태양빛으로부터 피부를 보호하는 역할을 합니다. 낮이 길고 더운 나라에 사는 사람들은 추운 나라에 사는 사람들에 비해 멜라닌을 더 많이 가지고 있습니다. 뜨거운 태양빛으로부터 피부를 지키기 위해서는 많은 양의 멜라닌이 필요하기 때문입니다.

몸속에 있는 멜라닌의 양은 부모님으로부터 유전됩니다. 따라서 피부색 또한 부모님에게서 물려받습니다. 하지만 뜨거운 햇빛을 많이 받으면, 우리 몸은 피부를 보호하기 위해 멜라닌을 더 만들어 내기도 합니다. 이렇게 추가로 만들어지는 멜라닌 때문에 햇빛을 많이 받으면 피부색이 더 어두워집니다. 이런 현상을 다시 말해 피부가 탄다고 합니다.

유전 물려받음 遺남길 유 傳전할 전

추가 나중에 더 많아지게 함 追쫓을 추 加더할 가

4주차

한 주 간의 계획을 먼저 세워보세요. 매일 학습을 마친 후 맞힌 문제의 개수를 쓰세요!

회차	영역	학습 내용	학습계획일	맞은 문제수
16회	독서 사회	지도 읽는 법 저학년 학생들은 사회 관련된 글을 어려워 합니다. 추상적인 내용이 많기 때문입니다. 지도는 대표적인 추상적인 개념입니다. 추상적인 내용을 독해하는 법을 연습하는 회차입니다.	월 일	독해 7문제 중 ☐ 개 어법·어휘 8문제 중 ☐ 개
17회	독서 기타	라면 공장 견학 기행문을 읽을 때, 가장 중요한 것은 여정, 견문, 감상을 구분하는 것입니다. 견학한 순서와 어떤 것을 체험했는지 읽어내는 연습을 하는 회차입니다.	월 일	독해 7문제 중 ☐ 개 어법·어휘 7문제 중 ☐ 개
18회	독서 사회	루이 브라유 루이 브라유는 영어식 점자의 표준을 만든 사람입니다. 그리고 세계 각국의 언어에 맞는 점자를 만드는 데 브라유의 점자가 많은 참고가 되었습니다. 브라유의 생애와 점자에 대해 독해 지문을 통해 알아보는 회차입니다.	월 일	독해 7문제 중 ☐ 개 어법·어휘 8문제 중 ☐ 개
19회	문학 동요	여름 여름의 풍경을 보고 가지게 된 생각을 노래한 동요입니다. 동요에서 묘사된 여름 풍경 속에 등장하는 요소들의 특징을 이용해 노래하는 이의 성장을 표현한 것이 이 동요의 특징입니다. 동요에서 쓰인 표현법에 대해 공부해 보는 회차입니다.	월 일	독해 7문제 중 ☐ 개 어법·어휘 5문제 중 ☐ 개
20회	문학 설화	온달전 고등학교 문학 교과서에도 수록된 적이 있는 필독 고전 설화를 3단계 수준에 맞게 각색한 작품입니다. 시간과 배경이 현재와 다른 고전을 독해하는 연습을 해 보는 회차입니다.	월 일	독해 7문제 중 ☐ 개 어법·어휘 8문제 중 ☐ 개

16회

독서 | 설명문 | 관련교과 : 초등사회3-1 1.우리 고장의 모습

공부한 날   월   일
시작 시간   시   분

독해력 3단계 16회
▲ QR코드를 찍으면
지문 읽기를 들을 수 있어요

  지도는 위에서 내려다 본 실제 땅의 모습을 **일정하게**① 줄여서 나타낸 그림입니다. 지도가 있으면 우리 집이나 고장의 위치도 쉽게 파악할 수 있고, 가고 싶은 장소나 건물을 쉽게 찾아갈 수 있습니다. 하지만 땅 위에 있는 것을 보이는 대로 그린다고 모두 지도라고 할 수는 없습니다. 지도를 그릴 때에는 지역이나 건물의 위치를 쉽게 알아볼 수 있게 하기 위해 여러 가지 방법을 사용하기 때문입니다. 그렇다면 지도를 그릴 때는 어떤 방법들을 사용하는지 알아보겠습니다.

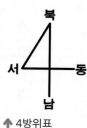
↑ 4방위표

  첫 번째로 지도에는 방위를 사용합니다. 지도를 그릴 때는 동서남북을 이용하여 위치를 나타내는데, 이것을 방위라고 합니다. 지도는 위에서 내려다본 것을 그린 것이기 때문에 건물이 향한 방향을 알 수 없는데, 방위를 이용하면 사람이나 건물이 향한 방향과 관계없이 위치를 나타낼 수 있습니다. 지도에서 방위를 표시한 것을 방위표라고 합니다. 방위표를 살펴보면 동, 서, 남, 북을 알 수 있습니다. 지도에 방위표가 없을 때에는 지도의 위쪽이 북쪽, 아래쪽이 남쪽이 됩니다.

  두 번째로 지도는 다양한 지도 기호를 사용합니다. 지도에 땅이나 건물의 실제 모습을 그리려면 시간이 많이 걸리고 힘듭니다. 그림을 그려 표시할 수도 있지만, 그림은 그리는 사람에 따라 모양이 조금씩 달라서 사람마다 ㉠틀리게 읽을 수 있습니다. 그래서 그림보다는 좀 더 간단하고, 누구나 알아

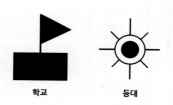
↑ 학교는 학교의 모습을, 등대는 빛이 나오는 모양을 본떠서 만든 기호입니다.

볼 수 있게 사람들이 약속하여 미리 정해 놓은 지도 기호를 사용합니다. 기호는 모양을 **본떠서**② 만든 기호와 사람들의 약속으로 정해진 기호가 있습니다.

  세 번째로 지도에는 다양한 색깔이 사용됩니다. 지도에서는 색을 이용하여 땅의 높낮이와 바다의 깊이를 표현합니다. 땅의 낮은 곳은 초록색으로 나타내고, 높아질수록 노란색, 갈색, 고동색의 순서로 나타냅니다. 강이나 바다는 깊을수록 파란색이 진해집니다. 기호로 표현하기 어려운 논과 밭, 주택지와 도로 등 그 땅의 **쓰임새**③를 표현

할 때도 색깔을 이용합니다. 산이나 논, 밭은 초록색으로, 하천은 파란색 같이 흔히 떠오르는 색을 이용해서 표시합니다.

1 제목을 지어 보세요.
중심
생각

☐☐ 에 쓰이는 약속

2 글에 나오는 사실과 <u>다른</u> 것을 고르세요. .... [　　]
세부
내용
① 방위표가 없으면 지도에서 방위를 알아볼 수 없다.
② 방위표를 살펴보면 동, 서, 남, 북을 알 수 있습니다.
③ 땅이 높을수록, 바다가 깊을수록 지도의 색이 진해진다.
④ 지도에 쓰이는 기호는 미리 정해 놓은 지도 기호를 사용한다.
⑤ 강이나 바다의 깊이는 파란색의 짙은 정도로 나타낼 수 있다.

3 지도에서 하천을 표시할 때 어떤 색을 이용하나요? .... [　　]
세부
내용
① 초록색　　　　② 연두색　　　　③ 노란색　　　　④ 파란색　　　　⑤ 분홍색

4 빈칸에 알맞은 낱말을 넣어 표를 완성하세요.
구조
알기

제목
☐☐ 에 쓰이는 다양한 방법들

방법 ①	위치를 나타내는 ☐☐
방법 ②	땅이나 건물을 간단하게 표시하는 지도 ☐☐
방법 ③	땅의 높낮이와 쓰임새를 나타내는 ☐☐

어려운 낱말 풀이 | ① **일정하게** 어떤 것의 크기, 모양, 시간 등이 하나로 정하여져 있게 一한 일 定정할 정- ② **본떠서** 무엇을 본보기로 삼아 그대로 좇아 하다 本근본 본- ③ **쓰임새** 쓰임의 정도

5

어휘
표현

밑줄 친 ㉠을 바르게 고쳐 보세요.

☐☐☐

6

내용
적용

이 글의 내용이 잘 요약되도록 빈칸에 알맞은 말을 [보기]에서 찾아 쓰세요.

[보 기]   방위표   약속   높낮이   기호   쓰임새

지도를 그릴 때는 다양한 방법을 사용합니다. 지도에서 동서남북을 이용하여 위치를 나타내는데, 이것을 방위라고 합니다. 방위는 ☐☐☐ 를 이용해서 나타냅니다. 지도에서는 지도 ☐☐☐ 를 사용해서 건물이나 땅의 쓰임새를 알기 쉽게 나타낼 수 있습니다. 또 지도는 다양한 색깔로 땅의 ☐☐☐ 와 바다의 깊이 뿐만 아니라 기호로 표현하기 어려운 땅의 쓰임새를 표현하기도 합니다.

7

추론

다음 기호 중 만들어진 방법이 나머지 넷과 <u>다른</u> 것을 고르세요. ------------------- [   ]

①
도청

②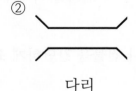
다리

③
과수원

④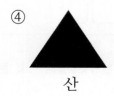
산

⑤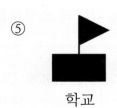
학교

16회 어법·어휘편 본문에 나온 어휘들만 따로 모아 복습하는 순서입니다.

[1단계] 아래의 낱말의 알맞은 뜻에 선을 이어 보세요.

[1] 일정하게 •   • ㉠ 무엇을 본보기로 삼아 그대로 좇아 하다.

[2] 본뜨다 •   • ㉡ 어떤 것의 크기, 모양, 시간 등이 하나로
                    정하여져 있게

[3] 쓰임새 •   • ㉢ 쓰임의 정도

[2단계] 아래 문장의 빈칸에 알맞은 낱말을 [보기]에서 찾아서 써넣으세요.

[보기]   일정하게   본떠서   쓰임새

[1] 가위는 [   ] 에 따라 모양이 서로 다르다.

[2] 지도의 기호는 모양을 [   ] 만듭니다.

[3] 지도는 실제 땅의 모습을 [   ] 줄여서 나타낸 그림입니다.

[3단계] 다음 [보기]를 참고하여 아래의 문장에 쓰인 알맞은 뜻의 번호를 쓰세요.

[보기] **본뜨다** ① 무엇을 본보기로 삼아 그대로 좇아 하다.
              ② 이미 있는 대상을 본으로 삼아 그대로 좇아 만들다.

[1] 남의 작품을 <u>본떠</u> 그린 그림은 예술적 가치가 없다. (   )

[2] 너희는 훌륭한 사람을 <u>본뜨도록</u> 해라. (   )

시간 **끝난 시간** [   ]시 [   ]분   채점 **독해** 7문제 중 [   ]개
1회분 푸는 데 걸린 시간 [   ]분   **어법·어휘** 8문제 중 [   ]개

← 스스로 붙임딱지
문제를 다 풀고
맨 뒷장에 있는
붙임딱지를
붙여보세요.

17회

독서 | 기타 |

공부한 날 ☐월 ☐일

시작 시간 ☐시 ☐분

독해력 3단계 17회

▲ QR코드를 찍으면
지문 읽기를 들을 수 있어요

오늘은 학교에서 반별로 **견학**을 가는 날이었다. 우리 반은 라면 공장으로 견학을 다녀왔다. 평소에도 라면을 참 좋아했었기 때문에 어젯밤부터 많이 기대되었다. 아침에 학교 운동장에 모여서 반 아이들과 함께 학교에서 빌린 버스를 타고서 라면 공장으로 출발했다.

라면 공장에 도착하여 먼저 들어간 곳은 전시관이었다. 우선 전시관 안의 강당 같은 곳에서 공장 담당자 분께 공장에 대한 **홍보**와 오늘의 **일정**에 대한 설명을 듣기 시작했다. 그리고 바로 전시된 여러 가지 라면들을 구경했다. 이 공장에서 이렇게 많은 라면을 만들어 왔었다는 게 신기했다.

다음은 라면을 **생산**하는 **현장**을 직접 견학하였다. 라면을 만드는 곳에서는 많은 분들이 **철저**하게 **위생**을 지키면서 열심히 라면을 만들고 계셨다. 라면이 어떻게 꼬불꼬불하게 만들어지는지 눈으로 확인해 보니 정말 재미있었다.

↑ 꼬불꼬불한 면발이 만들어지는 라면 공장의 모습 (출처 : 연합뉴스)

점심시간이 되자 각자 집에서 싸온 김밥을 맛있게 먹었다. 공장에서는 함께 먹으라고 컵라면을 **제공**해 주었다. 점심을 먹고 나서 체험관으로 향했다. 체험관에서는 '나만의 라면 만들기' 활동을 하였다. 조별로 팀을 이루어서 공장에서 제공하는 재료들을 이용해 다양한 라면을 만들었다. 우리 조는 국물이 없는 빨간색 해물 볶음 라면을 만들었는데 정말 맛있었다.

다음은 라면에 대한 궁금증과 **오해**했던 내용들을 알아보는 시간을 가졌다. 또한 그 내용들을 토대로 퀴즈도 풀어 보았는데, 내가 아깝게 1등을 놓쳤다. 견학이 끝난 후에는 다 함께 기념사진을 찍고 맛있는 라면들도 기념품으로 받았다. 정말 즐거운 하루였다.

🧻 어려운 낱말 풀이

① **견학** 실제로 보고 그 일에 대한 지식을 넓히는 일 見볼 견 學배울 학   ② **홍보** 널리 알림, 또는 그 소식이나 보도 弘넓을 홍 報갚을 보   ③ **일정** 그날에 할 일 日날 일 程단위 정   ④ **생산** 인간이 생활하는 데 필요한 각종 물건을 만들어 냄 生낳을 생 産태어날 산   ⑤ **현장** 일을 실제 진행하거나 작업하는 그곳 現나타날 현 場마당 장   ⑥ **철저** 속속들이 꿰뚫어 미치어 밑바닥까지 빈틈이나 부족함이 없음 徹통할 철 底밑 저   ⑦ **위생** 건강에 좋게 하도록 조건을 가지거나 방법을 세우는 일 衛지킬 위 生살 생   ⑧ **제공** 쓰라고 줌 提끌 제 供이바지할 공   ⑨ **오해** 잘못 앎 誤그르칠 오 解풀 해

1
중심
생각

이와 같은 글의 주제로 가장 알맞은 것은 무엇인가요? -------------------------------- [   ]

① 누군가를 설득하는 것

② 갔던 곳에 대한 느낌을 말하는 것

③ 원하는 것을 정중하게 부탁하는 것

④ 어떤 일에 대한 방법을 설명하는 것

⑤ 어떤 문제에 대해 자신의 생각을 말하는 것

2
세부
내용

다음 물음에 알맞은 답을 쓰세요.

[1] 언제 갔나요?   ☐ ☐

[2] 누구와 갔나요?   ☐ 아이들과

[3] 어디로 갔나요?   ☐ ☐ ☐ ☐

[4] 어떻게 갔나요?   ☐ ☐ 를 타고

3
구조
알기

글쓴이의 견학 과정을 순서대로 나열해 보세요.

(가) 기념사진을 찍음

(나) 전시관에서 라면 구경을 함

(다) '나만의 라면 만들기' 체험을 함

(라) 전시관 강당에서 공장에 대한 홍보를 들음

(마) 라면이 만들어지는 과정을 직접 구경함

☐ → ☐ → ☐ → ☐ → ☐

4
어휘
표현

'건강에 좋게 하도록 조건을 가지거나 방법을 세우는 일'을 나타내는 낱말을 골라 보세요.

-------------------------------- [   ]

① 위치   ② 위기   ③ 위생   ④ 위인   ⑤ 위로

5 **세부 내용** 글쓴이가 견학을 가기 전날부터 기대한 까닭은 무엇인가요?

☐☐ 에도 ☐☐ 을 좋아했기 때문에

6 **내용 적용** 글을 읽고 친구들끼리 대화를 나누었습니다. 틀린 말을 하는 친구를 고르세요. ⋯ [　　　]

① 나현 : 공장에서 김밥도 제공해 주고 정말 친절하다.

② 태원 : 주인공이 퀴즈에서 아깝게 1등을 놓쳤다고 하네.

③ 지수 : 나도 라면 공장에 가서 기념품으로 라면을 받고 싶다.

④ 현택 : '나만의 라면 만들기'에서 나도 기가 막힌 라면을 만들고 싶다.

⑤ 재현 : 우리 학교도 한 번쯤은 반별로 견학을 가 보는 것도 좋을 것 같네.

7 **추론** '나만의 라면 만들기'에서 글쓴이네 조가 만든 라면으로 가장 알맞은 것은 무엇일까요?

--- [　　　]

① 　② 　③

④ 　⑤

17회 어법·어휘편
본문에 나온 어휘들만 따로 모아 복습하는 순서입니다.

[1단계] 아래의 낱말의 알맞은 뜻에 선을 이어 보세요.

[1] 현장 •　　　　　　　　　 • ㉠ 인간이 생활하는 데 필요한 각종 물건을 만들어 냄

[2] 홍보 •　　　　　　　　　 • ㉡ 널리 알림, 또는 그 소식이나 보도

[3] 생산 •　　　　　　　　　 • ㉢ 일을 실제 진행하거나 작업하는 곳

[2단계] 아래 문장의 빈칸에 알맞은 낱말을 [보기]에서 찾아서 써넣으세요.

[보 기]　　　　　　 현장　　 홍보　　 생산

[1] 오늘 문을 연 가게가 열심히 음식들을 ☐☐ 하고 있었다.

[2] 강아지가 태어나는 ☐☐ 을 직접 구경하게 되었다.

[3] 아랍은 세계적인 석유 ☐☐ 국이다.

[3단계] '견학'은 한자로 된 낱말입니다. [보기]를 참고하여 '견학'을 우리말로 바꾸게 된다면 무엇이 가장 어울릴까요? .... [　　　　]

견학 = 見 學
볼(견) 배울(학)

① 웃고 떠들기　　　 ② 읽고 느끼기　　　 ③ 듣고 외우기
④ 말하고 쓰기　　　 ⑤ 보고 배우기

시간 **끝난 시간** ☐시 ☐분　　 채점 **독해** 7문제 중 ☐개　　 ← 스스로 붙임딱지
1회분 푸는 데 걸린 시간 ☐분　　 **어법·어휘** 7문제 중 ☐개　　 문제를 다 풀고 맨 뒷장에 있는 붙임딱지를 붙여보세요.

독서 | 전기문 | 관련교과 : 초등사회5-1 2.인권 존중과 정의로운 사회

18회

공부한 날 [ ]월 [ ]일

시작 시간 [ ]시 [ ]분

3단계 18회 21쇄

▲ QR코드를 찍으면
지문 읽기를 들을 수 있어요

 1809년, 프랑스의 작은 마을에서 태어난 루이 브라유는 어릴 때 사고로 두 눈이 보이지 않게 되었습니다. 브라유의 부모님은 **시력**①을 잃은 아들의 미래를 걱정했습니다. 그 시대에는 **시각 장애인**②들이 글을 읽기 힘들어서 교육을 제대로 받기 어려웠고 그래서 좋은 직업을 얻는 것도 쉽지 않았기 때문입니다. 브라유는 자신을 포함한 시각 장애인들이 **처한**③ **현실**④이 슬프고 안타까웠습니다.

 1821년 어느 날, 브라유는 바르비에라는 군인에게서 특별한 종이 한 장을 받게 되었습니다. 그 종이에는 볼록한 작은 점들이 새겨져 있었습니다. 빛이 없는 한밤중의 전쟁터에서 간단한 내용의 쪽지를 읽을 수 있도록 문자를 점으로 새긴 '**야간**⑤ 문자'였습니다. 야간 문자를 사용하면 눈으로 보지 않고 손으로 글을 읽을 수 있었습니다. 그 종이를 접한 브라유는 야간 문자를 **보완**⑥해서 시각 장애인들을 위한 문자를 만들 수 있을 것이라고 생각했습니다.

 그 이후, 브라유는 오랜 노력 끝에 6개의 **정렬**⑦된 점으로 알파벳 26자를 표시하는 **점자**⑧를 개발했습니다. 군인이 쓰는 야간 문자는 12개의 점으로 되어 있어 손끝으로 한 번에 읽기가 어려웠습니다. 그래서 브라유는 6개의 점으로 모든 알파벳을 읽을 수 있도록 새롭게 구성했습니다. 브라유가 만든 점자는 한 손으로 읽기 편하고, 점자로 글을 쓰기에도 쉬웠습니다.

▲ 브라유가 만든 알파벳 점자

 왕립 시각 장애인 학교는 **개관식**⑨에서 브라유의 점자를 발표했습니다. 그 이후로 브라유의 점자는 조금씩 유럽의 여러 교육 기관에 알려지기 시작했고, 1932년에는 영어식 점자의 **표준**⑩으로 인정되기도 하였습니다. ㉠그 후, 많은 시각 장애인들은 브라유가 만든 점자 덕분에 수월하게 글을 읽을 수 있게 되었습니다.

🧻 어려운 낱말 풀이

① **시력** 물건을 볼 수 있는 눈의 능력 視볼 시 力힘력   ② **시각 장애인** 앞을 보지 못하는 사람. 또는 아주 약한 시력만 남아 있어서 앞을 보기 어려운 사람 視볼 시 覺깨달을 각 障막을 장 礙거리낄 애 人사람 인   ③ **처한** 어떤 상황에 놓인 處곳 처-   ④ **현실** 지금 실제로 나타나는 사실이나 상황 現나타날 현 實열매 실   ⑤ **야간** 해가 진 뒤부터 날이 밝아 올 때까지의 사이 夜밤 야 間사이 간   ⑥ **보완** 모자라거나 부족한 것을 채워 완전하게 함 補기울 보 完완전할 완   ⑦ **정렬** 가지런하게 줄지어 늘어섬, 또는 그렇게 늘어서게 함 整가지런할 정 列벌일 렬   ⑧ **점자** 손가락으로 더듬어 읽도록 만든 시각 장애인용 문자. 두꺼운 종이 위에 도드라진 점들을 일정한 방식으로 짜 모아 만든 것 點점 점 字글자 자   ⑨ **개관식** 도서관, 영화관, 박물관, 학교 등의 기관이 처음으로 문을 열 때 치르는 행사 開열 개 館집 관 式법 식   ⑩ **표준** 사물의 정도나 성격을 알기 위한 기준 標표할 표 準준할 준

1 빈칸에 알맞은 말을 넣어 이 글의 제목을 써 보세요.

중심
생각

시각 장애인을 위한 ☐☐ 를 만든 ☐☐☐☐☐

2 이 글의 내용으로 옳지 않은 것을 골라 보세요. ------------------------------ [   ]

세부
내용

① 브라유는 어릴 때 사고로 시력을 잃었다.

② 바르비에는 브라유에게 야간 문자가 새겨진 종이를 주었다.

③ 야간 문자는 빛이 없는 한밤중에도 읽을 수 있다.

④ 브라유는 알파벳 26자를 표시하는 점자를 만들었다.

⑤ 브라유의 점자는 모든 언어의 점자 표준으로 인정되었다.

해설편 010쪽

3 루이 브라유가 태어난 시대의 시각 장애인은 어떤 상황이었나요? 알맞게 쓰인 것에 모두 선을 이어 보세요.

세부
내용

루이 브라유가 태어난 시대의 시각 장애인	·	· [1] 교육을 제대로 받기 힘들었다.
		· [2] 글을 읽기가 쉬웠다.
		· [3] 직업을 얻기가 어려웠다.

4 야간 문자와 점자의 특징을 정리한 표입니다. 빈칸을 알맞게 채워 보세요.

내용
적용

☐ 으로 보지 않고 ☐ 으로 더듬는 것만으로도 글을 읽을 수 있는 문자

야간 문자
- ☐ 개의 점으로 되어 있다.
- ☐☐ 으로 한 번에 읽기 어렵다.

점자
- ☐ 개의 점으로 되어 있다.
- ☐☐ 으로 읽기 편하고
- ☐ 을 쓰기에도 쉽다.

5

구조
알기

다음은 이 글의 내용을 간추린 것입니다. 일이 일어난 차례대로 기호를 써 보세요.

> (가) 바르비에라는 군인이 브라유에게 야간 문자가 새겨진 종이를 주었습니다.
>
> (나) 브라유의 점자는 영어식 점자의 표준이 되었습니다.
>
> (다) 왕립 시각 장애인 학교의 개관식에서 브라유의 점자가 발표되었습니다.
>
> (라) 루이 브라유는 어릴 때 사고로 두 눈이 보이지 않게 되었습니다.
>
> (마) 루이 브라유는 오랜 노력 끝에 점자를 개발했습니다.

☐ → ☐ → ☐ → ☐ → ☐

6

추론

밑줄 친 ㉠에 대해 알맞게 생각한 친구에게 ○, 그렇지 않은 친구에게는 ×표를 해 보세요.

[1] 경훈: 이제 시각 장애인들이 한 손으로 점자를 읽을 수 있겠다. ----------------------- [   ]

[2] 다원: 시각 장애인들이 점자로 글을 읽고 쓸 수 있게 되어서 편리하겠다. ----- [   ]

[3] 유나: 브라유의 점자는 알파벳 26자를 다 표시하지 못했기 때문에 지금은 쓰이지 않을
것 같아. --- [   ]

7

추론

[보기]를 이용하여 문제의 점자가 뜻하는 낱말이 어떤 낱말인지 써 보세요.

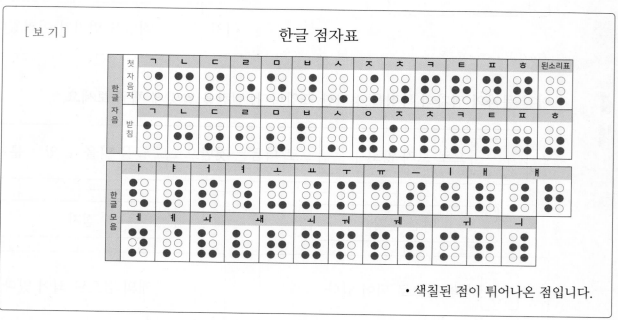

• 색칠된 점이 튀어나온 점입니다.

예) → 점 자   문제) → ☐ ☐

[**1단계**] 아래의 낱말에 알맞은 뜻을 선으로 이어 보세요.

[1] 야간 •　　　　　　• ㉠ 사물의 정도나 성격을 알기 위한 기준

[2] 정렬 •　　　　　　• ㉡ 해가 진 뒤부터 날이 밝아 올 때까지의 사이

[3] 표준 •　　　　　　• ㉢ 가지런하게 줄지어 늘어섬, 또는 그렇게 늘어서게 함

[**2단계**] 아래 문장의 빈칸에 알맞은 낱말을 [보기]에서 찾아서 써넣으세요.

[보 기]	야간	정렬	표준

[1] 운동회를 시작하기 전에 전교생이 운동장에 ☐☐했다.

[2] 미터(m)는 우리나라에서 길이를 재는 ☐☐ 단위이다.

[3] ☐☐에는 어두워서 별이 반짝반짝 잘 보이네!

[**3단계**] 밑줄 친 표현의 알맞은 뜻을 골라 번호를 써 보세요.

[1] 지난 경기에서 부족했던 점을 <u>보완하기 위해</u> 주말 동안 열심히 연습했다. ⟶ [　　　]

① 채워서 완전하게 하기 위해

② 변함없이 계속 이어 나가기 위해

[2] 이 영화는 <u>현실</u>의 이야기를 담고 있다. ⟶ [　　　]

① 사실 여부가 분명하지 않은 상황

② 지금 실제로 나타나는 상황

시간　**끝난 시간** ☐시 ☐분　　채점　**독해** 7문제 중 ☐개
1회분 푸는 데 걸린 시간 ☐분　　**어법·어휘** 8문제 중 ☐개

← 스스로 붙임딱지
문제를 다 풀고
맨 뒷장에 있는
붙임딱지를
붙여보세요.

19회

문학 | 동요 | 관련교과 : 음악 5(5차 교육 과정)

공부한 날 [ ]월 [ ]일

시작 시간 [ ]시 [ ]분

3단계 19회 19쇄

▲ QR코드를 찍으면
지문 읽기를 들을 수 있어요

여름

이상현

1절   산 위에 **오르면**①
        내 생각이 산처럼 **커진다.**②

        바다에 **나가면**③
        내 가슴이 바다처럼 **열린다.**④

㉮   ┌ 파아란 산 위에서
     │ 바다에서
     │ 내 키가 ㉠자란다.
     └ 내 생각이 ㉡자란다.

2절   **벌판**⑤에 나가면
        내 꿈이 새처럼 **날아오른다.**⑥

        강가⑦에 **서면**⑧
        내 마음도 파랗게 **흐른다.**⑨

        시원한 벌판에서
        강가에서
        내 꿈이 자란다.
        내 마음이 자란다.

유튜브에서 동요를 들어보세요.

여름 초등 5학년 교과서 음악 🔍

어려운 낱말 풀이   ① **오르면** 사람이나 동물 따위가 아래에서 위쪽으로 움직여 가면   ② **커진다** 크게 된다
③ **나가면** 일정한 지역이나 공간의 안에서 밖으로 이동하면   ④ **열린다** 닫히거나 잠긴 것이 벗겨진다
⑤ **벌판** 사방으로 펼쳐진 넓고 평평한 땅   ⑥ **날아오른다** 날아서 공중으로 오른다   ⑦ **강가** 강의
가장자리에 있는 땅, 또는 그 근처 ⏌ 강 강-   ⑧ **서면** 사람이나 동물이 발에 땅을 대고 다리를 쭉 뻗
으며 몸을 곧게 하면   ⑨ **흐른다** 물처럼 흐르는 것이 낮은 곳으로 내려가거나 넘쳐서 떨어진다

1 중심 생각
이 노래와 관련 있는 계절은 언제인가요?

☐☐

2 요소
이 노래에 대한 설명으로 옳은 것에 ○표, 옳지 않은 것에 ×표를 해 보세요.

[1] 소리를 흉내 내는 표현을 사용하였다. --- [   ]

[2] 1절과 2절을 비슷한 형태로 반복하였다. ------------------------------------ [   ]

[3] 움직임을 나타내는 여러 낱말을 사용하였다. --------------------------- [   ]

[4] 대상을 관찰한 내용을 자세하게 나타내었다. --------------------------- [   ]

3 작품 이해
이 노래는 어떤 느낌으로 부르는 것이 좋을까요? 가장 적절한 것을 골라 보세요.
--- [   ]

① 고요한 자연 속에서 노래하고 있으므로 작고 느리게 부르는 것이 좋다.

② 여러 장소를 빠르게 둘러보고 있으므로 지친 듯 힘없이 부르는 것이 좋다.

③ 성장하는 자신에 대해 노래하고 있으므로 빠르고 경쾌하게 부르는 것이 좋다.

④ 변해 버린 자연을 보고 노래하고 있으므로 슬프고 우울하게 부르는 것이 좋다.

⑤ 갑작스러운 변화에 대해 노래하고 있으므로 두렵고 긴장한 듯이 부르는 것이 좋다.

4 요소
이 노래를 무대에서 부를 때 노랫말의 장소대로 무대 배경을 꾸미려고 합니다. 어떤 순서로 무대 배경을 꾸미면 좋을지 순서대로 기호를 써 보세요.

ⓐ 산   ⓑ 강가   ⓒ 바다   ⓓ 벌판

☐ → ☐ → ☐ → ☐

5 밑줄 친 ㉠과 ㉡의 의미를 [보기]에서 찾아 번호를 써 보세요.

어휘
표현

> [보기]   **자라다**
> ① 사람이나 동물이 전체적으로 점점 커지다.
> ② 어떤 상황을 배경으로 살아오다.
> ③ 힘이나 능력 등이 커지다.

㉠: _____   ㉡: _____

6 [보기]를 읽고 ㉮에서 [보기]의 내용처럼 쓴 부분을 찾아 써 보세요.

어휘
표현

> [보기]   시에서는 말하는 이의 감정을 생생하게 전달하거나 노래를 부르는 듯한
> 느낌을 주기 위해 연과 행의 글자 수를 맞춰 쓰는 방법이 사용됩니다.
> 그래서 시를 읽을 때, 종종 '빠알간 석류알'과 같이 글자 수를 맞추기 위해
> 띄어쓰기나 맞춤법에 어긋나는 표현이 사용된 것을 볼 수 있습니다.

> _____

7 [보기]는 이 노랫말에 쓰인 표현법을 설명한 글입니다. 다음 중 [보기]에서 설명한 표현이
쓰이지 <u>않은</u> 것을 골라 보세요. -- [   ]

어휘
표현

> [보기]   어떤 대상을 더 실감 나게 표현하거나, 말하는 이가 느끼는 것을 강조하기
> 위해 공통점을 가진 다른 대상에 빗대어 표현하는 경우가 있습니다. 예를
> 들어 '생각이 커진 것'을 산에 빗대어 '내 생각이 산처럼 커진다.'라고 표현할
> 수 있습니다. 이렇게 '~처럼', '~같이', '~듯이'와 같은 말을 써서 직접 두
> 대상을 비교하여 표현하는 방법을 '직유법'이라고 합니다.

① 별빛같이 반짝이는 마음   ② 봄바람처럼 부드러운 미소
③ 팝콘은 봄에 흩날리는 벚꽃잎   ④ 자석같이 늘 붙어 다니는 단짝
⑤ 병아리가 걷듯이 아장아장 걷는 아기

본문에 나온 어휘들만 따로 모아 복습하는 순서입니다.

[1단계] 아래 그림에 어울리는 낱말을 [보기]에서 찾아 써 보세요.

[보 기]　　　　벌판　　　강가

[2단계] [보기]에서 밑줄 친 낱말의 뜻으로 알맞은 것을 골라 번호를 적어 보세요.

[보 기]　**열다**　① 닫히거나 잠긴 것을 열거나 벗기다.
　　　　　　　　② 모임이나 회의를 시작하다.

[1] 방 안의 공기가 후덥지근해서 창문을 활짝 **열었다**. ------------------------- [　　　　]

[2] 오늘은 반에서 일어난 문제들을 해결하기 위한 학급 회의를 **열었다**. --- [　　　　]

[3단계] [보기]를 참고하여 밑줄 친 낱말을 알맞게 바꾸어 써 보세요.

[보 기]　**파란** 풍선이 하늘로 날아갔다.
　　　→ 하늘로 날아간 풍선의 색이 파 랑 다 .

[1] **노란** 개나리꽃이 화단에 피었다.

　　→ 화단에 핀 개나리꽃이 　　　　　.

[2] 장바구니에 **빨간** 사과를 골라 담았다.

　　→ 장바구니에 담긴 사과가 　　　　　.

20회

문학 | 설화 |

공부한 날 [   ] 월 [   ] 일
시작 시간 [   ] 시 [   ] 분

독해력 3단계 20회
▲ QR코드를 찍으면
지문 읽기를 들을 수 있어요

옛날 고구려에 '온달'이라는 사람이 살았습니다. 온달은 배운 것이 없어 행동이 어리석었습니다. 그리고 늘 찢어진 옷과 낡은 신발을 신고 다녔습니다. 그래서 사람들은 그를 ㉠'바보 온달'이라고 불렀습니다. 하지만 ㉡그는 ㉢마음씨 착한 사람이었습니다.

'바보 온달'에 대한 소문은 고구려왕의 귀에까지 들어갔습니다. 고구려왕에겐 평강공주라는 딸이 하나 있었습니다. 평강공주는 자주 울었는데, 고구려왕은 공주가 울 때마다 '㉮자꾸 울면 바보 온달에게 시집보낸다.'고 농담 삼아 얘기하곤 했습니다.

시간이 흘러 공주는 결혼할 나이가 되었습니다. 고구려왕은 공주를 **귀족**¹ 집안에 시집을 보내기로 마음먹었습니다. 그러자 공주가 왕에게 말했습니다.

"ⓐ저는 아버님의 말대로 온달과 결혼하겠습니다. 보통 사람도 자신의 말을 뒤집지 않는데 한 나라의 왕이 예전에 했던 말을 뒤집지는 않으시겠지요?"

화가 난 왕은 마음대로 하라며 평강공주를 쫓아버렸습니다. 평강공주는 궁을 나와 온달의 어머니에게 찾아갔습니다.

"제가 온달님의 아내가 되겠습니다."

"㉣제 아들은 가난하고 어리석어서 공주님처럼 ㉤귀한 분이 가까이할 만한 사람이 못 됩니다."

"옛 사람들의 말에 '곡식이 한 되뿐이라도 절구에 찧을 수 있고, 천이 한 마디만 되어도 바느질할 수 있다.'고 했습니다. 진정 저와 온달이 마음만 통한다면, 가난하고 어리석음이 무엇이 중요하겠습니까?"

온달의 어머니에게 결혼을 허락받은 평강공주는 온달과 함께 살며 온달에게 여러 가지를 가르치고 공부를 도왔습니다. 평강공주의 도움 덕분에 온달은 날이 갈수록 **총명**²해졌습니다.

그러던 어느 날, 고구려왕은 사냥 대회를 열었습니다. 온달이 사냥 대회에 나가기 위해 말을 사려고 하자 평강공주가 말했습니다.

"절대 시장 사람이 추천하는 말은 사지 마세요. 가장 병들고 야윈 말을 골라 사세요. 저희가 그 말을 직접 길러서 건강하고 빠르게 만드는 것이 훨씬 좋을 것입니다."

온달은 평강공주의 말대로 가장 야윈 말을 사왔습니다. 평강공주는 부지런히 그 말을 먹이고 길렀습니다. 말은 날이 갈수록 건강해졌습니다. ⓑ온달은 그 말을 타고 사냥 대회에 나가 우승을 했습니다. 우승자가 온달임을 알게 되자 왕과 사람들은 모두 깜짝 놀랐습니다.

고구려왕은 사냥 대회에서 우승한 온달을 장군으로 임명했습니다. ⓒ온달은 나가는 전쟁마다 승승장구했습니다. 왕은 기뻐하며 온달을 자랑스러워했습니다. 그렇게 온달은 신라에 빼앗긴 땅을 되찾기 위해 싸우는 고구려 최고의 **장수**가 되었습니다.

-작자 미상, 「온달 설화」

1 요소
이 이야기의 배경이 되는 나라는 어디인가요?

☐ ☐ ☐

2 중심 생각
이 이야기에서 가장 중요한 등장인물 두 사람을 쓰세요.

☐☐ 과 ☐☐ 공주

3 어휘 표현
밑줄 친 ㉠~㉤ 중 가리키는 사람이 다른 하나를 고르세요. ──── [   ]

① ㉠   ② ㉡   ③ ㉢   ④ ㉣   ⑤ ㉤

4 어휘 표현
밑줄 친 ㉰ 대신 쓸 수 있는 표현으로 가장 알맞은 것을 고르세요. ──── [   ]

① 가끔   ② 계속   ③ 거의   ④ 조금씩   ⑤ 천천히

어려운 낱말 풀이 ① **귀족** 집안이 좋거나 신분이 높아 정치적, 사회적으로 특권층에 속한 사람들 貴귀할 귀 族겨레 족
② **총명** 매우 영리하고 재주가 있음 聰밝을 총 明밝을 명
③ **장수** 군사들을 거느리는 우두머리 將장차 장 帥장수 수

5 다음 중 이야기의 내용과 같은 것을 고르세요. --- [   ]

세부
내용

① 온달은 평강공주의 공부를 도왔다.

② 사람들은 온달의 옷차림을 부러워했다.

③ 평강공주는 어릴 적에 거의 울지 않았다.

④ 평강공주는 온달에게 야윈 말을 사라고 했다.

⑤ 고구려왕은 평강공주가 온달에게 시집간다고 하자 기뻐했다.

6 이 이야기를 올바르게 소개한 친구는 누구인가요? ------------------------------ [   ]

추론
적용

① 세미: 어머니의 말씀을 무조건 따라야 한다는 교훈을 지닌 이야기야.

② 민재: 눈물이 많으면 바보와 결혼할 수 있으니 조심하라는 이야기야.

③ 은정: 절구 찧기와 바느질이 정말 중요하다는 것을 알려 주는 이야기야.

④ 진희: 어떻게 하면 가난을 이겨낼 수 있을지 자세하게 알려 주는 이야기야.

⑤ 재형: 총명한 공주가 한 남자를 고구려 최고의 장수로 성장시키는 이야기야.

7 밑줄 친 ⓐ~ⓒ로 갈수록 '왕'의 심정은 어떻게 변화하였나요? ------------------ [   ]

세부
내용

ⓐ		ⓑ		ⓒ
"저는 아버님의 말대로 온달과 결혼하겠습니다."	→	온달은 그 말을 타고 사냥대회에 나가 우승을 했습니다.	→	온달은 나가는 전쟁마다 승승장구했습니다.

	ⓐ	ⓑ	ⓒ
①	화남	놀람	기쁨
②	웃김	당황	기쁨
③	웃김	놀람	고민
④	슬픔	놀람	당황
⑤	슬픔	웃김	고민

[1단계] 아래의 낱말에 알맞은 뜻을 선으로 이어 보세요.

[1] 귀족 •

• ㉠ 군사들을 거느리는 우두머리

[2] 총명 •

• ㉡ 집안이 좋거나 신분이 높아 정치적,
　　사회적으로 특권층에 속한 사람들

[3] 장수 •

• ㉢ 매우 영리하고 재주가 있음

[2단계] 빈칸에 알맞은 낱말을 [보기]에서 골라 쓰세요.

> [보 기]　　　　　귀족　　총명　　장수

[1] 광개토대왕은 전쟁에서 정말 훌륭한 ☐☐ 였어.

[2] 옛날에는 ☐☐ 들이 욕심을 부리면 나라가 힘들어졌다고 합니다.

[3] 이렇게 대단한 생각을 하다니. 정말 ☐☐ 하구나.

[3단계] [보기]의 설명을 읽고 아래 문장의 밑줄 친 낱말을 소리 나는 대로 써 보세요.

> [보 기]　　우리말에서는 'ㄴ'과 'ㄹ'이 만나면 'ㄴ'이 'ㄹ'로 소리가 바뀝니다.
> 왜냐하면 이렇게 해야 더 편하게 낱말을 읽을 수 있기 때문입니다.
> 예) 설날 → [설 : 랄]

[1] 그렇게 온달은 <u>신라</u>에 빼앗긴 땅을 되찾기 위해 싸우는 최고의 장수가 되었습니다.

→ [☐☐]

[2] 화상을 입을 수도 있으니 <u>난로</u> 가까이에 가지 말아라.

→ [☐ : ☐]

시간　끝난 시간 ☐ 시 ☐ 분　　채점　독해 7문제 중 ☐ 개　　← 스스로 붙임딱지
1회분 푸는 데 걸린 시간 ☐ 분　　　어법·어휘 8문제 중 ☐ 개　　문제를 다 풀고 맨 뒷장에 있는 붙임딱지를 붙여보세요.

4주 | 20회 95

돼라(○) / 되라(×)

영민이는 방과 후에 매일 노래를 부르며 춤 연습을 합니다. 그 모습을 지켜보던 동현이가 박수를 치며 물었습니다.

동현 : 우와! 진짜 멋있다! 매일 이렇게 춤을 추면 힘들지 않아?

영민 : 나중에 텔레비전에 나오려면 지금보다 더 열심히 해야지.

동현 : 아하, 너는 가수가 되는 것이 꿈이구나?

영민 : 응. 멋진 아이돌이 되어서 전 세계의 무대를 장악할 거야.

동현 : 나는 음악을 듣는 것은 좋지만 노래를 하거나 춤을 추는 데에는 소질이 없어. 넌 꼭 많은 사람들의 마음을 울리는 멋진 가수가 되라.

'무엇이 되어라'라고 할 때는 '되-'에 '-어라'가 붙어 '되어라'가 되고, 이것이 줄면 '돼라'가 됩니다. '보아라'가 줄어 '봐라'로 되거나 '주어라'가 줄어 '줘라'로 되는 것과 같습니다. '되'인지 '돼'인지 구분하기 어려울 때에는 그 말을 '되어'로 대치할 수 있는가 살펴보면 됩니다. '되어'로 바꿔 쓸 수 있으면 '돼'로 써야 합니다.

바르게 고쳐 보세요.

동현 : 넌 꼭 많은 사람들의 마음을 울리는 멋진 가수가 **되라**.

→ 넌 꼭 많은 사람들의 마음을 울리는 멋진 가수가 ☐☐ .

5주차

한 주 간의 계획을 먼저 세워보세요. 매일 학습을 마친 후 맞힌 문제의 개수를 쓰세요!

회차	영역	학습내용	학습계획일	맞은 문제수
21회	독서 사회	**철새** 새들 중 철새에 관하여 설명해주는 글입니다. 철새를 분류하고 특징들을 알아보는 글인 만큼 글을 분류에 따라 구조적으로 읽는 법을 연습해보는 회차입니다.	월 일	독해 7문제 중 □개 어법·어휘 10문제 중 □개
22회	독서 국어	**줄임 말** 아이들이 자주 쓰게 될 줄임 말에 관한 글입니다. 글을 읽고 줄임 말에 관해 알게 되는 것과 더불어 올바른 언어 생활에 대해 생각해 볼 수 있도록 도와주는 회차입니다.	월 일	독해 7문제 중 □개 어법·어휘 8문제 중 □개
23회	독서 기타	**여름 캠프 안내문** 주변에서 흔히 볼 수 있는 행사 안내문입니다. 안내문을 읽고, 자신에게 필요한 정보를 잘 확인할 수 있는 능력을 연습해 보는 회차입니다.	월 일	독해 7문제 중 □개 어법·어휘 8문제 중 □개
24회	문학 동요	**종이접기** 유명한 동요 중 하나인 종이접기입니다. 노래 가사를 잘 살펴보고 악보의 표현들도 잘 살펴보며 독해를 연습하는 회차입니다.	월 일	독해 7문제 중 □개 어법·어휘 8문제 중 □개
25회	문학 동화	**독 안에 든 빵 작전** 가족회의에서 쥐를 잡기 위한 작전을 짜는 장면이 주가 되는 동화입니다. 어떤 작전을 이야기했고, 어떻게 됐는지, 그 이야기를 읽고 이해해 보는 회차입니다.	월 일	독해 7문제 중 □개 어법·어휘 7문제 중 □개

21회

↑ 철새들이 이동하는 모습. 바람의 저항을
줄이기 위해 V자 모양으로 모여 날아간다.

(가) 철새는 알을 낳거나 겨울을 나기 위해서 계절에 따라 **서식지**①를 이동하는 새를 말합니다. 우리나라에서는 다양한 철새를 관찰할 수 있는데, 그 이유는 우리나라의 계절 변화가 **뚜렷하기**② 때문입니다. 우리나라에서 볼 수 있는 철새의 종류는 크게 여름 철새, 겨울 철새, 나그네새가 있습니다.

(나) 여름 철새는 이른 봄에 우리나라로 날아와 여름을 지내고, 가을이 되면 **번식**③을 위해 다시 남쪽 지역으로 이동하는 새들을 말합니다. 제비, 꾀꼬리, 뻐꾸기, 찌르레기 등이 여름 철새에 속합니다. 여름 철새는 겨울 철새보다 화려하고 알록달록합니다.

(다) 겨울 철새는 가을에 북쪽 지역에서 번식하고 우리나라로 이동하여 추운 겨울을 지내는 새들을 말합니다. 고니, 황새, 두루미, 독수리 등이 겨울 철새에 속합니다. 겨울 철새는 우리나라에서 볼 수 있는 철새 중 가장 수가 많고 종류가 다양합니다.

(라) 나그네새는 시베리아나 중국에서 동남아시아로 가는 중에 잠시 우리나라를 들르는 새들을 말합니다. 개꿩, 물닭, 도요새 등이 나그네새에 속합니다. 그중 도요새는 갯벌에서 지렁이나 조개 등을 잡아먹고 쉬다가 우리나라를 떠납니다. ㉠최근에는 환경 오염으로 나그네새의 수가 줄어들고 있습니다.

(마) 이렇게 다양한 종류의 철새들은 먹잇감이 **풍부하고**④ 온도가 알맞은 곳에 자신들의 서식지를 **마련**⑤합니다. 우리나라에는 철새들의 서식지로 유명한 곳이 많이 있는데, 강원도 철원과 속초, 전라도 순천만, 울릉도와 독도 등이 **대표적**⑥입니다.

 어려운 낱말 풀이 ① **서식지** 일정한 곳에 자리를 잡고 사는 곳 棲살 서 息숨쉴 식 地땅 지 ② **뚜렷하기** 엉클어지거나 흐리지 않고 아주 분명하기 ③ **번식** 새끼를 낳는 일 繁많을 번 殖번성할 식 ④ **풍부하고** 넉넉하고 많고 豊풍년 풍 富부유할 부- ⑤ **마련** 미리 갖춤 ⑥ **대표적** 어느 하나가 전체를 잘 나타내는 代대신할 대 表겉 표 的과녁 적

1
중심
생각

이 글에서 가장 중심이 되는 낱말은 무엇인가요? ──────── [   ]

① 계절   ② 번식   ③ 철새   ④ 서식지   ⑤ 환경오염

2
세부
내용

다음 새들이 각각 무엇에 해당하는지 연결하세요.

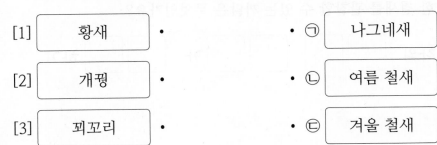

[1] 황새   ·   · ㉠ 나그네새

[2] 개꿩   ·   · ㉡ 여름 철새

[3] 꾀꼬리   ·   · ㉢ 겨울 철새

3
세부
내용

이 글의 내용과 <u>다른</u> 것은 무엇인가요? ──────── [   ]

① 겨울 철새는 여름 철새보다 알록달록하고 화려하다.

② 최근에는 환경 오염으로 나그네새의 수가 줄어들고 있다.

③ 우리나라는 계절 변화가 뚜렷해서 다양한 철새를 관찰할 수 있다.

④ 여름 철새는 우리나라에서 여름을 나고 가을에 남쪽 지역으로 이동한다.

⑤ 철새들은 먹잇감이 풍부하고 온도가 알맞은 곳에 자신들의 서식지를 마련한다.

4
구조
알기

이 글의 구조에 맞게 빈칸을 채워 정리해 봅시다.

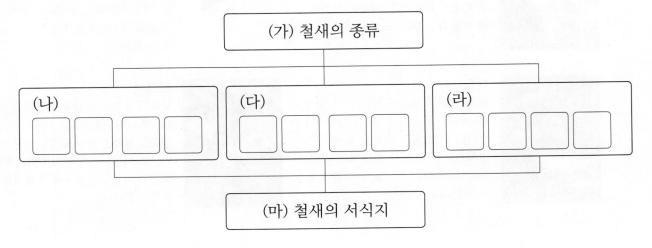

(가) 철새의 종류

(나)

(다)

(라)

(마) 철새의 서식지

5

어휘
표현

아래 문장이 뜻하는 낱말을 이 글에서 찾아 쓰세요.

> 넉넉하고 많다.

6

내용
적용

우리나라에서 다양한 철새를 관찰할 수 있는 까닭은 무엇인가요?

그 이유는 우리나라의  가 하기

때문입니다.

7

추론

밑줄 친 ㉠을 통해 알 수 있는 사실은 무엇일까요? ------------------------ [   ]

① 철새들은 환경 오염과는 관계가 없다.

② 환경이 오염될수록 새가 사라질 것이다.

③ 여름 철새는 수가 줄어들지 않을 것이다.

④ 겨울 철새는 수가 줄어들지 않을 것이다.

⑤ 환경이 오염돼도 지렁이나 조개는 사라지지 않는다.

 배경지식 더하기

사진으로 알아보는 여러 종류의 철새들

꾀꼬리
여름 철새로 중국 남부·인도 남부·인도차이나 등에서 겨울을 나고 4월 경에 우리나라를 찾습니다. 곤충을 주로 잡아먹습니다. 서울시 보호 야생 생물 대상종이기도 합니다.

황새
황새는 일반적으로 두루미와 왜가리와 크게 헷갈립니다. 황새는 바깥 날개깃이 모두 검은 반면, 두루미는 셋째 날개깃 만 검정색입니다. 우리나라에서는 천연 기념물 제199호로 지정하여 보호하고 있습니다.

개꿩
이름은 꿩과 비슷하지만 꿩과 달리 철새이며, 물가에서 서식합니다. 지렁이나 작은 물고기 등을 먹습니다. 번식기에는 툰드라 지대에서 살고, 우리나라에서는 3~4월, 6~7월에 볼 수 있습니다.

도요새
도요목 도요과 새들을 통틀어서 이르는 이름입니다. 몸길이는 12~61cm로 다양하고 날개는 길며 꼬리는 짧은 편입니다. 고사성어 '어부지리(漁父之利)'에서 조개와 싸우다가 어부에게 붙잡히는 새 이기도 합니다.

21회 어법·어휘편 _{본문에 나온 어휘들만 따로 모아 복습하는 순서입니다.}

[1단계] **아래의 낱말에 알맞은 뜻을 선으로 이어 보세요.**

[1] 서식지 •   • ㉠ 미리 갖춤

[2] 마련 •   • ㉡ 일정한 곳에 자리를 잡고 사는 곳

[3] 대표적 •   • ㉢ 어느 하나가 전체를 잘 나타내는

[2단계] **아래 문장의 빈칸에 알맞은 낱말을 [보기]에서 찾아서 써넣으세요.**

> [보 기]   서식지   마련   대표적

[1] 강원도 철원과 속초 등이 [   ] 철새 서식지입니다.

[2] 철새들은 먹잇감이 많고 온도가 알맞은 곳에 서식지를 [   ] 합니다.

[3] 철새는 계절에 따라 [   ] 을(를) 이동하는 새를 말합니다.

[3단계] **설명에 알맞은 낱말을 [보기]에서 찾아 쓰세요.**

> [보 기]   뚜렷한   화려한   다양한   유명한

[1] 모습이나 소리가 흐릿하지 않고 분명한   [ ][ ][ ]

[2] 모습이나 상태가 여러 가지로 많은   [ ][ ][ ]

[3] 눈부시게 아름답고 빛나는   [ ][ ][ ]

[4] 이름이 널리 알려진   [ ][ ][ ]

시간 **끝난 시간** [   ]시 [   ]분   채점 **독해** 7문제 중 [   ]개   ← **스스로 붙임딱지**
1회분 푸는 데 걸린 시간 [   ]분   **어법·어휘** 10문제 중 [   ]개   문제를 다 풀고 맨 뒷장에 있는 붙임딱지를 붙여보세요.

5주·21회

해설편 012쪽

독서 | 논설문 |

22회

공부한 날 ☐월 ☐일
시작 시간 ☐시 ☐분

독해력 3단계 22회
▲ QR코드를 찍으면
지문 읽기를 들을 수 있어요

우리는 말을 할 때나 글을 쓸 때 낱말을 줄여 쓰는 경우가 많습니다. 예를 들어 친구에게 '내일 만나자.'라는 내용의 문자 메시지를 보낼 때 "낼 만나."라고 보내기도 합니다. 이처럼 줄임 말을 쓰는 까닭은 우리가 말을 하거나 글을 쓸 때 줄여 쓰는 것이 더 **간편하기**[①] 때문입니다. 하지만 그렇다고 해서 모든 말들을 줄여 쓰는 것은 바람직하지 않습니다. **표준어**[②]가 아닌 줄임 말들이 있기 때문입니다.

먼저 줄임 말을 써도 되는 경우에 대해서 알아봅시다. 앞에서 이야기한 것처럼 '내일'은 '낼'로 줄여 쓸 수 있습니다. 또 '다음'을 '담'으로, '마음'을 '맘'으로, '무엇을'을 '뭘'로, '사이'를 '새'로, '제일'을 '젤'로 줄여 쓸 수 있습니다. 예를 들어 "그는 마음이 아주 좋은 사람이다."라는 문장을 "그는 맘이 아주 좋은 사람이다."로 쓸 수 있습니다. "요즘 무엇을 하며 지내니?"라는 말도 "요즘 뭘 하며 지내니?"라고 쓸 수 있습니다.

반대로 줄여서 쓰면 안 되는 말도 있습니다. 우리가 흔히 사용하는 잘못된 줄임 말에는 '그냥'을 줄인 '걍', '너무'를 줄인 '넘', '아무'를 줄인 '암', '재미'를 줄인 '잼', '즐겁게'를 줄인 '즐' 등이 있습니다. 이 낱말들은 문자 메시지나 SNS(소셜 네트워크 서비스)[③]에서 흔히 사용하는 표현입니다. 이런 줄임 말은 맞춤법에 맞지 않는 표현이기 때문에 사용하지 않는 것이 좋습니다.

맞춤법에 맞는 올바른 언어 **습관**[④]을 기르면 다른 사람과 **원활한**[⑤] **의사소통**[⑥]을 할 수 있습니다. 줄여 써도 되는 말과 그렇지 않은 말을 잘 익혀서 올바른 언어 습관을 기르도록 노력합시다.

🧻 어려운 낱말 풀이

① **간편하기** 간단하고 편리하기 簡간략할 간 便편할 편- ② **표준어** 한 나라의 국민들이 함께 쓰기 위해 표준으로 정한 말 標표할 표 準준할 준 語말씀 어 ③ **SNS(소셜 네트워크 서비스)** 카카오톡이나 페이스북처럼 비슷한 관심을 가진 사람들 사이의 관계를 만들어주는 온라인상의 서비스 ④ **습관** 여러 번 되풀이함으로써 저절로 굳어진 행동 習익힐 습 慣버릇 관 ⑤ **원활한** 순조롭게 잘 되는 圓둥글 원 滑미끄러울 활- ⑥ **의사소통** 가지고 있는 생각이나 뜻이 서로 통함 意뜻 의 思생각할 사 疏통할 소 通통할 통

1 이 글에서 가장 중요한 낱말은 무엇인가요? ────────────────────── [   ]

중심
생각

① 표준어   ② SNS   ③ 문자 메시지   ④ 의사소통   ⑤ 줄임 말

2 이 글의 내용에 맞는 것은 ○, 틀린 것은 ×로 표시하세요.

세부
내용

[1] 올바른 줄임 말을 써야 원활한 의사소통을 할 수 있다. ─────────── [   ]

[2] 모든 말을 줄여 쓸 수 있다. ──────────────────────── [   ]

[3] 줄임 말을 쓰는 까닭은 줄여 쓰는 것이 간편하기 때문이다. ─────── [   ]

[4] '요즘 뭘 하며 지내니?'는 옳은 줄임 말을 사용한 표현이다. ─────── [   ]

3 다음 중 잘못된 줄임 말은 무엇인가요? ────────────────── [   ]

세부
내용

① '제일'을 '젤'로 줄여 쓴다.

② '마음'을 '맘'으로 줄여 쓴다.

③ '너무'를 '넘'으로 줄여 쓴다.

④ '사이'를 '새'로 줄여 쓴다.

⑤ '무엇을'을 '뭘'로 줄여 쓴다.

4 이 글의 주제는 무엇인가요? ──────────────────────── [   ]

중심
생각

① 올바른 줄임 말을 사용하자.

② 친구들과 줄임 말로만 의사소통하자.

③ 문자 메시지를 보낼 때는 줄임 말을 쓰자.

④ 줄임 말을 쓰면 안 된다.

⑤ 줄여 쓰면 안 되는 말을 줄여 써 보자.

5 어휘 표현

'한 나라의 국민들이 함께 쓰기 위해 표준으로 정한 말'은 무엇인지 이 글에서 찾아 쓰세요.

☐ ☐ ☐

6 내용 적용

다음 일기에서 잘못된 줄임 말이 사용된 부분을 모두 찾아 바르게 써 보세요. (2개)

> 오늘 올바른 줄임 말을 사용하는 방법에 대해 배웠다.
>
> 평소에 걍 아무렇게나 사용하던 말이 잘못된 표현이어서 넘 놀랐다.
>
> 앞으로는 올바른 줄임 말을 사용해 친구들과 대화를 나누어야겠다.

7 추론

다음 중 줄임 말을 올바르게 사용한 사람은 누구인가요? ----------------------------- [　　　]

> 태연 : 오늘 같이 놀아서 넘 잼있었지?
>
> 은우 : 응, 암 것도 안 했는데 시간이 금방 간 것 같아.
>
> 민지 : 근데 숙제는 어떻게 하지? 걍 인터넷에서 베껴도 될까?
>
> 현민 : 안 돼. 베끼는 건 젤 안 좋은 일이라고 선생님께서 말씀하셨잖아.
>
> 수지 : 맞아. 그건 넘 나쁜 행동이야. 각자 스스로 잘 해오자.

① 태연   ② 은우   ③ 민지   ④ 현민   ⑤ 수지

[1단계] 아래의 낱말에 알맞은 뜻을 선으로 이어 보세요.

[1] 표준어 •   • ㉠ 가지고 있는 생각이나 뜻이 서로 통함

[2] 습관 •   • ㉡ 여러 번 되풀이함으로써 저절로 굳어진 행동

[3] 의사소통 •   • ㉢ 한 나라의 국민들이 함께 쓰기 위해 표준으로
　　　　　　　　　　　　　　정한 말

[2단계] 아래 문장의 빈칸에 알맞은 낱말을 [보기]에서 찾아서 써넣으세요.

[보기]　　　　　　표준어　　　습관　　　의사소통

[1] 올바른 언어 [　　　　　] 을 기르도록 노력합시다.

[2] [　　　　　] 가 아닌 줄임 말들이 있기 때문입니다.

[3] 다른 사람과 원활한 [　　　　　] 을 할 수 있습니다.

[3단계] [보기]를 읽고 알맞은 낱말을 고르세요.

[보기]　왠지 : 왜 그런지 모르게
　　　　　('왜인지'의 줄임 말, '왠'은 혼자 쓸 수 없는 낱말)
　　　　　웬 : 어찌 된, 어떠한

[1] 오늘은 { 왠 / 웬 }지 좋은 일이 생길 것 같아.

[2] 이게 { 왠 / 웬 }일이야? 아버지가 용돈을 주셨네.

시간 　끝난 시간 [　] 시 [　] 분　　채점 　독해 7문제 중 [　] 개

　1회분 푸는 데 걸린 시간 [　] 분　　　어법·어휘 8문제 중 [　] 개

← 스스로 붙임딱지
문제를 다 풀고
맨 뒷장에 있는
붙임딱지를
붙여보세요.

5주 | 22회　105

23회

독서 | 실용문 | 관련교과 : 초등국어3-1 5.중요한 내용을 적어요

공부한 날 [ ]월 [ ]일
시작 시간 [ ]시 [ ]분

3단계 23회 26쇄
▲ QR코드를 찍으면
지문 읽기를 들을 수 있어요

신나고 모험 가득한 '어린이 여름 캠프'에 참여할 어린이들을 **모집**합니다. 자세한 내용은 아래 안내문을 참고해 주세요.

어린이 여름 캠프 안내문

캠프명 어린이 여름 캠프

캠프 기간 2024년 7월 24일 수요일~7월 26일 금요일 / 2박 3일

캠프 장소 강원도 영월군 어린이 야영장

캠프 일정 7월 24일 수요일 오전 9시 모임

7월 26일 금요일 오후 5시 **해산**

세부 일정 1일차 : 학교 출발 – 어린이 야영장 도착 – 동굴 탐험 – 체험 학습 – 천문대 견학

2일차 : 등산 체험 – 체육 대회 – 계곡 물놀이 체험 – 모닥불 놀이

3일차 : 선암마을 – 청령포 – 장릉 – 학교 도착

(본 프로그램은 학교 사정에 따라 변경될 수 있습니다.)

신청 기간 2024년 6월 21일 금요일~7월 6일 토요일

신청 방법 각 학급 담임 선생님께 **개별** 전화 및 문자 메시지 신청

예) 캠프 신청 홍길동 3반 생년월일

참가비 80,000원

준비물 개인 여벌 옷, 세면도구(수건), 수영복, 개인 비상약

문의 사항 각 학급 담임 선생님과 개별 통화

1 이 글은 어떤 내용의 글인가요? ──────────── [　　]
중심생각
① 정보를 설명하는 글이다.
② 캠프를 안내하는 글이다.
③ 위인을 소개하는 글이다.
④ 글쓴이의 주장을 제시한 글이다.
⑤ 글쓴이의 느낌을 표현한 글이다.

2 글에 나타나 있지 <u>않은</u> 것은 무엇인가요? ──────── [　　]
세부내용
① 출발 장소
② 세부 일정
③ 글을 쓴 이유
④ 안내 전화 번호
⑤ 캠프 신청 방법

3 캠프 신청과 궁금한 점은 누구에게 물어보면 되는지 빈칸을 채워 보세요.
세부내용
[　][　][　][　][　]

4 다음 [보기]의 내용이 들어갈 곳은 어디인가요? ──────── [　　]
구조알기

> [보기]　이 기간 이후에는 신청할 수 없습니다.

① 캠프 일정　　　② 신청 기간　　　③ 신청 방법
④ 참가비　　　　⑤ 준비물

어려운 낱말 풀이 ① **모집** 사람이나 작품 등을 일정한 조건 아래 널리 알려 뽑음 募모을 모 集모을 집　② **해산** 모였던 사람이 흩어짐 解풀 해 散흩을 산　③ **세부** 자세한 부분 細가늘 세 部떼 부　④ **개별** 여럿 중에서 하나씩 따로 나뉘어 있는 상태 個낱 개 別나눌 별

5 본문에 나온 낱말과 뜻이 바르게 연결되도록 선으로 이어 보세요.

[1] 여벌 •

[2] 해산 •

• ㉠ 모였던 사람들이 흩어지는 것

• ㉡ 입고 있는 옷 이외의 남는 옷

6 민준이의 일기를 보고 빈칸에 알맞은 낱말을 글에서 찾아 쓰세요.

● 드디어 내일은 캠프를 가는 날이다.

● 선생님께서는 오전 ☐ 시까지 학교 운동장으로 모이라고 하셨다.

● 기대가 되어 잠이 안 올 것 같다. 돌아오는 날에는 오후 ☐ 시쯤 해산할

● 예정이라고 하셨다. 돌아오는 날 너무 아쉬울 것 같다. 둘째 날에는 계곡 물놀이

● ☐☐ 을 한다고 한다. 처음 해 보는 거라 무섭기도 하다. 옷이 물에 젖으니

● ☐☐ 옷도 챙겨 오라고 하셨다.

내일부터 시작될 2박 3일 동안 친구들과 좋은 시간을 보냈으면 좋겠다.

7 안내문을 보고 <u>잘못</u> 이야기하고 있는 친구를 고르세요. ┈┈┈┈┈┈┈┈┈ [   ]

① 유진 : 계곡 물놀이 체험도 하나 봐. 재밌겠다!

② 세미 : 출발지가 학교네. 모여서 가기 쉽겠다.

③ 승호 : 7월 6일까지 늦지 않게 꼭 신청해야겠어.

④ 윤찬 : 2박 3일 캠프구나. 하루 더 있으면 좋을 텐데.

⑤ 재석 : 6월 21일부터 캠프를 가는 것 같아. 정말 가고 싶다.

[**1**단계] **아래의 낱말에 알맞은 뜻을 선으로 이어 보세요.**

[1] 모집 •   • ㉠ 자세한 부분

[2] 세부 •   • ㉡ 여럿 중에서 하나씩 따로 나뉘어 있는 상태

[3] 개별 •   • ㉢ 사람이나 작품 등을 일정한 조건 아래 널리
                               알려 뽑음

[**2**단계] **아래 문장의 빈칸에 알맞은 낱말을 [보기]에서 찾아서 써넣으세요.**

> [보 기]   모집   세부   개별

[1] 이번 여행은 ☐☐ 일정이 마음에 들지 않았어.

[2] 각 학급 담임 선생님께 ☐☐ 전화 및 메시지로 신청하세요.

[3] '주니어 여름 캠프'에 참여할 어린이들을 ☐☐ 합니다.

[**3**단계] **밑줄 친 낱말의 알맞은 뜻을 찾아 ○표를 하세요.**

[1] '주니어 여름 캠프'에 **참여**할 어린이들을 모집합니다.

　　　① 어떤 일에 끼어듦

　　　② 쓸데없이 아는 체하거나 이래라저래라 함

[2] 자세한 내용은 아래 안내문을 **참고**해주세요.

　　　① 괴로움이나 어려움을 견딤

　　　② 살펴서 생각함

시간 | **끝난 시간** ☐ 시 ☐ 분 | 채점 | **독해** 7문제 중 ☐ 개
1회분 푸는 데 걸린 시간 ☐ 분 | | **어법·어휘** 8문제 중 ☐ 개

◀ 스스로 붙임딱지
문제를 다 풀고
맨 뒷장에 있는
붙임딱지를
붙여보세요.

종이접기

1. 색종이를 곱-게 접어서 물감으로 예쁘게 색칠하고
2. 도화지를 곱-게 접어서 색연필로 예쁘게 색칠하고

알록달록 **오색**실 꼬리달아 비행기를 만-들자
노랑파랑 은행잎 **돛대**달아 종이배를 만-들자

솔 솔 바람부는 뒷동산에- 동 네 친구모두 모 여서-
졸 졸 노래하는 시냇가에- 동 네 친구모두 모 여서-

파 란 하늘향해 날-리면- 새 처럼 - 날아간다
파 란 시냇물에 띄-우면- 물 따라 - 흘러간다

하 늘 끝-까지 날 아라- 높 이 더-높 이
동 해 바다 까지 흘 러라- 멀 리 더-멀 리

유튜브에서 동요를 들어보세요.

종이접기 🔍

https://www.youtube.com/watch?v=Mj3Ftmmc61E

어려운 낱말 풀이

① **오색** 여러 빛깔 五다섯 오 色빛 색
② **돛대** 돛을 달기 위하여 배 바닥에 세운 기둥

1
중심
생각

말하는 이가 1절과 2절에서 만든 것은 각각 무엇인가요?

1절 : ☐☐☐   2절 : ☐☐☐

2
요소

말하는 이의 모습으로 옳지 <u>않은</u> 것은 무엇인가요? -------------------- [   ]

① 종이접기를 하고 있다.

② 동해 바닷가에 가고 있다.

③ 오색실로 꼬리를 만들고 있다.

④ 은행잎으로 돛대를 만들고 있다.

⑤ 동네 친구들과 함께 모여서 놀고 있다.

3
추론
적용

노래 가사에서 '새'는 무엇의 모습을 나타낸 것인가요?

☐☐☐

4
작품
이해

이 노래는 어떻게 부르는 게 좋을까요? -------------------- [   ]

① 느리게   ② 무섭게   ③ 즐겁게

④ 우울하게   ⑤ 작은 목소리로

5 이 노래에 대한 설명으로 알맞지 <u>않은</u> 것을 고르세요. ──────────── [   ]

<u>어휘</u>
표현

① 노래는 총 2절이다.

② 색깔을 나타내는 표현을 사용하였다.

③ 모양을 흉내 내는 표현을 사용하였다.

④ 종이접기로 만든 것을 사람처럼 표현하였다.

⑤ 소리를 흉내 내는 표현을 사용하였다.

6 빈칸을 채우며 이 노래와 같은 내용의 줄글을 완성해 보세요.

<u>세부</u>
내용

오늘은 종이접기를 하며 신나게 놀았다.

필요한 준비물은 [ ][ ][ ] 와 [ ][ ][ ] 였다.

그걸 이용해서 [ ][ ][ ] 와 [ ][ ][ ] 를 만들었다.

동네 친구들과 함께 [ ][ ][ ] 에서 [ ][ ][ ] 를 날리고,

[ ][ ][ ] 에 [ ][ ][ ] 를 띄웠다. 정말 즐거운 하루였다.

7 이 노래를 듣고 옳지 <u>않은</u> 말을 하는 친구는 누구인가요? ──────────── [   ]

<u>작품</u>
이해

① 지원 : 이 노래를 들으니까 종이접기가 갑자기 하고 싶어지네.

② 현서 : 노래 가사랑 똑같이 색칠할 필요가 없으니까 쉬울 거야.

③ 혁찬 : 부모님도 이 노래를 아시더라고. 옛날에도 친구들과 종이접기를 했나 봐.

④ 세현 : 요즘은 뒷동산과 시냇가에 잘 가지 않아서 처음엔 노래 가사가 익숙하지 않았어.

⑤ 민수 : 노래 가사처럼 내가 만든 비행기를 날리며 하늘 끝까지 날기를 바라는 소망을
담고 싶어.

[**1**단계] 아래의 낱말과 어울리는 흉내 내는 말을 선으로 이어 보세요.

[1] 바람   •   • ㉠ 알록달록

[2] 시냇가 •   • ㉡ 솔솔

[3] 오색실 •   • ㉢ 졸졸

[**2**단계] 빈칸에 알맞은 낱말을 [보기]에서 골라 쓰세요.

> [보 기]   오색   도화지

[1] 이 정원에는 ☐☐☐☐☐☐☐ 꽃들이 예쁘게 피어 있다.

[2] 내일 미술 시간 준비물은 ☐☐☐☐☐☐☐ 와 크레파스이다.

[**3**단계] [보기]를 보고, 각 표현들이 어디에 어울리는지 써 보세요.

> [보 기]   알록달록   여기저기   이것저것

[1] 여러 가지 장소 : ☐☐☐☐☐☐

[2] 여러 가지 빛깔 : ☐☐☐☐☐☐

[3] 여러 가지 물건 : ☐☐☐☐☐☐

시간 **끝난 시간** ☐ 시 ☐ 분   채점 **독해** 7문제 중 ☐ 개   ◀ 스스로 붙임딱지
문제를 다 풀고
맨 뒷장에 있는
붙임딱지를
붙여보세요.

1회분 푸는 데 걸린 시간 ☐ 분   **어법·어휘** 8문제 중 ☐ 개

5주 | 24회 113

5
주
24
회

해설편 013쪽

25회

"비명 소리는 뭐지? 집 안에 무슨 일이 있냐?"

"할아버지, 쥐가 나왔대요. 그래서 아빠가 기절할 뻔했어요."

"에구머니나!"

할아버지께서는 깜짝 놀라며 얼른 소파 위로 올라가셨어요.

"어이쿠, 나는 세상에서 쥐가 가장 싫다."

그러자 아빠도 말씀하셨어요.

"저도요."

엄마는 쥐를 잡기 전에는 도저히 잠을 잘 수 없다고 하셨어요.

"오늘 밤에 당장 잡아야 한다고⋯⋯!"

하지만 내가 먼저 하품을 하였고, 그다음에는 내 동생 딴지가, 그리고 다음에는 할아버지께서 늘어지게 하품을 하셨어요. 그때 고모가 살금살금 나타났어요.

"무슨 일 있니?"

"글쎄, 쥐가 나왔어요."

"내가 거의 잡을 뻔했는데⋯⋯."

그러자 고모가 별거 아니라는 듯 말했어요.

"난 또 무슨 큰일이라고. 뭐, 먹을 게 없나?"

"내일은 꼭 꼭 쥐를 잡자!"

이튿날 아침, 할아버지께서는 가족회의를 열었어요.

"이제부터 쥐와 전쟁을 시작한다! 내가 **사령관**을 맡으마, 나머지 식구들은 모두 행동 **대원**이다."

할아버지의 **비장**한 말씀에 나는 왠지 가슴이 두근거렸어요. 쥐를 잡는 작전 이름은 '독 안에 든 빵 작전'이에요. 할아버지께서는 쥐라는 이름을 직접 부르면 쥐들이 알아듣고 모두 도망간대요. 하지만 빵이라고 부르면 쥐들이 맛있는 빵이 있는 줄 알고 모여든다나요?

아빠는 어느 전쟁에서나 **아군**끼리만 통하고 적군은 따돌릴 수 있는 암호가 필요하대요. 그래서 우리도 암호를 정하였어요. 쥐가 나타났을 때 '우왕 찍', 쥐가 지나간 자리를 발견하면 '찍', 쥐를 추격하다 놓치면 '찍 쌌다'예요.

작전 **개시**! 쥐구멍을 찾아라.

우리는 쥐구멍 **수색** 작전을 시작하였어요. 엄마와 동생은 일 층, 고모는 지하실(지하에 고모 방이 있거든요. 거기를 다른 사람이 뒤지면 절대 안 된대요. 뭐, 중요한 것이라도 숨겨 놓았는지……), 그리고 아빠는 마당을 살피시겠대요. 마당에 쥐가 파 놓은 쥐구멍이 있을 거라나요. 그러면 나는 어디냐고요? 나는 할아버지와 함께 이 층을 맡았어요. 이 층 천장에서 가끔 이상한 소리가 나거든요.

"집을 들어 올려서라도 쥐 **소굴**^⑦을 찾아내고야 말겠다. 옛날부터 쥐란 녀석들은 마루 밑을 좋아했지. 내가 오늘 쥐 소굴을 꼭 찾고야 말겠다."

엄마는 두 주먹을 불끈 쥐셨어요. 그러고는 마룻바닥에 바짝 귀를 대고 쥐 소리가 나지 않나 귀를 기울이셨어요. 그때 갑자기 아빠가 후다닥 뛰어들어 오셨어요.

"여보, 어떡하지? 쥐를 만졌어, 쥐를 만졌다고!"

엄마는 아빠를 따라 마당으로 나가셨어요. 그리고 형사처럼 **예리한**^⑧ 눈초리로 마당을 이곳저곳 살피더니 아빠에게 물으셨어요.

"여보, 쥐를 만진 게 분명해요?"

"음…… 그게…… 그러니까……."

엄마는 **홈통**^⑨ 근처에 떨어진 털솔을 집어 들며 말씀하셨어요.

"봐요, 혹시 이 털솔을 잘못 알고……."

"아니, 그건 절대 아냐. 아닐 거야. 아니어야 하는데……."

그럼 그렇지. 아빠가 만진 것은 홈통을 청소하는 털솔이었어요.

-조은수, 「독 안에 든 빵 작전」

1
중심생각

무엇 때문에 일어난 이야기인가요?

☐

2
요소

아빠의 성격은 어떠한가요? ------------------------------------ [   ]

① 점잖다   ② 무섭다   ③ 지혜롭다   ④ 겁이 많다   ⑤ 기억력이 좋다

어려운 낱말 풀이 | ① **사령관** 군대나 함대를 지휘하고 감독, 통솔하는 우두머리 司맡을 사 슈영 령 官벼슬 관 ② **대원** 부대나 집단을 이루고 있는 사람 隊대 대 員인원 원 ③ **비장** 슬프면서도 그 감정을 억눌러 씩씩하고 장함 悲슬플 비 壯씩씩할 장 ④ **아군** 우리 편의 군대 我나 아 軍군사 군 ⑤ **개시** 어떤 일이나 행동을 처음으로 시작함 開열 개 始처음 시 ⑥ **수색** 구석구석 뒤지어 찾음 搜찾을 수 索찾을 색 ⑦ **소굴** 나쁜 짓을 하는 도둑이나 악한 따위의 무리가 활동의 본거지로 삼고 있는 곳 巢집 소 窟굴 굴 ⑧ **예리한** 관찰이나 판단이 정확하고 날카로운 銳날카로울 예 利날카로울 리- ⑨ **홈통** 물이 흐르거나 타고 내리도록 만든 물건

3 쥐를 잡기 위해 가족들이 맡은 위치로 알맞은 것끼리 이어 보세요.

세부
내용

[1] 할아버지 •   • ㉠ 지하실

[2] 아빠 •

[3] 엄마 •   • ㉡ 이 층

[4] 고모 •

[5] 나 •   • ㉢ 일 층

[6] 동생 •   • ㉣ 마당

4 이야기에서 아빠가 만졌던 것은 쥐가 아니라 무엇이었나요?

세부
내용

☐☐

5 다음은 쥐를 잡기 위해 가족끼리 정한 암호를 정리한 표입니다. 빈칸을 알맞게 채워 보세요.

어휘
표현

쥐가 나타났을 때	☐☐☐
쥐가 지나간 자리를 발견했을 때	☐
쥐를 추격하다 놓쳤을 때	☐☐☐

6 이야기를 읽고 친구들이 대화를 나누었습니다. <u>다른</u> 이야기를 하는 친구를 고르세요.

작품
이해

--- [   ]

① 인화 : 엄마는 굉장히 적극적인 것 같아.

② 명호 : 우리 집도 가족회의를 하곤 하는데.

③ 수지 : 고모는 쥐를 많이 무서워하시는구나.

④ 경환 : 할아버지는 작전에서 사령관을 맡으셨네.

⑤ 주성 : 작전 이름이 '독 안에 든 빵 작전'인 까닭은 쥐를 속이기 위한 거였네.

7 이야기의 제목을 참고했을 때 '궁지에서 벗어날 수 없는 처지'를 뜻하는 속담은 무엇일까요?

추론
적용

☐ 안에 든 ☐

[1단계] 아래의 낱말에 알맞은 뜻을 선으로 이어 보세요.

[1] 작전 •   • ㉠ 어떤 일이나 행동을 처음으로 시작함

[2] 암호 •   • ㉡ 어떤 일을 이루기 위한 계획, 방법

[3] 개시 •   • ㉢ 비밀을 유지하기 위하여 당사자끼리만 알 수
                        있도록 꾸민 약속 기호

[2단계] 빈칸에 알맞은 낱말을 [보기]에서 골라 쓰세요.

[보기]   작전   암호   개시

[1] 대장은 큰 소리로 공격을 ☐☐ 하라고 명령했다.

[2] 우리는 다 같이 모여서 ☐☐ 을 짜기 시작했어요.

[3] 아이들은 자기들끼리 정한 ☐☐ 로 대화하기 시작했어요.

[3단계] 괄호 안의 띄어쓰기 횟수를 참고하여 주어진 문장을 알맞게 옮겨 쓰세요.

엄마는쥐를잡기전에는도저히잠을잘수없다고하셨어요. (9)

	엄										
										.	

시간 끝난 시간 ☐시 ☐분   채점 독해 7문제 중 ☐개

1회분 푸는 데 걸린 시간 ☐분   어법·어휘 7문제 중 ☐개

◀ 스스로 붙임딱지
문제를 다 풀고
맨 뒷장에 있는
붙임딱지를
붙여보세요.

모르는 사람이 길을 막고 있을 때

요즘은 아는 사람뿐만 아니라 모르는 사람과도 많이 마주치며 살아가게 됩니다. 특히 사람이 많은 대형 마트나 거리에서 모르는 사람이 내가 가야할 길을 막고 있을 때가 많습니다. 그렇다고 아무 말도 없이 다른 사람을 밀치고 지나가면 안 됩니다. 비켜 달라고 부탁을 해야 합니다.

잠시만요, 길 좀 비켜주시겠어요? 실례합니다.

아, 네. 죄송합니다.

친구의 잘못 때문에 내가 화가 났을 때

친구끼리 늘 사이좋게 지내면 좋겠지만 그럴 수만은 없습니다. 친구가 자기 하고 싶은 대로만 하다가 내 마음이 상하곤 합니다. 그럴 땐 참지 말고 화가 났다고 말해야 합니다. 그래야 친구도 자기가 잘못한 것을 알고 그 행동을 멈출 수 있기 때문입니다. 하지만 이럴 땐, 친구의 잘못만 말해 줘야 합니다. 화가 난다고 심하게 화를 내거나 친구를 비난하게 되면 싸우게 될 수도 있습니다.

아무리 장난이라지만 그렇게 말해서 무척 화가 나.

아, 미안해. 올랐어. 다신 안 그럴게.

다른 사람이 나를 칭찬해 줄 때

우리는 다른 사람에게서 칭찬을 받으면 기분이 좋아집니다. 물론 내가 칭찬을 받을 만한 일을 했기 때문입니다. 그렇다고 칭찬을 당연하게 생각하고 아무 말도 하지 않으면 안 됩니다. 칭찬을 받으면 칭찬을 해준 것에 대한 고마움을 말로 해야 합니다.

옴이 불편한 할머니를 돕다니, 정말 착한 친구구나.

고마워.

6주차

회차	영역	학습내용	학습계획일	맞은 문제수
26회	독서 **국어**	**똥구멍이 찢어지게 가난하다** 관용적인 표현의 배경에 대한 설명을 담은 글입니다. 글의 주제가 되는 글감의 배경과 그와 비슷한 내용이 무엇인지 독해하는 회차입니다.	월 일	독해 7문제 중 □개 어법·어휘 8문제 중 □개
27회	독서 **사회**	**김치의 역사** 김치의 변화 과정에 대한 글입니다. 김치가 시대에 따라 어떻게 변화했는지 이해하는 회차입니다.	월 일	독해 7문제 중 □개 어법·어휘 9문제 중 □개
28회	독서 **과학**	**냉장고 사용 설명서** 냉장고를 어떻게 사용해야 하는지 설명해 주는 실용문입니다. 상황에 따라 어떤 사용 방법이 있는지 찾아 읽는 법을 연습해 보는 회차입니다.	월 일	독해 7문제 중 □개 어법·어휘 8문제 중 □개
29회	문학 **동시**	**주사 맞던 날** 주사 맞던 날의 기분을 잘 표현해 주고 있는 재미있는 동시입니다. 말하는 이의 마음에 공감해 보는 회차입니다.	월 일	독해 7문제 중 □개 어법·어휘 9문제 중 □개
30회	문학 **소설**	**크리스마스 선물** 가난하지만 행복하게 살고 있는 두 부부에게 일어난 감동적인 이야기입니다. 따뜻한 결말을 통해 감동을 느껴 보는 회차입니다.	월 일	독해 7문제 중 □개 어법·어휘 8문제 중 □개

독서 | 설명문 | 관련교과 : 초등국어6-2 4.효과적인 관용 표현

26회

공부한 날 ☐월 ☐일
시작 시간 ☐시 ☐분

독해력 3단계 26회
▲ QR코드를 찍으면
지문 읽기를 들을 수 있어요

맛있는 음식을 많이 먹고 난 뒤에 "배가 터져 죽겠다."라고 말하는 사람들이 있습니다. 요즘은 이렇게 배가 불러서 큰일이지만 옛날에는 가난하고 먹을 것이 없어 굶어 죽는 사람도 많았다고 합니다. 이렇게 가난한 것을 "똥구멍이 찢어지게 가난하다."라고 말하기도 합니다. "굶어 죽을 만큼 가난하다."라고 표현해도 될 것을 왜 하필 '똥구멍이 찢어지게' 가난하다고 표현한 것일까요?

농사를 짓고 살았던 옛날에는 가을에 **추수**를 해서 얻은 **곡식**을 다음 해 가을까지 1년 동안 먹어야 했습니다. ☐ (가) ☐ 하지만 가난한 집에서는 4~6월 무렵이면 지난해 가을에 **수확**한 곡식이 거의 다 떨어지곤 했습니다. ☐ (나) ☐ 이때가 되면 사람들은 먹을 것이 너무 없어서 산이나 들에 있는 솔잎이나 소나무 껍질로 죽을 끓여 먹기도 했습니다. ☐ (다) ☐ 그런데 이 솔잎이나 소나무 껍질은 원래 먹을거리가 아니기 때문에 배 속에서 **소화**가 잘 안 됩니다. ☐ (라) ☐ 그래서 솔잎과 소나무 껍질만 먹게 되면 **변비**에 걸리기 쉬웠습니다. 변비에 걸리면 딱딱한 똥이 나오게 됩니다. 그러다 보니 화장실에서 일을 볼 때 똥구멍이 찢어져 피가 나올 때가 많았습니다. ☐ (마) ☐

어려운 낱말 풀이

① **추수** 가을에 익은 쌀 등을 거두어들임 秋가을 추 收거둘 수
② **곡식** 사람의 음식이 되는 쌀, 보리, 콩 등을 통틀어 이르는 말 穀곡식 곡 食밥 식
③ **수확** 익은 농작물을 거두어들임 收거둘 수 穫벼 벨 확
④ **소화** 먹은 음식물을 분해하여 영양분을 흡수하기 쉬운 형태로 바꾸는 일 消사라질 소 化될 화
⑤ **변비** 똥이 대장 속에 오래 맺혀 있고, 잘 누어지지 아니하는 병 便똥오줌 변 秘숨길 비

1 무엇에 대해 쓴 글인지 고르세요. ────────────────── [   ]

중심
생각

① 가을에 추수를 하는 방법

② 소나무 껍질과 솔잎을 먹는 방법

③ 배가 부를 때 "배가 터져 죽겠다."라고 말하는 이유

④ 가난한 것을 '똥구멍이 찢어지게 가난하다.'라고 표현하는 이유

⑤ 옛날 사람들이 4~6월에 소나무 껍질과 솔잎만 먹었던 이유

2 빈칸에 알맞은 말을 써넣으세요.

세부
내용

> 솔잎과 소나무 껍질만 먹게 되면 변비에 걸리기 쉬웠습니다.
>
> 변비에 걸리면 [ ] [ ] [ ] 똥이 나오게 됩니다.

3 다음 설명 중 이 글의 내용과 맞는 것은 어느 것인가요? ──────── [   ]

세부
내용

① 솔잎이나 소나무 껍질은 원래 먹을거리다.

② 농사를 짓고 살았던 옛날에는 겨울에 추수를 했다.

③ 옛날에는 가난하고 먹을 것이 없어도 굶어 죽는 사람은 없었다.

④ 추수를 해서 얻은 곡식을 다음다음 해 가을까지 2년 동안 먹어야 했다.

⑤ 변비에 걸리면 일을 볼 때 똥구멍이 찢어져 피가 나올 수 있다.

4 둘째 문단에서 아래의 문장이 들어갈 알맞은 곳을 고르세요. ────────── [   ]

구조
알기

> '똥구멍이 찢어지게 가난하다.'라는 말은 여기서 나온 말이랍니다.

① (가)   ② (나)   ③ (다)   ④ (라)   ⑤ (마)

5 내용적용

사람들이 솔잎이나 소나무 껍질을 먹은 이유는 무엇인가요?

4~6월 무렵이면 지난해 ☐☐ 에 수확한 ☐☐ 이

거의 다 떨어지곤 했기 때문입니다. 이때가 되면 사람들은 ☐☐

☐ 이 너무 없어서 산이나 들에 있는 솔잎이나 소나무 껍질로 ☐ 을

끓여 먹기도 했습니다.

6 구조알기

이 글의 내용을 정리해 봅시다.

'똥구멍이 찢어지게 가난하다'라는 말

가을에 추수를 해서 얻은 ☐☐ 을 다음 해 가을에 추수할 때까지 먹어야 했음

↓

☐ 월 ~ ☐ 월 무렵이면 추수를 해서 쌓아 둔 곡식이 바닥이 남

↓

먹을 것이 부족해진 사람들은 ☐☐ 이나 소나무 ☐☐ 로 ☐ 을 끓여 먹음

↓

솔잎이나 소나무 껍질은 ☐☐ 가 잘 안 되기 때문에 ☐☐ 에 걸리기 쉬웠고, 화장실에서 일을 볼 때 똥구멍이 찢어져 피가 나올 때가 많았음

7 추론

다음 중 "똥구멍이 찢어지다."처럼 가난했던 우리 조상들의 모습에서 비롯된 속담을 고르세요. ┄┄┄┄┄┄┄┄┄┄┄┄┄┄┄┄┄┄┄┄┄┄┄┄ [   ]

① 싼 것이 비지떡이다.   ② 티끌 모아 태산이다.

③ 목구멍에 겨우 풀칠하다.   ④ 발 없는 말이 천 리 간다.

⑤ 까마귀 날자 배 떨어진다.

[**1**단계] 아래의 낱말에 알맞은 뜻을 선으로 이어 보세요.

[1] 추수 •　　　　• ㉠ 먹은 음식물을 분해하여 영양분을 흡수하기 쉬운 형태로 바꾸는 일

[2] 곡식 •　　　　• ㉡ 가을에 농사지은 쌀 등을 거두어들임

[3] 소화 •　　　　• ㉢ 사람의 음식이 되는 쌀, 보리, 콩 등을 통틀어 이르는 말

[**2**단계] 아래 문장의 빈칸에 알맞은 낱말을 [보기]에서 찾아서 써넣으세요.

[보 기]　　　　추수　　　곡식　　　소화

[1] 수확한 ☐☐ 을 다음 해 가을까지 1년 동안 먹어야 했습니다.

[2] 가을에는 ☐☐ 를 합니다.

[3] 솔잎이나 소나무 껍질은 뱃속에서 ☐☐ 가 잘 안 됩니다.

[**3**단계] 다음 표현들은 '관용구'라고 부릅니다. 관용구란 '습관적으로 오랫동안 사용되어 온 한 묶음의 낱말'입니다. 아래에 주어진 관용구의 뜻을 보고 빈칸에 알맞은 낱말을 [보기]에서 찾아서 채워 보세요.

[보 기]　　　　고양이　　　도토리

[1] ☐☐☐ 한테 생선을 맡기다.
　☞ 못 믿을 사람에게 일을 맡기다.

[2] ☐☐☐ 키 재기
　☞ 실력이 비슷비슷한 사람끼리 다투다.

시간 **끝난 시간** ☐시 ☐분　　채점 **독해** 7문제 중 ☐개

1회분 푸는 데 걸린 시간 ☐분　　**어법·어휘** 8문제 중 ☐개

← 스스로 붙임딱지
문제를 다 풀고 맨 뒷장에 있는 붙임딱지를 붙여보세요.

6
주
26
회

해설편 0 1 4 쪽

독서 | 설명문 |

27회

공부한 날 ☐ 월 ☐ 일
시작 시간 ☐ 시 ☐ 분

독해력 3단계 27회
▲ QR코드를 찍으면
지문 읽기를 들을 수 있어요

(가) 사람들은 '김치' 하면 보통 '빨간 배추김치'를 떠올립니다. 그런데 '빨간 배추김치'를 먹기 시작한 건 얼마 되지 않았습니다. 그렇다면 김치는 언제부터 먹게 되었을까요? 그리고 우리에게 친숙한 '빨간 배추김치'의 모습이 되기까지 어떤 과정을 거쳤을까요?

(나) 우리 조상들은 김치를 고조선 **시대**①부터 먹었다고 합니다. 고조선은 약 2,000년 전에 우리 땅에 있었던 나라입니다. 그 당시의 김치는 여러 가지 채소를 소금이나 장, 식초 등에 절여 먹는 음식이었습니다. 이러한 김치의 모습은 **삼국 시대**②까지도 계속되었습니다. (㉠   )

(다) 삼국 시대를 지나 고려 시대부터는 오이, 미나리, 부추 등 채소의 종류가 더 다양해졌습니다. 고려는 약 1,000년 전에 있었던 나라입니다. 이 시대에는 물김치도 만들어 먹기 시작했습니다. 그리고 마늘, 생강도 함께 넣어서 더 다양한 맛을 내기 시작했습니다. (㉡   ) 김장 또한 고려 시대부터 시작된 **풍습**③이라고 합니다.

(라) 조선 시대부터는 오늘날과 비슷한 김치가 만들어지기 시작했습니다. 조선은 약 600년 전에 있었던 나라입니다. (㉢   ) 일본이 조선을 쳐들어왔던 **임진왜란**④ 이후, 일본에서 고추가 들어오게 되면서 빨간 김치가 만들어지기 시작했습니다. (㉣   ) 그러다가 약 300년 전, 중국으로부터 배추가 들어오면서 빨간 배추김치를 담그기 시작했습니다. 우리에게 친숙한 '빨간 배추김치'는 이때부터 시작된 것입니다.

(마) '빨간 배추김치'는 역사는 짧지만 우리나라에서 가장 사랑받는 종류의 김치가 되었습니다. 맛도 좋을 뿐만 아니라 김치찌개, 김치찜, 김치 볶음 등 다양한 음식의 **재료**⑤로 쓰입니다. (㉤   ) '빨간 배추김치'는 앞으로도 우리나라에서 사랑받는 음식으로 남을 것입니다.

1
중심
생각

가장 중심이 되는 낱말을 찾아 ○표 하세요.

고조선   김치   고려   김장   조선   채소

2
중심
생각

이 글의 제목을 지어 보세요.

☐ ☐ 의 역사

3
세부
내용

다음 중 고려 시대에 볼 수 <u>없었던</u> 재료를 고르세요. ·········· [   ]

①

②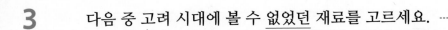

③

④

⑤

4
구조
알기

아래의 문장이 들어갈 알맞은 자리를 고르세요. ············· [   ]

고추를 사용하기 시작하면서 소금의 사용량은 줄어들었고, 젓갈 등을 넣기 시작하여 김치의 맛은 더욱 풍부해졌습니다.

① ㄱ   ② ㄴ   ③ ㄷ   ④ ㄹ   ⑤ ㅁ

🧻 어려운 낱말 풀이   ① **시대** 어떤 기준에 따라 나눈 때 時때 시 代시대 대   ② **삼국 시대** 고구려, 백제, 신라 시대 三석 삼 國나라 국 時때 시 代시대 대   ③ **풍습** 습관, 문화 風바람 풍 習익힐 습   ④ **임진왜란** 1592년 일본이 조선을 쳐들어온 전쟁 壬천간 임 辰지지 진 倭일본 왜 亂어지러울 란   ⑤ **재료** 물건을 만드는 데 쓰이는 것 材원료 재 料생각할 료

5 김장은 언제부터 생긴 풍습인가요? ──────────────────── [　　　]

세부
내용

① 고조선 시대　　　② 삼국 시대　　　③ 고려 시대

④ 조선 시대　　　⑤ 임진왜란 이후

6 이 글의 내용을 정리해 봅시다.

구조
알기

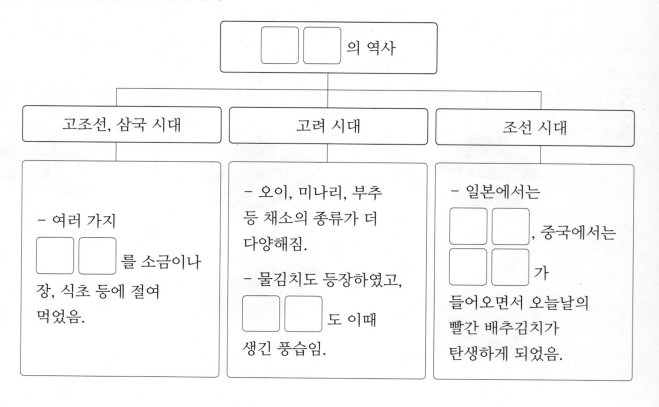

□□ 의 역사

고조선, 삼국 시대	고려 시대	조선 시대
- 여러 가지 □□ 를 소금이나 장, 식초 등에 절여 먹었음.	- 오이, 미나리, 부추 등 채소의 종류가 더 다양해짐. - 물김치도 등장하였고, □□ 도 이때 생긴 풍습임.	- 일본에서는 □□, 중국에서는 □□ 가 들어오면서 오늘날의 빨간 배추김치가 탄생하게 되었음.

7 이 글을 읽고 친구들이 대화를 나누었습니다. 맞지 <u>않은</u> 내용을 말하는 친구를 고르세요.

추론

── [　　　]

① 재원 : 김치는 점점 재료가 다양해졌구나.

② 민서 : 처음에는 채소를 소금으로 절인 것이 김치였구나.

③ 성훈 : 삼국 시대부터 김치에 마늘, 생강 등이 들어가서 맛이 다양해지기 시작했어.

④ 재훈 : 나는 고추가 처음부터 우리나라에 있던 채소인 줄 알았는데, 그게 아니었네.

⑤ 현일 : 배추도 마찬가지야. 배추가 중국에서 들어온 채소였다니 신기하다.

[**1단계**] 아래의 낱말의 알맞은 뜻에 선을 이어 보세요.

[1] 풍습 • • ㉠ 같은 특징을 가진 것들끼리 모아 놓은 것

[2] 종류 • • ㉡ 무언가를 만드는 데 필요한 것들

[3] 재료 • • ㉢ 옛날부터 이어져 내려오는 생활 습관

[**2단계**] 아래 문장의 빈칸에 알맞은 낱말을 [보기]에서 찾아서 써넣으세요.

[보 기] 풍습 종류 재료

[1] 김치에 들어가는 □□ 들은 점점 다양해졌습니다.

[2] 김장은 고려 시대부터 생긴 □□ 이라고 합니다.

[3] 우리나라에는 배추김치, 파김치, 깍두기 등 여러 □□ 의 김치가 있습니다.

[**3단계**] 아래 [보기]를 참고하여 알맞은 표현을 고르세요.

[보 기] 담다 : 어떤 물건을 어딘가에 넣다.
담그다 : 액체 속에 넣다, 김치나 장 등을 만들다.

[1] 온 가족이 모여 김치를 (담다 / 담그다).

[2] 상자에 책들을 안전하게 (담다 / 담그다).

[3] 시원한 계곡물에 발을 (담다 / 담그다).

6주
27
회

해설편 015쪽

시간 **끝난 시간** □시 □분 채점 **독해** 7문제 중 □개 ← 스스로 붙임딱지
1회분 푸는 데 걸린 시간 □분 **어법·어휘** 9문제 중 □개 문제를 다 풀고 맨 뒷장에 있는 붙임딱지를 붙여보세요.

28회

독서 | 실용문 | 관련교과 : 초등국어3-1 5.중요한 내용을 적어요

공부한 날 [ ] 월 [ ] 일

시작 시간 [ ] 시 [ ] 분

독해력 3단계 28회

▲ QR코드를 찍으면
지문 읽기를 들을 수 있어요

냉장고 사용 설명서

온도 조절 방법①

〈냉동실〉

약 냉동실 강
강 냉장실 약
최적 위치

○ 냉동실 온도 설정②을 최적③ 위치에 놓으면 최적의 온도를 유지④합니다.

○ 냉동실 온도를 낮추려면 온도 설정을 최적 위치에서 오른쪽으로 설정하고, 냉동실 온도를 높이려면 왼쪽으로 설정해 주세요.

○ 냉동실에 많은 양의 식품을 빠르게 냉동 보관⑤하려면 최소 하루 전에 냉동실 온도 조절기를 가장 오른쪽으로 설정해 주세요.

○ 여름철에 냉동실을 더 차갑게 하려면 냉동실 온도 설정을 최적 위치에서 오른쪽으로 설정해 주세요.

〈냉장실〉

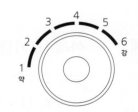

○ 냉장실 온도 설정을 4단계에 놓으면 최적의 온도를 유지합니다.
 냉장실 온도를 낮추려면 온도 설정을 5~6단계로, 높이려면 1~3단계로 조절해 주세요.

참고: 냉장고 안의 온도는 문을 여닫는 횟수, 식품의 양, 설치⑥ 환경 등에 따라 달라질 수 있습니다.

🚨 **주의** : 계절마다 온도 설정을 조절할 경우 냉장고 성능⑦이 약화⑧될 수 있습니다.

효과적인⑨ 식품 저장 방법

① 얼기 쉬운(수분이 많은) 식품은 선반 안쪽에 놓아 주세요.

② 뚜껑이 없는 그릇에 담긴 반찬은 랩을 씌워 보관해 주세요.

③ 선반에 식품을 놓을 때 사이를 두고 놓아 주세요.

④ 뜨거운 식품은 식힌 후 보관해 주세요.

1 이 글의 중심 내용은 무엇인가요? ────────────────────────── [   ]

중심
생각

① 온도를 낮추는 방법

② 냉장고 사용의 문제점

③ 냉장고를 사용하는 방법

④ 냉장고가 고장 나는 이유

⑤ 음식을 오래 저장하는 방법

2 여름철에 냉동실을 더 차갑게 하려면 어떻게 해야 할까요?

세부
내용

냉동실 온도 설정을 ☐☐ 위치에서 ☐☐☐ 으로 설정한다.

3 효과적인 식품 저장 방법이 <u>아닌</u> 것을 고르세요. ────────── [   ]

세부
내용

① 뜨거운 식품은 식힌 후 보관한다.

② 뚜껑이 없는 그릇은 그대로 보관한다.

③ 수분이 많은 식품은 선반 안쪽에 넣는다.

④ 선반에 식품을 놓을 때 사이를 두고 놓는다.

⑤ 얼기 쉬운 식품은 선반 바깥쪽에 두지 않는다.

4 다음 [보기]의 내용이 들어갈 곳은 어디인가요? ────────── [   ]

구조
알기

> [보 기]   냉장고 위에 무거운 물건을 쌓아 두면 성능이 약화될 수 있습니다.

① 참고   ② 주의

③ 냉장실 온도 조절 방법   ④ 냉동실 온도 조절 방법

⑤ 효과적인 식품 저장 방법

🧻 **어려운 낱말 풀이** ① **조절** 적당하게 맞추어 나감 調고를 조 節마디 절 ② **설정** 새로 만들어 정해놓음 設베풀 설 定정할 정 ③ **최적** 가장 알맞음 最가장 최 適갈 적 ④ **유지** 어떤 상태나 현상을 변함없이 그대로 보존함 維유지할 유 持가질 지 ⑤ **보관** 물건을 맡아서 간직함 保지킬 보 管피리 관 ⑥ **설치** 기구 등을 사용하기 위해 만들어 두는 것 設베풀 설 置둘 치 ⑦ **성능** 기계의 성질과 기능 性성품 성 能능할 능 ⑧ **약화** 힘이 약해짐 弱약할 약 化될 화 ⑨ **효과적** 어떤 행동으로 좋은 결과가 나타남 效본받을 효 果열매 과 的과녁 적

5

어휘
표현

[보기]에서 설명하는 낱말을 이 글에서 찾아 써 보세요.

[보 기]　어떤 상태나 현상을 변함없이 그대로 보존하다.

☐☐ 하다

6

내용
적용

냉장고 안의 온도는 무엇에 따라 달라질 수 있는지 써 보세요.

냉장고 안의 온도는 문을 ☐☐ 는 횟수, ☐☐ 의 양,

☐☐ 환경 등에 따라 달라질 수 있습니다.

7

추론

아래 글을 읽고 빈칸에 들어갈 알맞은 말을 고르세요. ┄┄┄┄┄┄┄┄┄┄┄┄┄┄┄┄ [　　　　]

　냉장실 온도가 6단계로 설정되어 과일과 반찬들이 모두 얼어 있었다. 현아는 냉장고 사용 설명서를 보고 _____.

① 문을 열었다 닫았다 반복했다.

② 냉동실 온도 설정을 최적에 두었다.

③ 뜨거운 식품을 넣어 온도를 맞추었다.

④ 냉장고에 들어 있는 식품들을 사이를 두고 놓았다.

⑤ 온도를 높이기 위해서 온도를 1~3단계로 설정했다.

28회 어법·어휘편 본문에 나온 어휘들만 따로 모아 복습하는 순서입니다.

[**1단계**] 아래의 낱말의 알맞은 뜻에 선을 이어 보세요.

[1] 조절 •　　　　　　　• ㉠ 적당하게 맞추어 나감

[2] 보관 •　　　　　　　• ㉡ 기계의 성질과 기능

[3] 성능 •　　　　　　　• ㉢ 물건을 맡아서 간직함

[**2단계**] 아래 문장의 빈칸에 알맞은 낱말을 [보기]에서 찾아서 써넣으세요.

> [보 기]　　　　조절　　　보관　　　성능

[1] 온도 조절을 자주 하면 냉장고 ☐☐ 이 약화될 수 있습니다.

[2] 냉장실 온도를 높이려면 1~3단계로 ☐☐ 해 주세요.

[3] 뜨거운 식품은 식힌 후 ☐☐ 해 주세요.

[**3단계**] 문장을 읽고 빈칸에 들어갈 낱말을 알맞게 써넣으세요.

[1] 도서관은 공부를 할 수 있는 최☐ 의 장소이다.
　　　　　　　　　　　　　└ 가장 알맞음

[2] 시간이 지날수록 태풍이 점점 ☐화 되었다.
　　　　　　　　　　　　└ 힘이 약해지다.

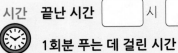 시간　끝난 시간 ☐ 시 ☐ 분
1회분 푸는 데 걸린 시간 ☐ 분

 채점　독해 7문제 중 ☐ 개
어법·어휘 8문제 중 ☐ 개

← 스스로 붙임딱지
문제를 다 풀고
맨 뒷장에 있는
붙임딱지를
붙여보세요.

6주 | 28회

해설편 015쪽

29회

문학 | 동시 | 관련교과: 초등국어4-1 (2005개정)

공부한 날 [ ]월 [ ]일
시작 시간 [ ]시 [ ]분

독해력 3단계 29회
▲ QR코드를 찍으면
지문 읽기를 들을 수 있어요

주사 맞던 날

서재환

예방^① 주사 놓으려고
의사 선생님이 들어오시자

왁자^②한 교실 안이
금세^③ 꽁꽁 얼어붙고

차례를 기다리는 가슴이
콩닥콩닥 방아 찧는다.

뾰족한 바늘 끝이
반짝 하고 빛날 때면

다른 아이 비명 소리에
내 팔뚝이 더 아프고

주사를
맞기도 전에
유리창에 내 눈물이…….

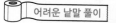 **어려운 낱말 풀이**

① **예방** 무슨 탈이나 일이 일어나기 전에 미리 막음 豫미리 예 防둑 방
② **왁자** 정신이 어지러울 만큼 떠드는 모양
③ **금세** 지금 바로, '금시에'가 줄어든 말

1 중심 생각
이 시의 중심 글감은 무엇인가요?

☐ ☐

2 요소
시에 나오는 모습으로 옳지 <u>않은</u> 것은 무엇인가요? ⸻⸻⸻ [　　]

① 조용해지는 교실의 모습

② 의사 선생님이 들어오는 모습

③ 주사 맞은 아이가 비명을 지르는 모습

④ 말하는 이가 차례를 기다리는 모습

⑤ 말하는 이가 주사를 맞고 눈물을 흘리는 모습

3 추론 적용
이 시에서 아이들이 주사를 맞는 까닭은 무엇일까요? ⸻⸻⸻ [　　]

① 무조건 맞아야 해서

② 부모님들이 원하셔서

③ 아이들이 아픈 상태라서

④ 아이들이 병에 걸리는 걸 미리 막으려고

⑤ 아이들이 큰 잘못을 해서 벌을 주기 위해서

4 작품 이해
이 시에서 느껴지는 분위기는 어떠한가요? ⸻⸻⸻ [　　]

① 즐겁다　　② 긴장된다　　③ 신이 난다　　④ 감동스럽다　　⑤ 알쏭달쏭하다

5 작품 이해
이 시에 대한 설명으로 알맞은 것을 고르세요. ⸻⸻⸻ [　　]

① 총 13개의 연으로 이루어져 있다.

② 주사를 마치 사람처럼 표현하였다.

③ 색깔을 나타내는 낱말을 사용하였다.

④ 모든 줄마다 글자 수를 똑같이 맞추었다.

⑤ 모양이나 소리를 흉내 내는 표현을 사용하였다.

6

세부
내용

빈칸을 채우며 이 시와 같은 내용의 줄글을 완성해 보세요.

오늘은 예방 ☐☐ 를 맞는 날이었다.

☐☐ 선생님이 들어오시자 ☐☐ 한 교실이 금세 조용해졌다.

☐☐ 를 기다릴 때 내 가슴이 ☐☐☐☐ 뛰기 시작했다.

다른 아이 비명 소리에 내 ☐☐ 이 더 아프고 ☐☐ 이 나왔다.

7

작품
이해

이 시를 읽고 옳지 않은 말을 하는 친구는 누구인가요? ─────────── [　　　]

① 윤상 : 나도 항상 주사 맞는 순간만큼은 무섭더라고.

② 세은 : 나는 오히려 맞는 걸 기다리는 순간이 더 무서운 것 같아.

③ 민지 : 더군다나 먼저 맞은 아이들을 보면 무서움은 훨씬 커지지.

④ 원재 : 나도 말하는 이처럼 주사를 맞고 나서는 씩씩하게 걸어 나오고 싶어.

⑤ 혜지 : 말하는 이는 주사를 글감으로 해서 시를 정말 멋지게 표현한 것 같아.

배경지식 더하기

예방 접종은 왜 중요할까요?

예방 접종이 중요한 이유는 개인이 병에 걸리지 않게 하는 건 물론이고 모든 사람이 면역력을 갖도록 해주기 때문입니다. 그래야 병이 퍼지는 것을 효과적으로 차단할 수 있습니다. 예방 접종 때문에 스페인 독감 같은 대규모 전염병이 사라지게 되었습니다. 우리나라는 천연두라는 병을 예방 접종을 통해 처음으로 정복했습니다. 다만 예방 접종으로 효과를 볼 수 있는 건 이미 한번 발견된 질병입니다. 발견되지 않은 질병에 대한 예방 주사는 만들지 못합니다. 하지만 한번 만들어진 백신은 질병의 예방 수단으로 매우 효과적입니다.

[1단계] 아래의 낱말의 알맞은 뜻에 선을 이어 보세요.

[1] 방아 •　　　　　　　　　　• ㉠ 곡식 따위를 찧거나 빻는 기구나 설비를
　　　　　　　　　　　　　　　　통틀어 이르는 말

[2] 왁자 •　　　　　　　　　　• ㉡ 지금 바로, '금시에'가 줄어든 말

[3] 금세 •　　　　　　　　　　• ㉢ 정신이 어지러울 만큼 떠드는 모양

[2단계] 빈칸에 알맞은 낱말을 [보기]에서 골라 쓰세요.

[보 기]　　　　　방아　　　왁자　　　금세

[1] 그만 '쿵' 하고 엉덩 ☐ ☐ 를 찧었다.

[2] 소문이 정말 ☐ ☐ 퍼졌다.

[3] 아이들이 ☐ ☐ 하게 떠들고 있다.

[3단계] [보기]를 읽고, 밑줄 친 낱말이 문장에서 쓰인 뜻을 찾아 번호를 쓰세요.

[보 기]　맞다　　① '그렇다' 또는 '옳다'.
　　　　　　　　　　② 오는 사람이나 물건을 받아들이다.
　　　　　　　　　　③ 침, 주사 따위로 치료를 받다.

[1] 그녀는 웃는 얼굴로 손님을 맞았다. (　　)

[2] 민수는 한의원에서 침을 맞았다. (　　)

[3] 채점을 해보니 나의 답이 맞았다. (　　)

시간　끝난 시간 ☐ 시 ☐ 분　　채점　독해 7문제 중 ☐ 개
1회분 푸는 데 걸린 시간 ☐ 분　　어법·어휘 9문제 중 ☐ 개

← 스스로 붙임딱지
문제를 다 풀고
맨 뒷장에 있는
붙임딱지를
붙여보세요.

30회

문학 | 소설 |

공부한 날 [ ]월 [ ]일
시작 시간 [ ]시 [ ]분

독해력 3단계 30회
▲ QR코드를 찍으면
지문 읽기를 들을 수 있어요

1달러 87센트, 이것이 델라의 전 재산이었다. 델라는 슬픈 눈빛으로 그 돈을 계속해서 세어 보았다. 내일이면 크리스마스이기 때문이다.

델라는 남편 제임스와 가난하지만 행복한 나날을 보내며 살고 있었다. 제임스가 직장에서 집으로 돌아와 이 층으로 올라가면, 델라는 언제나 그를 힘껏 껴안곤 했다. 델라는 제임스를 위해 무엇을 사주면 좋을지 상상하면서 즐거운 시간을 보냈다. 제임스가 정말 행복해할 만한 물건을 선물해 주고 싶었다. 그런데 델라에게는 크리스마스 선물을 살 돈이 겨우 1달러 87센트밖에 없었다. 하지만 이 돈마저도 몇 달 동안 조금씩 겨우 모아 온 것이다. 선물 살 돈은 고작 1달러 87센트. 그녀가 사랑하는 남편에게 쓸 수 있는 비용①은 그것이 전부였다. 델라는 갑자기 어떤 생각이 들었는지 거울 앞에 멈춰 섰다. 그리고는 묶은 머리를 풀어서 길게 늘어뜨렸다.

델라와 제임스에게는 가난하지만 두 가지 커다란 자랑거리가 있었다. 하나는 제임스가 할아버지와 아버지한테서 물려받은 금시계이고, 또 하나는 델라의 머리카락이었다.

눈부시게 아름다운 델라의 머리카락은 거울 속에서 금빛 파도가 물결치는 것처럼 빛나고 있었다. 그 머리카락은 무릎 아래까지 닿아 정말 길었다.

델라는 다시 정성스럽게 자신의 머리를 묶었다. 그러고는 조용히 집을 나와 거리로 나섰다. 그녀가 발길을 멈춘 곳은 가발 가게였다. 델라는 가게에 들어가 주인에게 말했다.

"제 머리카락을 사시겠어요?"

"물론 사지요, 모자를 벗고 어디 보여 주시겠어요?"

델라가 모자를 벗자 황금빛 머리카락이 스르르 흘러내렸다. 가게 주인은 델라의 머리카락을 여기저기 살펴보더니 20달러에 사겠다고 말했다.

델라는 머리카락을 팔고 받은 돈으로 제임스의 선물을 샀다. 델라가 고른 선물은 다름 아닌 시곗줄이었다. 제임스의 자랑거리인 황금 시계는 훌륭했지만 낡은 가죽 끈을 시곗줄로 사용하고 있었기 때문에 항상 안타까웠기 때문이었다.

델라는 제임스가 올 시간이 되자 커피를 끓이고 저녁 식사를 준비했다. 그리고 시곗줄을 두 겹으로 접어 손에 들고 테이블에 앉았다.

곧 문이 열리며 제임스가 들어왔다. 델라는 테이블에서 일어나 제임스에게 다가갔다.

"여보, 제 머리카락을 팔았어요. 당신에게 멋진 크리스마스 선물을 사 드리고 싶어서요. 머리카락은 언젠가 다시 자랄 테니 걱정 마세요. 그리고 이 선물을 받으세요. 정말 멋진 선물을 사 왔어요."

"머리카락을 잘랐다고요?"

"네. 잘라서 팔았어요."

"그럼 당신 머리카락이 없어진 건가요?"

"네, 팔아 버렸어요. 너무 슬픈 눈으로 보지 말아주세요. 오늘은 크리스마스이브잖아요! 이제 기분을 바꿔서 맛있는 저녁을 먹을까요?"

제임스는 ㉠한동안 멍하게 서있었다. 그러고는 갑자기 델라를 꼭 껴안고는 말했다.

"델라, 나도 당신을 위해 선물을 준비했는데, 너무 슬퍼하지 말아요. 당신이 머리카락을 짧게 잘랐건, 면도를 했건 당신은 나에게 정말 아름다워요. 그렇지만 내가 준비한 선물을 보면 왜 내가 아까 한동안 멍하게 서 있었는지 알 수 있을 거예요."

델라는 선물을 풀어 보더니 하염없이 기쁨의 눈물을 흘렸다.

제임스가 델라를 위해 준비한 선물은 고급 머리빗이었다. 그 빗은 오래 전부터 델라가 갖고 싶어 했던 것이다.

델라가 그 머리빗으로 아름다운 머리카락을 빗으면 정말 잘 어울릴 그런 빛깔이었다. 하지만 가격이 너무 비쌌기에 감히 가져볼 **엄두**②를 내지 못했었다.

"제임스, 정말 고마워요! 지금은 비록 쓰지 못하지만 제 머리카락은 금방 자랄 거예요. 그때 정말 기쁜 마음으로 사용할게요."

델라는 제임스에게 자신이 준비한 선물인 시곗줄도 보여 주었다.

"어때요? 정말 당신의 시계와 잘 어울릴 것 같죠? 시계를 주세요. 제가 멋지게 달아 드릴게요!"

제임스는 또다시 멍하니 서있었다. 그러고는 곧 환하게 웃으며 델라에게 말했다.

"델라! 우리 크리스마스 선물은 서로 잠시 **보류**③하기로 합시다. 당신의 머리빗을 사느라고 시계를 팔아 버렸거든요. 하지만 이 선물을 사기 위해 쓴 당신의 마음이 너무나 훌륭하고 사랑스럽군요. 정말 고마워요. 자, 이제 크리스마스나 축하합시다."

-오 헨리, 「크리스마스 선물」

1
중심
생각

이야기에 등장하는 중심인물 두 사람의 이름을 쓰세요.

☐☐ , ☐☐☐

2
요소

이 이야기는 몇 월 며칠에 일어난 일인가요?

☐☐ 월 ☐☐ 일

📜 **어려운 낱말 풀이** | ① **비용** 물건을 사거나 어떤 일을 하는 데 쓰는 돈 費쓸 비 用쓸 용 ② **엄두** 감히 무엇을 하려는 마음
③ **보류** 당장 처리하거나 결정하지 않고 나중으로 미루어 두는 것 保지킬 보 留머무를 류

3

세부
내용

델라는 머리카락을 얼마에 팔았나요?

☐ ☐ 달러

4

어휘
표현

밑줄 친 ㉠ 대신 쓸 수 있는 표현을 고르세요. ------------------------------------ [   ]

① 건들건들   ② 히죽히죽   ③ 삐질삐질   ④ 우두커니   ⑤ 부리나케

5

세부
내용

델라와 제임스는 서로에게 각각 무엇을 선물해 주었나요?

델 라 : ☐ ☐ ☐ 을 제임스에게

제임스 : 고급 ☐ ☐ ☐ 을 델라에게

6

작품
이해

이야기를 읽고 친구들이 대화를 나누었습니다. 내용과 <u>다른</u> 이야기를 하는 친구를 고르세요. ------------------------------------ [   ]

① 정수: 1달러 87센트는 좋은 물건을 사기엔 적은 돈이었나 봐.

② 민아: 델라는 긴 머리를 귀찮아했기 때문에 오히려 잘 된 일인지도 몰라.

③ 진호: 이야기를 읽으니 델라와 제임스는 정말 사이가 좋은 부부인 것 같아.

④ 혜인: 제임스와 델라는 서로의 선물을 보고 얼마나 놀랐을까?

⑤ 혁진: 그래도 서로의 마음을 확인하였으니 행복한 하루가 되었을 것 같아.

7

추론
적용

이 이야기를 소개한다면 어떤 문구가 가장 좋을까요? ------------------------------------ [   ]

① 너무 겁이 많은 부부의 이야기를 읽어 보세요!

② 싸우고 화해하면 더 가까워지는 법! 이 이야기를 통해 배워요.

③ 서로를 위해 자신의 가장 좋은 것을 포기한 아름다운 사랑 이야기!

④ 호기심은 또 다른 호기심을 낳는 법. 호기심 때문에 일어난 대소동.

⑤ 과거와 미래를 오가는 신비한 경험을 한 사람의 이야기를 들어 볼래요?

30회 어법·어휘편 본문에 나온 어휘들만 따로 모아 복습하는 순서입니다.

6주 30회

해설편 016쪽

[1단계]   아래의 낱말에 알맞은 뜻을 선으로 이어 보세요.

[1] 비용 •   • ㉠ 물건을 사거나 어떤 일을 하는 데 쓰는 돈

[2] 엄두 •   • ㉡ 당장 처리하거나 결정하지 않고 나중으로
                      미루어 두는 것

[3] 보류 •   • ㉢ 감히 무엇을 하려는 마음

[2단계]   빈칸에 알맞은 낱말을 [보기]에서 골라 쓰세요.

[보기]   비용   엄두   보류

[1] 당장 급한 일이 생겼으니 급하지 않은 일은 잠시 ☐☐ 합시다.

[2] 이 시설을 고치는 데 정말 많은 ☐☐ 이 들었다.

[3] 차마 그에게 부탁할 ☐☐ 가 나지 않았다.

[3단계]   밑줄 친 말을 다른 말로 알맞게 바꾸어 쓰세요.

[1] 델라는 남편 제임스와 가난하지만 행복한 **하루하루**를 보내며 살고 있었다.

→ 나 ☐

[2] 그녀가 **걸음**을 멈춘 곳은 가발 가게였다.

→ ☐ 길

시간   끝난 시간 ☐시 ☐분   채점 독해 7문제 중 ☐개   ← 스스로 붙임딱지
       1회분 푸는 데 걸린 시간 ☐분   어법·어휘 8문제 중 ☐개   문제를 다 풀고
                                                              맨 뒷장에 있는
                                                              붙임딱지를
                                                              붙여보세요.

얼굴이 두껍다

한 청년이 사람이 많이 붐비는 시장을 찾아왔습니다. 청년은 길가 상점에 들러 과일을 비롯한 음식들을 구입하고 다시 집으로 돌아갔습니다. 그런데 다음 날 문제가 발생했습니다. 상점에서 산 음식들이 조금씩 상한 것들이어서 청년과 가족들이 전부 배탈이 난 것이지요. 화가 난 청년은 음식을 구입한 상점 주인에게 따졌습니다.

"어떻게 상한 음식을 팔 수 있습니까? 우리 가족 모두 배탈이 났어요!"

"상한 음식을 왜 사간 거요? 잘 살펴보고 골랐어야지!"

청년은 재차 따져 물었지만 주인은 상한 음식을 골라내지 못한 청년 탓이라며 사과하지 않았습니다.

"도대체가 잘못을 인정하지 못하는군. 당신 참 <u>얼굴이 두껍군요.</u>"

"얼굴이 두껍다"라는 표현은 부끄러움을 모르고 염치가 없다는 뜻이에요. 부끄러운 짓을 하고도 뻔뻔한 태도를 보이는 사람에게 쓰는 말이지요. 상점 주인처럼 억지를 부려 잘못을 회피하기보다는 진심으로 사과하고 인정하는 태도가 필요하겠죠?

청년은 주인에게 쏘아붙이고 나서 한 가지 꾀를 생각해냈습니다. 갑자기 청년은 음식점에 있는 음식들을 하나씩 집어 들고 쓰레기통에 넣기 시작했습니다. 깜짝 놀란 주인은 청년을 제지하며 말했습니다.

"지금 뭐 하는 짓이오?"

당황한 주인을 보며 청년이 태연하게 말했습니다.

"상한 음식들을 골라내고 있습니다. 이것들은 전부 상해서 팔지 못하겠군요."

"아니 상했는지 상하지 않았는지 어떻게 알 수 있다는 거요?"

"의심이 간다면 다시 꺼내서 드셔보시지요."

청년이 쓰레기통과 거기에 든 음식을 내밀었습니다. 상점 주인은 그때서야 자신의 뻔뻔함에 부끄러움을 느꼈답니다.

> **'얼굴'와 관련된 또 다른 관용 표현** **얼굴**을 못 들다 창피하여 남을 떳떳이 대하지 못하다.
> **얼굴**에 씌어 있다 감정, 기분 따위가 얼굴에 나타나다.

7주차

한 주 간의 계획을 먼저 세워보세요. 매일 학습을 마친 후 맞힌 문제의 개수를 쓰세요!

회차	영역	학습 내용	학습계획일	맞은 문제수
31회	독서 사회	**세계의 다양한 인사** 세계의 다양한 인사 중 대표적인 것 몇 가지를 설명해 주는 글입니다. 나라마다 인사 문화가 어떻게 다른지 비교해 보는 것 을 연습해 보는 회차입니다.	월 일	독해 7문제 중 □개 어법·어휘 8문제 중 □개
32회	독서 기타	**베토벤** 유명한 음악가 베토벤에 관한 글입니다. 베토벤이 어떤 삶을 살았는지 시간적으로 정리해 보는 회차입니다.	월 일	독해 7문제 중 □개 어법·어휘 8문제 중 □개
33회	독서 국어	**영어 교실 안내문** 흔히 볼 수 있는 안내문 중 하나입니다. 안내문 보는 방법을 읽고 실생활에서 적용하는 문제를 풀어 보는 회차입니다.	월 일	독해 7문제 중 □개 어법·어휘 8문제 중 □개
34회	문학 동요	**참 잘했지** 일상에서 흔히 경험했을 법한 일을 노랫말로 재미있게 꾸민 동요입니다. 말하는 이가 참 잘 했다고 말한 대상이 무엇이며 왜 그렇게 생각 했는지 독해해 보는 회차입니다.	월 일	독해 7문제 중 □개 어법·어휘 7문제 중 □개
35회	문학 연극	**베니스의 상인** 셰익스피어의 소설을 연극 대본으로 꾸몄습니다. 줄거리와 함께 연극의 특징을 공부하는 회차입니다.	월 일	독해 7문제 중 □개 어법·어휘 8문제 중 □개

31회

독서 | 설명문 | 관련교과 : 초등사회6-2 3.세계 여러 지역의 자연과 문화

공부한 날 □월 □일
시작 시간 □시 □분

독해력 3단계 31회
▲ QR코드를 찍으면
지문 읽기를 들을 수 있어요

　　우리 생활에 있어 '인사'는 중요한 예절 중의 하나입니다. 인사는 각 나라마다 달라, 그 나라의 예절과 문화를 알아볼 수 있는 기준이 되기도 한답니다. 그러면 세계 여러 국가들의 **독특한**① 인사 문화를 살펴볼까요?

　　먼저, 대한민국의 인사입니다. 우리나라 전통 인사 예절에는 공수법이 있습니다. 공손한 자세로 두 손을 모아 앞으로 맞잡고 있는 자세를 공수라 하며 고개를 30도 정도 숙여 인사를 합니다. 어른들께 예의 바르게 인사를 할 때 하는 인사법입니다. 일본도 마찬가지로 이 방법을 사용해 인사를 한답니다.

　　미국의 인사법인 악수는 서로 마주 서서 손을 잡고 위아래로 흔들어 움직이는 방법입니다. 어두웠던 미국 서부 **개척**② 시대는 서로에게 굉장히 **경계심**③이 많았습니다. 이때 자신들의 손에는 무기가 없고, 무기가 없으니 해칠 생각도 없다는 뜻을 악수를 통해 전달한 것이라고 합니다.

　　태국에서 인사할 때는 가슴 위로 손바닥을 마주 대어 **합장**④을 하고 가볍게 머리를 숙이며 "사와디캅"이라고 말합니다. 이때, 합장한 두 손의 위치가 높을수록 더 큰 존경심을 표시하는 것이랍니다. 이 인사는 불교문화의 영향을 받아서 생긴 문화라고 합니다. 인도도 태국과 같이 인사하는데, 인도는 인사를 하며 "나마스테"라고 말하는 점이 다릅니다.

　　뉴질랜드의 원주민인 마오리족은 매우 독특한 인사법을 가지고 있습니다. 인사를 하는 두 사람이 서로 이마와 코를 부드럽게 맞대는 것입니다. 이 인사법을 '홍이'라고 부릅니다. '홍이'는 '당신과 나는 하나'라는 뜻을 가지고 있습니다. 이마와 코를 서로 맞대면 같은 공기를 호흡하게 됩니다. 이 과정에서 마오리족은 두 사람의 영혼이 하나로 섞인다고 생각합니다. 그런 까닭 때문에 '홍이'라는 인사법을 갖게 되었다고 합니다.

어려운 낱말 풀이 ① **독특한** 특별하게 다른 獨홀로 독 特특별할 특- ② **개척** 땅을 논이나 밭과 같이 쓸모 있는 땅으로 만듦 開열 개 拓넓힐 척 ③ **경계심** 조심하는 마음 警깨우칠 경 戒경계할 계 心마음 심 ④ **합장** 두 손바닥을 합하여 마음이 한결같음을 나타냄 合합할 합 掌손바닥 장

1
중심
생각

이 글의 제목을 지어 보세요.

세계의 다양한 ☐☐

2
세부
내용

글에 나타난 사실이 <u>아닌</u> 것은 무엇인가요? ------------------------------- [　　　]

① 태국에서 인사하면서 하는 말

② 뉴질랜드에서 인사하면서 하는 말

③ 뉴질랜드의 독특한 인사법인 '홍이'의 뜻

④ 태국 인사에서 합장할 때 두 손의 위치의 차이

⑤ 미국 사람들이 인사할 때 손을 잡고 흔드는 이유

해설편 017쪽

3
세부
내용

이 글에서는 우리나라에서 '공수법'으로 인사를 할 때 고개를 몇 도 정도 숙이면 된다고 설명하고 있나요? ------------------------------- [　　　]

① 10도　　　② 20도　　　③ 30도　　　④ 40도　　　⑤ 50도

4
구조
알기

빈칸에 알맞은 말을 넣어 표를 완성하세요.

세계의
다양한
인사법

- 한국, 일본 : 공손한 자세로 두 손을 모아 고개를 숙여 인사
- 미국 : ☐☐ 를 하며 인사
- 태국, 인도 : 손바닥을 마주 대어 ☐☐ 하며 인사
- 뉴질랜드 : 서로 ☐☐ 와 ☐ 를 부드럽게 맞대며 인사

5 '땅을 논이나 밭과 같이 쓸모 있는 땅으로 만듦'을 나타내는 낱말을 골라 보세요. ─────── [   ]

어휘
표현

① 개방   ② 개국   ③ 개선   ④ 개교   ⑤ 개척

6 윗글에서 나오지 <u>않은</u> 인사법을 골라 보세요. ──────────────────── [   ]

내용
적용

①

②

③

④

⑤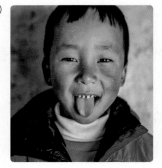

7 이 글을 바르게 이해한 친구는 누구인가요? ────────────────────── [   ]

추론

① 지우: 일본 사람들은 인사할 때 "나마스테"라고 말하는구나.

② 상욱: 태국 사람들은 공수를 하고 고개를 숙여 인사하는구나.

③ 지영: 미국의 인사 문화는 서로 악수를 하는 것이구나.

④ 세영: 인도 사람들은 코와 이마를 맞대면서 인사를 하는구나.

⑤ 민찬: 뉴질랜드 전통 인사말이 "사와디캅"이란 사실을 알게 되었어.

[1단계] 아래의 낱말에 알맞은 뜻을 선으로 이어 보세요.

[1] 독특한 •　　　　　• ㉠ 조심하는 마음

[2] 경계심 •　　　　　• ㉡ 특별하게 다른

[3] 합장　•　　　　　• ㉢ 두 손바닥을 합하여 마음이 한결같음을 나타냄

[2단계] 아래 문장의 빈칸에 알맞은 낱말을 [보기]에서 찾아서 써넣으세요.

[보 기]　　　　독특한　　　경계심　　　합장

[1] 미국 서부 개척시대는 서로에 대한 [　　　　　] 이 많았습니다.

[2] 세계 여러 국가들은 [　　　　　] 인사 문화가 있습니다.

[3] 태국에서 인사할 때는 [　　　　　] 을 하고 머리를 숙이며 '사와디캅'이 라고 말합니다.

[3단계] 밑줄 친 낱말의 알맞은 뜻을 [보기]에서 골라 번호를 쓰세요.

[보 기]　① 사물이 어떠한 기준에 의하여 구분되는 한계
　　　　　② 더 낮고 좋은 상태나 더 높은 단계로 나아감

[1] 꿈과 현실의 <u>경계</u>가 얼른 금이 그어지지 않았다.　　　(　)

[2] 할아버지는 묵묵히 지역 발전에 밑거름 역할을 하고 계셨다.　(　)

시간 **끝난 시간** [　] 시 [　] 분　　채점 **독해** 7문제 중 [　] 개

1회분 푸는 데 걸린 시간 [　] 분　　**어법·어휘** 8문제 중 [　] 개

← 스스로 붙임딱지
문제를 다 풀고 맨 뒷장에 있는 붙임딱지를 붙여보세요.

독서 | 전기문

32회

공부한 날 [ ]월 [ ]일
시작 시간 [ ]시 [ ]분

독해력 3단계 32회
▲ QR코드를 찍으면
지문 읽기를 들을 수 있어요

　　베토벤은 1770년 12월 17일, 독일의 본에서 가난한 음악가의 아들로 태어났습니다. 〈영웅〉, 〈운명〉, 〈합창〉 등 많은 작품을 남기면서 음악의 **성인**①이라고 불렸지만 베토벤의 삶이 화려하기만 한 것은 아니었습니다.

　　베토벤의 아버지는 베토벤을 모차르트와 같은 천재로 만들기 위해 엄하게 교육하였습니다. 연습을 게을리 하면 베토벤을 때리기도 하고, 손가락을 움직일 수 없을 때까지 피아노 연주를 시키기도 하였습니다. 결국 베토벤은 열네 살에 궁중 오르간 연주자가 되면서 **명성**②을 얻게 되었습니다.

　　하지만 베토벤은 다시 본으로 돌아와야 했습니다. 어머니가 편찮으셨기 때문입니다. 하지만 어머니는 결국 세상을 떠나셨고, 이후 아버지마저 세상을 떠났습니다. 베토벤은 어린 두 동생을 돌보기 위해 피아노 수업을 해야 했습니다. 두 동생의 생활이 어느 정도 **안정**③되자 베토벤은 오스트리아의 빈으로 떠났습니다. 그곳에서 세계적인 음악가 모차르트와 하이든의 지도를 받았습니다. 그 뒤 베토벤은 연주가로서 활발한 활동을 하였습니다. 그의 나이 스물두 살 때였습니다.

　　하지만 화려한 생활은 베토벤에게 맞지 않았습니다. '내가 존재하는 이유는 위대한 일을 하기 위해서야.'라고 생각한 베토벤은 외로운 생활을 하면서 다른 음악가의 음악은 절대로 듣지 않았습니다. ⃞ ㉠ ⃞ 사람들은 베토벤을 이상한 사람으로 생각하였습니다. 그리고 베토벤이 작곡한 곡을 심하게 **비판**④했습니다.

　　그 무렵, 베토벤은 귀가 점점 들리지 않게 되었습니다. 음악가에게 소리가 들리지 않는다는 것은 음악을 할 수 없다는 것이나 마찬가지였습니다. 그래서 베토벤은 스스로 목숨을 끊으려고 했습니다. ⃞ ㉡ ⃞, 다시 마음을 고쳐먹고 병과 싸우면서 음악을 열심히 작곡했습니다. 마침내 작곡한 곡을 연주하는 날, 사람들은 베토벤의 음악에 감동을 받아 큰 박수를 보냈습니다. 하지만 박수 소리를 듣지 못한 베토벤은 지휘를 마치고도 그 자리에서 꼼짝하지 않았다고 합니다. 이렇게 베토벤은 가난, 그리고 질병과 싸우면서 위대한 작품을 남긴 음악가로 기억되고 있습니다.

유튜브에서 음악을 들어보세요.
베토벤 교향곡 9번 합창 🔍
https://youtu.be/aODv2YnYKaE

1
중심
생각

누구에 관한 글인가요?

☐☐☐

2
중심
생각

이 글은 어떤 종류의 글인지 고르세요. ──────────────────── [　　　]

① 인물의 삶을 사실에 뒷받침하여 쓴 글

② 개인이나 단체의 의견이나 희망을 쓴 글

③ 어떤 주제에 관하여 자기의 생각을 쓴 글

④ 자신이 생각하는 바에 대한 주장을 쓴 글

⑤ 여행하면서 보고, 듣고, 느끼고, 겪은 것을 쓴 글

3
세부
내용

이 글의 내용과 <u>다른</u> 것은 무엇인가요? ──────────────── [　　　]

① 독일의 본에서 가난한 음악가의 아들로 태어났다.

② 베토벤은 많은 작품을 남기면서 음악의 성인이라고 불렸다.

③ 베토벤은 어렸을 때부터 작곡을 하여 집안의 생계를 책임졌다.

④ 베토벤은 열네 살에 궁중 오르간 연주자가 되면서 명성을 얻게 되었다.

⑤ 베토벤은 귀가 들리지 않게 되었지만 끝까지 병과 싸우면서 음악 활동을 하였다.

어려운 낱말 풀이 ① **성인** 모든 사람의 스승이 될 만한 위대한 사람 聖성인 성 人사람 인 ② **명성** 널리 알려지고 칭찬을 받는 이름 名이름 명 聲소리 성 ③ **안정** 몸과 마음이 편안하고 고요함 安편안 안 靜고요할 정 ④ **비판** 옳고 그름을 판단하여 밝히거나 잘못된 점을 지적함 批비평할 비 判판단할 판

4

아래 빈칸을 알맞게 채워 베토벤의 일생을 순서대로 정리해 보세요.

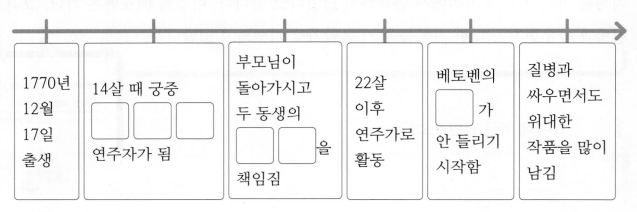

1770년 12월 17일 출생

14살 때 궁중 ☐☐☐ 연주자가 됨

부모님이 돌아가시고 두 동생의 ☐☐을 책임짐

22살 이후 연주가로 활동

베토벤의 ☐가 안 들리기 시작함

질병과 싸우면서도 위대한 작품을 많이 남김

5

☐ ㉠ ☐ 과 ☐ ㉡ ☐ 에 들어갈 수 있는 '이어 주는 말'을 고르세요. ──────── [   ]

	㉠	㉡
①	그리고	그래서
②	그러나	그리고
③	그래서	그러나
④	그리고	그러나
⑤	그리고	그리고

6

베토벤은 스물두 살에 무엇을 하며 보냈나요?

오스트리아의 수도인 ☐ 으로 가서 세계적인 음악가

☐☐☐☐ 와 ☐☐☐ 의 지도를 받았습니다.

그 뒤 베토벤은 ☐☐☐ 로서 활발한 활동을 하였습니다.

7

이 글은 어디에 실리면 좋을까요? ──────────────────────────────── [   ]

① 기행문　　　　　② 초대장　　　　　③ 안내문

④ 독후감　　　　　⑤ 위인전

[1단계] 아래의 낱말에 알맞은 뜻을 선으로 이어 보세요.

[1] 명성 •　　　　　• ㉠ 널리 알려지고 칭찬을 받는 이름

[2] 안정 •　　　　　• ㉡ 옳고 그름을 판단하여 밝히거나 잘못된 점을 지적함

[3] 비판 •　　　　　• ㉢ 몸과 마음이 편안하고 고요함

[2단계] 아래 문장의 빈칸에 알맞은 낱말을 [보기]에서 찾아서 써넣으세요.

> [보기]　　　명성　　　안정　　　비판

[1] 베토벤은 궁중 오르간 연주자가 되면서 □□ 을 얻게 되었습니다.

[2] 두 동생의 생활이 □□ 되자 베토벤은 빈으로 떠났습니다.

[3] 사람들은 베토벤이 작곡한 곡을 심하게 □□ 했습니다.

[3단계] [보기]는 소리는 같으나 뜻이 다른 낱말에 대한 설명입니다. [보기]를 참고하여 아래의 문장에 쓰인 낱말의 알맞은 뜻의 번호를 쓰세요.

> [보기]　지도　　① 땅의 모습을 일정한 비율로 줄여, 평면에 나타낸 그림
> 　　　　　　　　② 어떤 목적이나 방향으로 남을 가르쳐 이끎

[1] 우리나라 기술자가 외국에 나가서 기술 지도를 해 주고 있다. 　　　[　　　]

[2] 우리는 낯선 곳에 가면 지도를 보고 길을 찾는다. 　　　[　　　]

시간　끝난 시간 □시 □분　　채점　독해 7문제 중 □개　　← 스스로 붙임딱지
1회분 푸는 데 걸린 시간 □분　　　어법·어휘 8문제 중 □개　　문제를 다 풀고 맨 뒷장에 있는 붙임딱지를 붙여보세요.

7주 32회

해설편 017쪽

33회

독서 | 실용문 | 관련교과 : 초등국어3-1 5.중요한 내용을 적어요

공부한 날 [ ] 월 [ ] 일

시작 시간 [ ] 시 [ ] 분

독해력 3단계 33회

▲ QR코드를 찍으면
지문 읽기를 들을 수 있어요

스스로 생각하는 영어 교실

원어민 강사진

국제 **공인** 전문 영어 교사 자격증 **보유**, 다양한 교육 **경력**

영어와 함께 자라는 6가지 핵심 역량

창의력 / 문제 해결력 / 리더십 / 시민 의식 / **소통** / 디지털 정보 **활용**

• **수업 대상** 초등학교 1학년~6학년
• **수업 일정** 1학기(3, 4, 5, 6, 7월), 2학기(9, 10, 11, 12, 2월)
• **수업 구성** 6단계

단계별 교육 과정

1단계	초등학교 1학년	– 알파벳 쓰기 – 그림 **묘사**하기
2단계	초등학교 1~2학년	– 직업, 나라 낱말 학습 – 시간 표현 배우기
3단계	초등학교 2~3학년	– 신체, 동물 낱말 학습 – 비교하여 말하기
4단계	초등학교 3~4학년	– 직업, 예술 낱말 학습 – 창의적 영어 글쓰기
5단계	초등학교 4~5학년	– 환경, 운동 낱말 학습 – **가정문** 표현하기
6단계	초등학교 5~6학년	– 친구들과 영어로 토론하기 – 세계의 문화 배우기

• **어린이 안전 시스템** 어린이들이 안전하게 귀가할 수 있도록 차량 운행
• **등록 안내** 070-8260-5456

1
중심
생각

이 글을 쓴 이유는 무엇인가요? ────────────────────── [   ]

① 영어 교실에 가는 길을 설명하려고

② 영어 교실의 선생님 이름을 알려 주려고

③ 영어 교실에 대해 설명하고 홍보하려고

④ 영어 교실에 다니며 느낀 점을 나타내려고

⑤ 영어 교실의 귀가 버스 번호를 알려 주려고

2
세부
내용

다음 중 틀린 것을 고르세요. ────────────────────── [   ]

① 1학기 수업은 8월까지이다.

② 수업은 6단계로 구성되어 있다.

③ 3학년은 5단계의 수업을 들을 수 없다.

④ 3단계에서는 비교하여 말하기를 배울 수 있다.

⑤ 수업이 끝나고 집에 갈 때 학원 버스를 탈 수 있다.

3
세부
내용

빈칸에 알맞은 말을 써넣으세요.

원어민 강사진은 국제 공인 전문 [ ][ ][ ][ ] 자격증을

[ ][ ] 하고 있고, 다양한 교육 [ ][ ] 이 있다.

어려운 낱말 풀이

① **원어민** 어떤 언어를 자기 나라의 말로 사용하는 사람 原근원 원 語말씀 어 民백성 민　② **강사진** 가르치는 일을 맡고 있는 사람들 講외울 강 師스승 사 陣무리 진　③ **공인** 나라나 단체에서 인정함 公공평할 공 認인정할 인　④ **보유** 가지고 있거나 간직하고 있음 保지킬 보 有있을 유　⑤ **경력** 겪은 여러 가지 일 經날 경 歷지낼 력　⑥ **핵심** 가장 중심이 되는 부분 核씨 핵 心마음 심　⑦ **역량** 어떤 일을 해낼 수 있는 힘 力힘 역 量헤아릴 량　⑧ **소통** 뜻이 서로 통하여 잘못 이해하는 일이 없음 疏트일 소 通통할 통　⑨ **활용** 충분히 잘 이용함 活살 활 用쓸 용　⑩ **묘사** 어떤 것을 말로 이야기해서 나타냄 描그릴 묘 寫베낄 사　⑪ **가정문** 사실이 아니거나 사실인지 아닌지 모르는 것을 그렇다고 정하는 문장 假거짓 가 定정할 정 文글월 문

4 구조 알기

다음 내용이 들어갈 알맞은 곳을 고르세요. ------------------------------ [   ]

> 수업 시간은 오후 5시부터 7시까지입니다.

① 수업 대상   ② 수업 일정   ③ 수업 구성   ④ 원어민 강사진   ⑤ 등록 안내

5 어휘 표현

다음 설명하는 낱말을 본문에서 찾아 쓰세요.

> 새로운 것을 생각해 내는 능력

☐☐☐

6 내용 적용

영어 교실에 다니면 어떤 역량이 자란다고 했는지 써 보세요.

영어 교실에 다니면 6가지 핵심 역량이 자랍니다. 그 6가지는

창의력, 문제 해결력, ☐☐☐ , 시민 의식, ☐☐ ,

디지털 정보 활용입니다.

7 추론

이 글을 읽고 가족들이 대화를 나누었습니다. 맞지 <u>않은</u> 내용을 말하는 사람을 고르세요.
(민수: 초등학교 입학 전, 민아: 초등학교 3학년, 민지: 초등학교 6학년) ----------- [   ]

① 아빠 : 민아는 3단계 또는 4단계 수업을 듣고 있겠구나.

② 민아 : 3단계 수업을 듣고 있기 때문에 곧 있으면 비교하여 말하기도 배울 거예요.

③ 엄마 : 민지는 친구들과 영어로 토론도 할 수 있대요.

④ 민지 : 네, 아빠. 9월부터 2학기가 되면 4단계 수업을 들을 거예요.

⑤ 민수 : 누나들 정말 대단하다! 나도 초등학생이 되면 알파벳 쓰기를 배울 수 있겠다.

33회 어법·어휘편 본문에 나온 어휘들만 따로 모아 복습하는 순서입니다.

[1단계]   아래의 낱말에 알맞은 뜻을 선으로 이어 보세요.

[1] 핵심 •　　　　　　　　• ㉠ 뜻이 서로 통하여 잘못 이해하는 일이 없음

[2] 소통 •　　　　　　　　• ㉡ 가장 중심이 되는 부분

[3] 귀가 •　　　　　　　　• ㉢ 집으로 돌아가거나 돌아옴

[2단계]   아래 문장의 빈칸에 알맞은 낱말을 [보기]에서 찾아서 써넣으세요.

[보 기]　　　　　핵심　　　소통　　　귀가

[1] 어린이들이 안전하게 □□ 할 수 있도록 차량 운행

[2] 영어를 많이 배우면 영어로 □□ 할 수 있다.

[3] 영어와 함께 자라는 6가지 □□ 역량

[3단계]   밑줄 친 말을 다른 말로 알맞게 바꾸어 쓰세요.

[1] 영어 교사 자격증을 **가지고** 있다.

　　→ 영어 교사 자격증을 보□ 하고 있다.

[2] 어린이들을 집에 데려다주는 차량을 **정해진 길을 따라 운전해 다닌다.**

　　→ 어린이들을 집에 데려다주는 차량을 운□ 한다.

시간 | 끝난 시간 □시 □분 　　채점 | 독해 7문제 중 □개　　← 스스로 붙임딱지
1회분 푸는 데 걸린 시간 □분　　어법·어휘 8문제 중 □개　문제를 다 풀고 맨 뒷장에 있는 붙임딱지를 붙여보세요.

7주 | 33회 153

7
주
33
회

해설편
018쪽

참 잘했지

작사 엄기원
작곡 정연택

1. 울 밑에- 꽃씨 몇 알- 심어 놓고서 -
2. 날 마다- ㉠ - 메꾸는 일기 -

까맣게- 나는 잊고- 지내 왔는데 -
에 이참- 귀찮은 걸- 뭣 하러 쓴담 -

어 느새- 싹 이 트고- 줄 기가 자라 -
쓰 면서- 투 덜대던- 꼬 부 랑 글씨 -

채 송화- 봉 숭아 꽃- 활 짝 피었네 -
먼 훗날- 읽 어보니- 웃 음 터지네 -

그 때 꽃씨 뿌리길- 참 잘 했지 -
그 때 일기 써 놓길- 참 잘 했지 -

그 때 꽃씨 뿌리길- 참 잘 했지 -
그 때 일기 써 놓길- 참 잘 했지 -

유튜브에서 동요를 들어보세요.

[참 잘했지 🔍]

https://www.youtube.com/
watch?v=xxmuEPKLsro

🎞 어려운 낱말 풀이 ① **울** 풀, 나무 등을 엮어서 집이나 밭 둘레에 담 대신에 친 것(≒울타리) ② **까맣게** 기억에 전혀 없게 ③ **마다** 낱말 뒤에 붙어 '하나하나 모두'를 뜻하는 말 ④ **메꾸는** 빈자리를 채우는 ⑤ **훗날** 시간이 지나 뒤에 올 날

1
요소

이 노랫말에서 1절과 2절의 글감은 각각 무엇인가요?

1절: ☐☐   2절: ☐☐

2
세부
내용

이 노래에서 알 수 있는 말하는 이의 모습으로 알맞지 <u>않은</u> 것을 고르세요. ········ [   ]

① 울밑에 꽃씨를 심어놓았다.

② 꽃씨를 심은 사실을 잊어버렸다.

③ 꽃이 피어난 것을 보며 놀라워했다.

④ 매일매일 일기를 쓰는 것을 즐거워했다.

⑤ 예전에 쓴 일기를 보고 웃음을 터뜨렸다.

해설편 018쪽

3
어휘
표현

㉠에 들어갈 꾸며주는 말로 알맞은 것을 고르세요. ────────── [   ]

① 빨리빨리   ② 퐁당퐁당   ③ 겨우겨우

④ 이리저리   ⑤ 털썩털썩

4
세부
내용

빈칸을 알맞게 채워 이 노랫말의 내용을 표로 정리해 보세요.

대상	과거	현재
꽃씨	큰 기대 없이 ☐ 밑에 심어 놓고 ☐☐☐ 잊음	☐☐☐, ☐☐☐☐ ☐ 이 활짝 핀 것을 보고 꽃씨 심은 것을 스스로도 잘했다고 생각함
일기	☐☐☐ 쓰는 것이 귀찮아서 겨우 채우기만 함	☐☐☐ 일기를 다시 읽으니 ☐☐ 이 터질 정도로 재미가 있어 일기 쓴 것을 스스로도 잘했다고 생각함

5 이 노랫말의 특징으로 맞는 것을 고르세요. ────────── [   ]

작품
이해

① 과거를 떠올리며 그리워하고 있다.

② 대상을 다른 것에 빗대어 표현하고 있다.

③ 일어났으면 하는 일들을 상상하여 말하고 있다.

④ 예전에 했던 일을 되돌아보며 뿌듯함을 느끼고 있다.

⑤ 색깔과 소리를 나타내는 표현을 풍부하게 사용하였다.

6 이 노래를 듣고 생각이나 느낌을 적절하게 말한 것을 고르세요. ────────── [   ]

작품
이해

① 채송화와 봉숭아는 키우기 어려운 꽃이야.

② 귀찮은 일이 있을 때에는 그냥 잊어버리면 되겠어.

③ 졸면서 글씨를 쓰면 꼬부랑글씨를 쓸 수 있어.

④ 남들이 보고 비웃을 만한 일기는 적지 않는 것이 좋겠어.

⑤ 나도 일기 쓰는 것을 좋아하지 않지만, 나중에 읽으면 추억이 될 것 같아.

7 다음 글은 이 노랫말과 어떤 공통점이 있나요? ────────── [   ]

추론
적용

> 오늘 꽃밭을 보니 봉숭아 꽃과 분꽃이 활짝 피어 있었다. 처음에는 이 꽃들이 왜 핀 것인지 몰라서 깜짝 놀랐다. 일기장을 뒤져 보니 한 달 전쯤에 내가 꽃밭에 꽃씨를 뿌렸었다는 기억이 되살아났다. 그때는 그저 심심풀이로만 꽃씨를 뿌렸었는데, 지금 이렇게 활짝 핀 꽃을 보니 그때 꽃씨 뿌리기를 참 잘했다는 생각이 들었다. 봉숭아 꽃과 분꽃도 나를 보고 고맙다는 듯이 활짝 웃었다.

① 두 주인공이 심은 꽃씨의 종류가 같다.

② 두 주인공은 일기 쓰는 것을 무척 싫어한다.

③ 두 주인공 모두 사람이 아닌 것을 사람처럼 표현했다.

④ 두 주인공 모두 예전에 한 일에 대해 잘했다고 생각한다.

⑤ 두 주인공 모두 자신이 하지 않은 일을 한 것처럼 상상해서 글을 썼다.

[1단계] [보기]를 읽고, 밑줄 친 낱말이 문장에서 쓰인 뜻을 찾아 번호를 쓰세요.

> [보기] **까맣다** ① 불빛이 전혀 없는 밤하늘과 같이 밝고 짙게 검다
> ② 거리나 시간이 아득하게 멀다
> ③ 기억이나 아는 바가 전혀 없다

[1] 불 조절에 실패해서 요리를 <u>까맣게</u> 태웠다. -------------------------------- [   ]

[2] 약속이 있었다는 사실을 <u>까맣게</u> 잊어버렸다. -------------------------- [   ]

[3] 그 아이를 봤던 건 <u>까맣게</u> 옛날 일이다. ----------------------------- [   ]

[2단계] [보기]에 주어진 문장의 빈칸에 공통으로 들어갈 말을 써 보세요.

> [보기]
> • 나는 날 ☐ ☐ 일기를 쓴다.
> • 사람 ☐ ☐ 생각하는 바가 서로 다르다.
> • 올림픽은 4년 ☐ ☐ 개최된다.

☐ ☐

[3단계] [보기]에서 설명하는 것의 이름을 본문의 노랫말에서 찾아 써 보세요.

> [보기] 풀, 나무 등을 엮어서 집이나 밭 둘레에 담 대신에 친 것

☐

시간 끝난 시간 ☐ 시 ☐ 분   채점 독해 7문제 중 ☐ 개
1회분 푸는 데 걸린 시간 ☐ 분   어법·어휘 5문제 중 ☐ 개

← 스스로 붙임딱지
문제를 다 풀고
맨 뒷장에 있는
붙임딱지를
붙여보세요.

7주 | 34회 157

7
주
34
회

해설편 0 1 8 쪽

35회

문학 | 연극 | 관련교과: 초등국어활동 5-2 10.글을 요약해요 (2015개정)

공부한 날 [ ]월 [ ]일
시작 시간 [ ]시 [ ]분

독해력 3단계 35회
▲ QR코드를 찍으면
지문 읽기를 들을 수 있어요

등장인물 : 안토니오, 바사니오, 샤일록, 포셔

앞부분의 줄거리 : 베네치아의 상인 안토니오는 친구 바사니오로부터 결혼에 필요한 돈을 구해 달라는 부탁을 받는다. 안토니오는 샤일록이라는 고약한 사람에게 돈을 빌리고, 정해진 기간 안에 돈을 갚지 못한다면 자신의 살 1**파운드**①를 잘라 준다는 **계약**②을 한다. ㉠하지만 안토니오는 기간 안에 돈을 갚지 못한다.

바사니오: 이젠 어떡하면 좋은가? 진정 샤일록이 자네의 살을 1파운드 자르겠다고 하고 있나?

안토니오: (한숨을 내쉬며) 조금만 더 시간을 주면 더 많은 돈을 갚겠다고 해 봤지만 소용이 없었네.

바사니오: 대체 왜 샤일록이 그렇게까지 고약하게 구는가?

안토니오: 나는 평소에 샤일록이 사람들에게 돈을 빌려주고 더 많은 돈으로 다시 받는 것이 마음에 들지 않아 늘 샤일록에 대해 나쁘게 말하고 다녔다네. 그게 샤일록의 화를 더 키운 것 같네.

바사니오: 이 일은 모두 내가 자네에게 돈을 구해 달라고 부탁해서 생긴 일이야. 내가 반드시 책임지고 자네를 살릴 방법을 찾아보겠네. 1파운드의 살이라니. 누구나 자신의 살을 1파운드 도려내면 죽고 말 걸세.

바사니오는 생각에 잠겨 ㉡무대를 빙빙 돈다.

바사니오: 어떻게 해야 내 친구 안토니오를 구할 수 있을까. 살 1파운드를 잘라 주겠다고 계약서까지 써 버렸으니……. 대체 이 상황을 어떻게 ㉮빠져나올 수 있다는 말인가!

그때, 포셔가 ㉢무대 중앙으로 나온다.

포　셔: 나의 남편 바사니오, 너무 걱정하지 마세요. 제가 이 일을 해결해 보겠어요. 저와 당신의 결혼 때문에 당신의 친구가 어려움에 처했으니, 저도 두고만 볼 수는 없어요.

바사니오: 하지만 포셔, 이미 그렇게 계약이 되어 있는 상황에서 도대체 뭘 어찌할 수 있단 말이오?

포　셔: 제게 생각이 있으니 걱정 말고 내일 지켜봐 주세요.

㉣조명이 꺼진다. 잠시 뒤 ㉤조명이 켜지며 재판장을 비춘다. 재판장에는 안토니오, 샤일록이 앉아 있고 재판관으로 변장한 포셔가 서 있다. 재판을 보러 온 바사니오도 긴장한 모습으로 앉아 있다.

샤 일 록: (심술궂은 미소를 지으며) 재판관님. 계약의 내용대로 저는 안토니오의 살 1파운드를 가져갈 **권리**가 있습니다. 어서 허락해 주십시오.

포   셔: 샤일록의 말이 맞다. 분명 계약서대로 안토니오가 돈을 갚지 못하였으니 샤일록은 그의 살 1파운드를 가져가도록 하라. 단, 단 한 방울의 피도 흐르게 해선 안 된다. 계약서에는 안토니오의 살 1파운드만 가져가겠다고 되어 있지, 피를 가져가겠다는 내용은 어디에도 찾아볼 수 없다.

샤 일 록: (당황스러워 하며) 하지만 재판관님, 어떻게 사람의 살을 잘라 내는데 피가 한 방울도 나지 않을 수 있겠습니까?

포   셔: 허나 계약서에는 분명 살만 가져가겠다고 되어 있다. 그리고 한 가지 더 명심해야 할 것은 정확히 1파운드만을 가져가야 한다. 털끝 하나라도 차이가 있을 경우 샤일록 당신은 계약 **위반**으로 무서운 벌을 받게 될 것이다.

샤 일 록: (⒝) 안 돼! 이럴 수는 없어!

안토니오: (기쁜 표정으로) 됐어! 이제 살았어!

바사니오: 정말 다행이야!

안토니오와 바사니오는 기뻐하며 서로 부둥켜 안는다.

-셰익스피어, 「베니스의 상인」

7주 35회 해설편 019쪽

1
중심
생각

연극의 등장인물을 <u>모두</u> 쓰세요.

☐☐☐☐ , ☐☐☐☐ , ☐☐☐ , ☐☐

2
요소

밑줄 친 ㉠~㉣ 중 이 글이 연극임을 알 수 있게 해주는 부분이 <u>아닌</u> 것을 고르세요. ----- [   ]

① ㉠   ② ㉡   ③ ㉢   ④ ㉣   ⑤ ㉤

🧻 어려운 낱말 풀이

① **파운드(pound)** 미국, 영국에서 쓰는 질량과 무게의 단위, 1파운드는 약 0.5킬로그램이다.
② **계약** 어떤 일에 대해 지켜야 할 것을 합의하여 이룬 약속 契맺을 계 約묶을 약   ③ **권리** 당연하고 자유롭게 주장, 요구할 수 있는 힘이나 자격 權저울추 권 利날카로울 리   ④ **위반** 법, 약속 등을 어기거나 지키지 않는 것 違어긋날 위 反되돌릴 반

3

만약 기한 안에 돈을 갚지 못하면 안토니오가 샤일록에게 주어야 할 것은 무엇인가요?

[   ] 파운드의 [   ]

4

밑줄 친 ㉮ 대신에 쓸 수 있는 표현을 고르세요. ──────────────── [   ]

① 보고할 수   ② 관찰할 수   ③ 해결할 수   ④ 짐작할 수   ⑤ 진행할 수

5

빈 칸 ㉯에 들어갈 지시문으로 알맞은 것을 고르세요. ──────────── [   ]

① 기뻐하며   ② 울상을 지으며   ③ 휘파람을 불며

④ 연신 하품을 하며   ⑤ 수줍어하는 목소리로

6

연극을 보고 친구들이 대화를 나누었습니다. 내용과 <u>다른</u> 이야기를 하는 친구를 고르세요.
──────────────────────────────────── [   ]

① 예리: 샤일록은 사람들에게 빌려준 돈보다 훨씬 많은 돈을 받았나 봐.

② 은우: 맞아, 그래서 안토니오는 그런 샤일록을 평소에 안 좋게 생각했군.

③ 희진: 그 일로 샤일록의 화를 키우게 되어서 결국 안토니오가 위험해졌네.

④ 종훈: 하지만 안토니오가 더 큰 돈으로 갚는다고 하니까 샤일록도 고민하는 것 같아.

⑤ 도형: 어쨌든 포셔의 지혜로운 판결 덕에 안토니오가 살 수 있게 되어서 다행이야.

7

아래 [보기]는 이 연극의 마지막 부분을 소설로 바꾼 것입니다. [보기]와 연극을 비교한 것
으로 옳지 <u>않은</u> 것을 고르세요. ──────────────────── [   ]

> [보 기]
>
>   심술궂은 샤일록은 안토니오가 약속을 지키지 못했으니 안토니오의 살 1파운드를
> 자르겠다고 주장했다. 그러자 포셔는 샤일록에게 정확히 1파운드의 살을 떼어야만
> 하며 피는 한 방울도 흘려서는 안 된다고 했다. 안토니오와 바사니오는 포셔의
> 지혜로운 재판에 무릎을 쳤다. 샤일록은 포셔의 판결을 듣고 울상을 지을 수밖에
> 없었다. 안토니오와 바사니오는 서로 부둥켜안으며 기뻐했다.

① 연극과 [보기] 모두 판결의 내용을 확인할 수 있다.

② 연극과 [보기] 모두 인물의 성격을 확인할 수 있다.

③ 연극은 [보기]와 달리 인물의 의상과 소품이 필요하다.

④ 연극은 [보기]와 달리 인물의 대사를 통해 판결이 이루어진다.

⑤ 연극은 [보기]와 달리 인물의 표정은 직접 제시되어 있지 않아서 생동감이 부족하다.

[1단계] 아래의 낱말에 알맞은 뜻을 선으로 이어 보세요.

[1] 계약 •
[2] 권리 •
[3] 위반 •

• ㉠ 당연하고 자유롭게 주장, 요구할 수 있는 힘이나 자격
• ㉡ 법, 약속 등을 어기거나 지키지 않는 것
• ㉢ 어떤 일에 대해 지켜야 할 것을 합의하여 이룬 약속

[2단계] 아래 문장의 빈칸에 알맞은 낱말을 [보기]에서 찾아서 써넣으세요.

[보 기]　　　　계약　　권리　　위반

[1] 우리에게는 대표자를 선출할 수 있는 　　　 가 있습니다.

[2] 교통 법규를 　　　 해서는 안 됩니다.

[3] 합의를 보았으니 이 내용으로 　　　 을 진행합시다.

[3단계] 문장을 읽고 빈칸에 들어갈 낱말을 알맞게 써넣으세요.

[1] 그 사람은 성격이 매우 □ 약 하 다 는 군.
　　　　　　　　☞ 험상궂고 거칠다

[2] 반드시 그 사실을 명 □ 하도록 하여라.
　　　　　　　☞ 마음에 새겨둠

시간 끝난 시간 □시 □분　1회분 푸는 데 걸린 시간 □분
채점 독해 7문제 중 □개　어법·어휘 8문제 중 □개
← 스스로 붙임딱지
문제를 다 풀고 맨 뒷장에 있는 붙임딱지를 붙여보세요.

다른 나라는 새해에 무엇을 할까요?

우리나라는 설날에 가족들이 큰집에 모여 떡국을 먹습니다. 아이들은 세배한 뒤 세뱃돈을 받기도 합니다. 그런데 우리나라처럼 모든 나라에 설날이 있는 것은 아닙니다. 과연 다른 나라는 어떻게 새해를 맞이할까요?

다른 나라도 저마다의 새해 풍습을 가지고 있습니다. 에콰도르는 짚으로 인형을 만들어 가족들의 오래된 옷을 입힙니다. 이 짚 인형에게 가족들의 잘못을 알리는데, 1월 1일이 되면 인형을 불태운다고 합니다. 인형과 함께 잘못은 날려 버리고 새해엔 새롭게 출발한다는 뜻을 담고 있습니다.

벨기에는 12월 31일이 되면 친구나 가족에게 편지와 선물을 준비합니다. 준비한 편지를 직접 부모님 앞에서 읽기도 합니다. 러시아는 12월 31일에 사람들이 모스크바에 있는 크렘린궁으로 모여듭니다. 크렘린 앞 광장에 모여 선물을 교환하거나 불꽃놀이를 하며 새해를 맞이합니다.

한편, 스코틀랜드는 12월 31일 저녁을 '호그마니'라고 부릅니다. 이날 사람들은 자정이 되면 첫 번째 손님을 기다립니다. 첫 번째 손님에 따라 그해의 운이 정해진다고 믿기 때문입니다.

풍습 옛날부터 사회에 전해 오는 습관 風바람 풍 習익힐 습

자정 밤 열두 시 子아들 자 正바를 정

8주차

회차	영역	학습 내용	학습계획일	맞은 문제수
36회	독서 과학	**동물도 말을 할까** 동물의 언어에 대한 설명문입니다. 동물들은 각각 어떤 언어가 있는지 유형별로 분류해 보며 읽는 것을 연습해 보는 회차입니다.	월 일	독해 7문제 중 □개 어법·어휘 10문제 중 □개
37회	독서 기타	**편식을 하지 말자** 편식에 관한 논설문입니다. 글쓴이의 주장을 파악해 보고 내용을 정리해 보는 회차입니다.	월 일	독해 7문제 중 □개 어법·어휘 8문제 중 □개
38회	독서 국어	**인터넷 실명제** 인터넷 실명제에 관한 두 학생의 토론글입니다. 각 학생들의 주장과 근거를 정리해보고 파악해 보는 회차입니다.	월 일	독해 7문제 중 □개 어법·어휘 9문제 중 □개
39회	문학 동시	**말의 빛** 이 시는 아름다운 우리말을 자연의 아름다운 모습에 비유해 그 아름다움을 표현했습니다. 표현하고자 하는 우리말과 그 우리말을 빗댄 자연의 모습을 상상하면서 화자가 왜 그렇게 비유했는지 그 까닭을 독해해 보는 연습을 하는 회차입니다.	월 일	독해 7문제 중 □개 어법·어휘 10문제 중 □개
40회	문학 전래동화	**오성과 한음** 오성과 한음의 이야기입니다. 감나무에 열린 감 때문에 벌어지는 일을 주인공이 어떻게 풀어가는지 독해해 보는 회차입니다.	월 일	독해 7문제 중 □개 어법·어휘 8문제 중 □개

독서 | 설명문

36회

공부한 날 □월 □일
시작 시간 □시 □분

독해력 3단계 36회
▲ QR코드를 찍으면
지문 읽기를 들을 수 있어요

여러분은 친구들에게 내 생각을 전하고 싶을 때 어떻게 하나요? 서로 말을 하거나 글을 써서 자신의 생각을 전하지요. 이렇게 사람들은 평상시에 **언어**를 사용하여 의사소통을 합니다. 그렇다면 동물들은 어떻게 할까요? 사람처럼 언어를 가지고 의사소통하는 동물들이 있을까요?

꿀벌은 꿀을 발견하면 벌집으로 돌아와 춤을 추어 친구들에게 발견한 꿀에 대해 알려 줍니다. 그런데 꿀이 있는 방향과 거리는 물론 꿀의 **질**에 이르기까지 상당히 정확하게 전달한다고 합니다. 둥글게 원을 그리며 춤을 추면 꽃이 아주 가까이에 있다는 뜻입니다. 그리고 8자 모양을 그리며 춤을 추면 꽃이 멀리 있다는 뜻입니다. 이처럼 꿀벌들이 추는 춤은 꽃에 대한 정보를 전달할 수 있는 기호라는 점에서 사람들의 언어와 비슷합니다.

돌고래는 휘파람 소리나 끽끽 소리 등 다양한 소리를 내어 자기가 누구인지, 어디에 있는지를 다른 돌고래에게 알려 줍니다. 만약 새끼 돌고래가 길을 잃으면 어미 돌고래는 큰 소리로 휘파람을 붑니다. 그러면 ㉠그 소리를 듣고 새끼 돌고래가 대답을 해서 어미 돌고래가 새끼 돌고래를 찾을 수 있게 됩니다.

사람과 가장 **유사**하다고 하는 침팬지는 숨을 몰아쉬며 소리를 내는데 이 소리로 서로에게 연락을 취합니다. 어떤 동물학자는 침팬지들에게 언어를 가르쳐 보기도 했습니다. 그러자 650가지가 넘는 문장을 이해했고 4~5살 정도의 아이가 말하는 **수준**의 문장을 만들 수 있는 침팬지도 있었다고 합니다.

이처럼 몇몇의 동물들은 그들 나름대로의 언어를 가지고 서로의 생각을 전할 수 있습니다. 그러나 이 동물들이 사용하는 단어의 수는 사람들의 언어와는 비교가 안될 만큼 매우 적습니다. 또한 대체적으로 그때그때의 감정을 표현하는 데 지나지 않는다고 합니다. 따라서 사람들이 사용하는 언어와는 많은 차이가 있다고 할 수 있습니다.

1
중심
생각

이 글의 제목을 지어 보세요.

☐☐ 들의 ☐☐☐☐

2
세부
내용

이 글에서 예시로 든 동물을 <u>모두</u> 쓰세요.

☐☐ , ☐☐☐ , ☐☐☐

3
세부
내용

글의 내용과 일치하지 <u>않는</u> 것을 고르세요. ┈┈┈┈┈┈┈┈┈┈ [   ]

① 꿀벌은 소리를 내어 생각을 전달합니다.

② 동물의 언어는 사람의 언어와 차이가 있습니다.

③ 사람은 언어를 이용하여 서로의 생각을 전달합니다.

④ 돌고래는 휘파람 소리나 끽끽 소리를 낼 수 있습니다.

⑤ 침팬지는 숨을 몰아쉬는 소리로 서로에게 연락을 취합니다.

4
어휘
표현

'사물의 가치에 관한 정보'를 나타내는 낱말을 글에서 찾아 쓰세요.

☐

🧻 어려운 낱말 풀이 | ① **언어** 생각이나 느낌을 전달하는 수단인 말과 글 言말씀 언 語말씀 어 ② **질** 사물의 가치에 관한 정보, 이 글에서는 꿀의 영양가나 맛 등을 뜻함 質바탕 질 ③ **유사** 서로 비슷함 類무리 유 似같을 사
④ **수준** 사물의 가치나 질 따위의 기준이 되는 일정한 정도 水물 수 準수준 준

5

내용
적용

꿀벌이 춤을 추고 있습니다. 춤을 추는 꿀벌을 보고 친구들이 알 수 있는 것을 고르세요.
.... [   ]

① 꽃이 멀리 떨어져 있나봐.

② 몸이 아프다고 말하고 있나봐.

③ 새끼를 잃어버려서 찾고 있나봐.

④ 자기가 어디에 있는지 알려 주고 있어.

⑤ 적이 나타나서 위험하다고 알려 주고 있어.

6

세부
내용

밑줄 친 ㉠은 무엇인지 쓰세요.

| | | | 소리

7

추론

이 글이 어떤 질문에 관한 답변이라고 할 때, 그 질문은 어떤 질문이었을지 고르세요.
.... [   ]

① 동물도 잠을 자나요?

② 동물도 말을 하나요?

③ 돌고래는 동물인가요?

④ 꿀벌의 종류는 무엇인가요?

⑤ 침팬지는 왜 사람과 가장 비슷한가요?

36회 어법·어휘편 본문에 나온 어휘들만 따로 모아 복습하는 순서입니다.

[1단계]   아래의 낱말에 알맞은 뜻을 선으로 이어 보세요.

[1] 언어 •　　　　　• ㉠ 사물의 가치나 질 따위의 기준이 되는 일정한 정도

[2] 유사 •　　　　　• ㉡ 생각이나 느낌을 전달하는 수단인 말과 글

[3] 수준 •　　　　　• ㉢ 서로 비슷함

[2단계]   아래 문장의 빈칸에 알맞은 낱말을 [보기]에서 찾아서 써넣으세요.

> [보 기]　　　　　언어　　　유사　　　수준

[1] 이렇게 완벽하다니, 너희들은 정말 　□□ 이(가) 높구나.

[2] 우리나라와 일본은 서로 사용하는 　□□ 이(가) 다르지.

[3] 이 사건은 10년 전에 일어났던 사건과 아주 　□□ 한 사건이래.

[3단계]   설명을 읽고 밑줄 친 낱말이 문장에서 쓰인 뜻을 찾아 번호를 쓰세요.

> [보 기]　**불다**　① 바람이 일어나서 어느 방향으로 움직이다.
> 　　　　　　　　② 유행, 풍조, 변화 따위가 일어나 휩쓸다.
> 　　　　　　　　③ 입을 오므리고 날숨을 내어보내어, 입김을 내거나
> 　　　　　　　　　 바람을 일으키다.
> 　　　　　　　　④ 관악기를 입에 대고 숨을 내쉬어 소리를 내다.

[1] 경민이는 풍선을 크게 <u>불어</u> 아이들에게 나누어 주었다. (　　)

[2] 학생들 사이에 서양 문화가 <u>불어</u> 닥쳤다. (　　)

[3] 형은 통소로 팝송을 곧잘 <u>분다</u>. (　　)

[4] 저녁때가 되자 세찬 바람이 <u>불기</u> 시작했다. (　　)

시간 **끝난 시간** □ 시 □ 분　　채점 **독해** 7문제 중 □ 개　　← 스스로 붙임딱지
1회분 푸는 데 걸린 시간 □ 분　　　　**어법·어휘** 10문제 중 □ 개　　문제를 다 풀고 맨 뒷장에 있는 붙임딱지를 붙여보세요.

8주 36회

해설편 019쪽

독서 | 논설문 | 관련교과 : 초등체육3 1.건강과 생활습관

37회

공부한 날 ☐ 월 ☐ 일
시작 시간 ☐ 시 ☐ 분

독해력 3단계 37회
▲ QR코드를 찍으면
지문 읽기를 들을 수 있어요

편식이란 음식에 대한 **기호**^①에 따라 한쪽으로 **치우친**^② 식사 방법을 뜻합니다. 이러한 식습관은 몸에 나쁜 영향을 줍니다. 그러나 문제는 알면서도 이런 식습관을 고치지 못하는 사람들이 많다는 것입니다.

편식이 지속되면 영양 **불균형**^③이 생깁니다. 예를 들어 고기에는 지방과 단백질이 많이 들어 있는데 고기만 계속 먹게 되면 우리 몸에 필요한 다른 영양분들에 비해 지방과 단백질이 많이 쌓이게 됩니다. 이렇게 되면 우리 몸은 비만, 혹은 **영양실조**^④가 되거나 각종 질병에 걸리기 쉬워집니다.

또한 신체 기능에 문제를 일으키기도 합니다. 그 이유는 영양 불균형이 생기면 다른 영양분이 **결핍**^⑤되고 결핍이 **지속**^⑥되면 우리 몸이 제대로 된 기능을 하지 못하게 되기 때문입니다. 예를 들어 비타민A가 부족하면 밤에 앞이 잘 보이지 않게 되는 야맹증에 걸리기 쉽다고 합니다.

그렇다면 이러한 편식을 줄일 수 있는 방법에는 무엇이 있을까요? 우선, 싫어하는 음식에 대한 **거부감**^⑦을 없애는 것이 중요합니다. 그러기 위해서는 싫어하는 음식을 억지로 먹는 것보다는 좋아하는 음식과 섞어 다양한 형태의 음식물로 섭취하는 것이 좋습니다. 거부감을 느끼는 음식을 좋아하는 음식과 섞어 주스로 마시거나 **즙**^⑧을 내어 소스에 섞어 먹는 방법, 싫어하는 채소를 잘게 썰어 만든 볶음밥, 혹은 갈아서 밀가루에 섞어 만드는 쿠키 등 다양한 방법이 있습니다.

㉠어릴 때부터 건강한 식습관을 가지게 되면 어른이 되어서도 건강한 식습관을 가지게 됩니다. 그러나 잘못된 식습관을 가지게 된다면 영양 불균형으로 인해 몸의 기능에 문제가 생기게 됩니다. 단순히 키가 커지기 위해서가 아니라 나의 건강을 위해 이제는 편식을 하지 말고 건강한 식습관을 갖도록 노력해야 합니다.

1
중심
생각

제목을 지어 보세요.

☐☐을 하지 말자.

2
세부
내용

다음 중 이 글에 나오지 <u>않는</u> 내용은 무엇인가요? ———————————— [　　　]

① 편식의 뜻　　　　　　　　　　　② 편식을 줄일 수 있는 방법

③ 편식이 지속되면 생기는 문제점　　④ 건강한 식습관을 가진 어른들의 생활

⑤ 싫어하는 음식에 대한 거부감을 없애는 방법

3
세부
내용

다음 중 편식을 줄이기 위해 실천한 방법 중 옳지 <u>않은</u> 것을 고르세요. ————— [　　　]

① 싫어하는 채소를 좋아하는 요구르트에 섞어 먹는다.

② 싫어하는 채소를 밀가루에 섞어 쿠키를 만들어 먹는다.

③ 싫어하는 채소를 크게 썰어 좋아하는 고기와 섞어 먹는다.

④ 싫어하는 채소를 즙 내어 좋아하는 과일 주스에 섞어 마신다.

⑤ 싫어하는 채소를 즙 내어 좋아하는 바비큐 소스에 섞어 먹는다.

4
구조
알기

빈칸을 채워 이 글을 정리해 보세요.

> 1. ☐☐의 뜻
>
> 2. 편식이 지속되면 생기는 것 ① : ☐☐☐☐☐
>
> 3. 편식이 지속되면 생기는 것 ② : ☐☐☐☐의 문제
>
> 4. 편식을 줄일 수 있는 방법 : 싫어하는 음식에 대한 ☐☐☐을 없애는 것
>
> 5. 건강한 ☐☐☐의 중요성

8주
37
회

해설편
0
2
0
쪽

🧻 어려운 낱말 풀이 ① **기호** 즐기고 좋아함 嗜즐길 기 好좋을 호 ② **치우친** 균형을 잃고 한쪽으로 쏠린 ③ **불균형** 어느 편으로 치우쳐 고르지 않음 不아닐 불 均고를 균 衡저울대 형 ④ **영양실조** 몸속의 영양이 부족한 상태 營경영할 영 養기를 양 失잃을 실 調고를 조 ⑤ **결핍** 있어야 할 것이 없어지거나 모자람 缺이지러질 결 乏모자랄 핍 ⑥ **지속** 어떤 상태가 오래 계속됨 持가질 지 續이을 속 ⑦ **거부감** 어떤 것에 대해 받아들이고 싶지 않은 느낌 拒막을 거 否아닐 부 感느낄 감 ⑧ **즙** 물기가 들어 있는 물체에서 짜낸 액체

5 다음 중 밑줄 친 ㉠을 나타낼 수 있는 속담을 찾아 보세요. ------------------------ [   ]

어휘
표현

① 티끌 모아 태산   ② 백지장도 맞들면 낫다.

③ 세 살 버릇 여든까지 간다.   ④ 고래 싸움에 새우 등 터진다.

⑤ 백 번 듣는 것보다 한 번 보는 것이 낫다.

6 글의 중심 내용이 잘 드러나도록 빈칸에 알맞은 말을 쓰세요.

내용
적용

편식이란 음식에 대한 기호에 따라 한쪽으로 치우친 ☐☐☐☐ 이다.

아이들은 맛에 대해 예민하여 채소에 대한 ☐☐☐ 을 가지는 경우가 많다.

이렇게 시작된 편식이 지속되면 ☐☐☐☐ 이 생긴다.

또한 편식은 우리 몸의 기능에 문제를 일으키기도 한다.

편식을 줄이기 위해서는 ☐☐☐☐☐ 에 대한 거부감을

없애는 것이 중요하다.

7 [보기]는 은서가 자신의 아버지에 대해 쓴 글입니다. 이 글을 읽고 은서가 아버지에게 해 줄

추론
말을 고르세요. -- [   ]

[보기]

　우리 아버지는 물건을 배달하는 택배 기사이십니다. 일이 많은 경우에는 끼니를
거르시기도 하고 밤을 새면서 일하시기도 합니다. 그래서 그런 것인지 아버지는
항상 피곤해 하십니다. 얼마 전부터는 밤에 퇴근하시고 집에 오실 때 앞이 잘 안
보이신다고 하십니다. 저희 아버지가 이제 안경을 쓰셔야 할 것 같다는 생각이 듭니다.
하지만 낮에는 잘 보이신다고 하셔서 무엇이 문제인지 걱정스럽습니다.

① 잠을 푹 자야 한다고 말하기

② 스트레스를 받지 말라고 말하기

③ 규칙적인 생활을 해야 한다고 말하기

④ 끼니를 잘 챙겨 드셔야 한다고 말하기

⑤ 일을 그만 두시고 다른 일을 하시라고 말씀 드리기

[1단계] 아래의 낱말에 알맞은 뜻을 선으로 이어 보세요.

[1] 영양실조 •　　　　　　• ㉠ 어떤 상태가 오래 계속됨

[2] 결핍　　•　　　　　　• ㉡ 있어야 할 것이 없어지거나 모자람

[3] 지속　　•　　　　　　• ㉢ 몸속의 영양이 부족한 상태

[2단계] 아래 문장의 빈칸에 알맞은 낱말을 [보기]에서 찾아서 써넣으세요.

[보 기]　　　　　영양실조　　　결핍　　　지속

[1] 편식을 계속 하면 우리 몸은 비만, 혹은 [　　　　　] 이(가) 되거나 각종 질병에 걸리기 쉬워집니다.

[2] 결핍이 [　　　　　] 되면 우리 몸이 제대로 된 기능을 하지 못하게 됩니다.

[3] 영양 불균형이 생기면 다른 영양분이 [　　　　　] 됩니다.

[3단계] 다음 속담의 알맞은 뜻을 찾아 번호를 쓰세요.

[1] 하늘이 무너져도 솟아날 구멍이 있다. ─────────── [　　　]

　　① 이미 일을 그르친 뒤에 손질을 하거나 뉘우쳐도 소용없다.

　　② 아무리 어려운 일에 부닥쳐도 살아나갈 희망은 반드시 있다.

[2] 천 리 길도 한 걸음부터 ─────────────────── [　　　]

　　① 무슨 일이든지 그 일의 시작이 중요하다.

　　② 작은 나쁜 짓도 자꾸 하게 되면 더 큰 잘못을 저지르게 된다.

시간　**끝난 시간** [　]시 [　]분　　채점　**독해** 7문제 중 [　]개

1회분 푸는 데 걸린 시간 [　]분　　**어법·어휘** 8문제 중 [　]개

← 스스로 붙임딱지
문제를 다 풀고
맨 뒷장에 있는
붙임딱지를
붙여보세요.

독서 | 토론 | 교과연계 : 초등사회3-1 3.교통과 통신 수단의 변화

38회

공부한 날 ☐월 ☐일
시작 시간 ☐시 ☐분

독해력 3단계 38회
▲ QR코드를 찍으면
지문 읽기를 들을 수 있어요

토론 주제 : ☐ ☐ ☐ ☐ ☐ ☐

상준 : 인터넷은 자신의 생각을 자유롭게 **표출**^①하는 공간입니다. 인터넷으로 **운영**^②되는 학교 홈페이지 또한 우리의 생각을 ㉠<u>나타내는</u> 공간입니다. 따라서 학교 홈페이지는 **실명제**^③가 아닌 **익명**^④으로 운영되는 것이 옳다고 생각합니다.

나래 : 하지만 학교 홈페이지가 익명으로 운영되기 때문에, 학교 게시판에 요즘 장난스런 **게시글**^⑤이 많이 올라오고 있습니다. 심지어 친구를 놀리거나 선생님 흉을 보는 글들도 있습니다. 이러한 **인신공격**^⑥은 매우 심각한 문제입니다. 학교 홈페이지 같은 예의를 지켜야 하는 공간에서는 인터넷 실명제를 실시해야 합니다.

상준 : 인신공격이 심각한 문제라는 점은 저도 동의합니다. 하지만 이는 꼭 인터넷 실명제가 아닌 다른 방법으로도 충분히 막을 수 있습니다. 예를 들어 홈페이지 관리자에게만 익명의 글이더라도 누가 글을 썼는지 알 수 있는 **권한**^⑦을 주는 방법이 있습니다. 홈페이지 관리자 선생님이 장난스런 글을 쓴 학생을 따로 불러 교육한다면 장난스런 글들은 해결될 수 있다고 생각합니다.

나래 : 하지만 그런 방법도 분명 **한계**^⑧가 있을 거라고 생각합니다. 관리자 선생님이 그 많은 글들을 하나하나 확인하기엔 시간도 오래 걸리고, 그 전에 글을 게시한 학생이 글을 **수정**^⑨해 버릴 수도 있습니다. 따라서 인터넷 실명제가 가장 좋은 방법입니다.

상준 : 저는 무엇보다도 인터넷에서는 자신의 생각을 자유롭게 표출하는 것이 가장 중요하다고 생각하는 바입니다. 인터넷 실명제가 된다면 자신의 생각을 자유롭게 표출하는 데에 한계가 따를 수밖에 없다고 생각합니다.

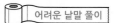
어려운 낱말 풀이

① **표출** 겉으로 나타냄 表겉 표 出날 출 ② **운영** 어떤 대상을 관리해 나감 運돌 운 營경영할 영 ③ **실명제** 실제 이름을 밝히는 제도 實열매 실 名이름 명 制제도 제 ④ **익명** 이름을 숨기는 것 匿숨을 익 名이름 명 ⑤ **게시** 여러 사람에게 알리기 위하여 내붙이거나 내걸어 두루 보게 함 揭들 게 示보일 시 ⑥ **인신공격** 남의 일에 대하여 헐뜯고 비난함 人사람 인 身몸 신 攻칠 공 擊부딪칠 격 ⑦ **권한** 어떤 사람이나 기관이 무언가를 할 수 있게 해주는 권리 權저울추 권 限한계 한 ⑧ **한계** 사물이나 능력, 책임 따위가 실제 작용할 수 있는 범위, 제한 限한계 한 界지경 계 ⑨ **수정** 고쳐서 정돈함 修닦을 수 整가지런할 정

1
중심
생각

이와 같은 형식의 글은 토론입니다. 토론의 목적은 무엇인가요? ──────── [   ]

① 상대방을 비난하고 헐뜯는 것

② 자신이 잘못한 점을 반성하는 것

③ 자신의 말이 최고라고 주장하는 것

④ 상대방에게 도와 달라고 부탁하는 것

⑤ 상대방과 생각을 나누며 설득하는 것

2
중심
생각

이 토론의 주제이자 쟁점②은 무엇인가요?

☐ ☐ ☐ ☐ ☐ 를 해야 하는가?

해설편 020쪽

3
세부
내용

글의 내용과 일치하지 <u>않는</u> 것을 고르세요. ──────── [   ]

① 나래는 인터넷 익명제를 반대한다.

② 상준이는 인터넷 실명제를 반대한다.

③ 학교 홈페이지에 장난스런 글이 게시되고 있다.

④ 학교 홈페이지는 인터넷 실명제로 운영되고 있다.

⑤ 나래와 상준이는 서로 상대방의 주장에 한계가 있다고 생각한다.

4
어휘
표현

밑줄 친 ㉠ 대신에 쓸 수 있는 두 글자의 낱말을 윗글에서 찾아 쓰세요.

☐ ☐

🧻 어려운 낱말 풀이 | ① **토론** 어떤 문제에 대하여 여러 사람이 각각 의견을 말함 討칠 토 論말할 론
② **쟁점** 서로 다투는 중심이 되는 주제 爭다툴 쟁 點점 점

5 다음 중 나래와 상준이 모두 "예"라고 대답할 수 있는 질문을 고르세요. ·············· [   ]

내용
적용

① 인터넷 실명제를 찬성하나요?

② 인터넷 익명제는 유지해야 하나요?

③ 인신공격은 심각한 문제라고 생각하나요?

④ 장난스런 글은 인터넷 실명제로 충분히 막을 수 있나요?

⑤ 학교 홈페이지는 예의를 차리지 않아도 되는 공간인가요?

6 아래의 주장은 누구의 의견을 뒷받침해 줄 수 있나요?

추론

> 최근 소식에 따르면 많은 학생들이 장난 글을 올렸다가 관리자가 조사하기 전에 글을 삭제하거나 수정하는 것으로 나타났다. 하지만 글을 수정하거나 삭제한다 해도 이미 당사자는 그 글을 본 상태이기 때문에 크나큰 상처를 받게 된다.

☐ ☐

7 표를 채우면서 이 글의 핵심을 다시 정리해 보세요.

구조
알기

쟁점 : 인터넷 ☐ ☐ ☐	
찬성하는 학생 : ☐ ☐	반대하는 학생 : ☐ ☐
까닭 : 학교 홈페이지는 ☐ ☐ 를 지켜야 하는 공간인데, ☐ ☐ 공격 등의 장난스런 게시글이 올라오기 때문이다.	까닭 : 자신의 ☐ ☐ 을 ☐ ☐ 롭게 표출하는 것은 중요하기 때문이다.

[1단계] 아래의 낱말에 알맞은 뜻을 선으로 이어 보세요.

[1] 익명 •　　　　　　　　• ㉠ 여러 사람에게 알리기 위하여
　　　　　　　　　　　　　　　내붙이거나 내걸어 두루 보게 함

[2] 게시 •　　　　　　　　• ㉡ 사물이나 능력, 책임 따위가 실제 작용할
　　　　　　　　　　　　　　　수 있는 범위, 제한

[3] 한계 •　　　　　　　　• ㉢ 이름을 숨김

[2단계] 아래 문장의 빈칸에 알맞은 낱말을 [보기]에서 찾아서 써넣으세요.

> [보기]　　　　　익명　　　게시　　　한계

[1] 아직도 포기하지 않다니, 너는 □□를 모르는구나.

[2] □□의 누군가가 나에게 선물을 보내 주었다.

[3] 선생님께서는 공지 사항을 □□하셨다.

[3단계] 토론에서 쓰이는 아래의 낱말의 알맞은 뜻에 선을 이어 보세요.

[1] 의견　•　　　　　• ㉠ 많은 사람의 생각에 따라 결정하는 것
[2] 쟁점　•　　　　　• ㉡ 어떤 대상에 대하여 가지는 생각
[3] 다수결　•　　　　　• ㉢ 서로 다투는 중심이 되는 주제

8
주
38
회

해설편 020쪽

시간 **끝난 시간** □시 □분　　채점 **독해** 7문제 중 □개　　← 스스로 붙임딱지

1회분 푸는 데 걸린 시간 □분　　　**어법·어휘** 9문제 중 □개　　문제를 다 풀고 맨 뒷장에 있는 붙임딱지를 붙여보세요.

문학 | 시 | 국어(읽기)5-2

39회

공부한 날 　　월 　　일
시작 시간 　　시 　　분

독해력 3단계 39회
▲ QR코드를 찍으면
지문 읽기를 들을 수 있어요

말의 빛

이해인

쓰면 쓸수록 정드는 오래 된 말
㉠닦을수록 빛을 내며 자라는
고운 우리말

"사랑합니다"라는 말은
억지를 부리지 않아도
하늘에 **절로** 피는 노을 빛
나를 내어 주려고
내가 타오르는 빛

"고맙습니다"라는 말은
언제나 **부담** 없는
푸르른 소나무 빛
나를 키우려고
내가 **싱그러워지는** 빛

"**용서**하세요"라는 말은
부끄러워 스러지는
겸허한 반딧불 빛
나를 비우려고
내가 작아지는 빛

1 이 시의 중심 글감은 무엇인가요?

중심
생각

☐ ☐ ☐ ☐ ☐

2 말하는 이는 무엇을 하고 있나요? ─────────────── [   ]

요소

① 즐거웠던 경험을 떠올리고 있다.　　② 누군가에게 고마움을 전하고 있다.

③ 아름다운 저녁 풍경을 바라보고 있다.　④ 자신의 잘못된 습관을 반성하고 있다.

⑤ 우리말의 아름다움을 이야기하고 있다.

3 밑줄 친 ㉠ 대신에 쓸 수 있는 표현을 고르세요. ─────── [   ]

어휘
표현

① 주변을 깨끗하게 정돈할수록　　② 말을 곱게 다듬고 계속 쓸수록

③ 말가죽을 윤기 나게 손질할수록　④ 눈물을 닦고 마음을 다잡을수록

⑤ 열심히 공부해서 성적이 좋아질수록

4 다음은 이 시의 내용을 정리한 표입니다. 빈칸에 들어갈 알맞은 말을 쓰세요.

작품
이해

고운 우리말	빛	이유
고운 우리말은 닦아서 쓸수록 **빛**을 내며 자란다.		
"☐ ☐ ☐ ☐ ☐"	노을 빛	지면서도 빛을 남기는 노을처럼 온 마음을 다해 자신을 내어 주는 말이라서
"고맙습니다"	☐ ☐ ☐ ☐	고마워하는 마음을 가지면 늘 푸른 마음으로 스스로 성장할 수 있어서
"용서하세요"	☐ ☐ ☐ ☐	작고 조심스럽게 반짝이듯 자신의 부끄러운 허물을 겸허하게 인정하는 말이라서

🧻 어려운 낱말 풀이　① **억지** 잘 안될 일을 무리하게 기어이 해내려는 고집　② **절로** 저절로(다른 힘을 빌리지 아니하고 제 스스로. 또는 인공의 힘을 더하지 아니하고 자연적으로)　③ **부담** 어떠한 의무나 책임을 짐 負질 부 擔멜 담　④ **싱그러워지는** 싱싱하고 맑은 향기를 지니게 되는　⑤ **용서** 꾸짖거나 벌하지 아니하고 덮어 줌 容용납할 용 恕용서할 서　⑥ **스러지는** 차차 희미해지면서 없어지는　⑦ **겸허** 스스로 자신을 낮추고 비우는 태도가 있음 謙겸손할 겸 虛빌 허

5

추론
적용

시를 통해 얻을 수 있는 교훈으로 가장 적절한 속담을 고르세요. ------------- [   ]

① 빛 좋은 개살구.

② 가는 말에 채찍질한다.

③ 되로 주고 말로 받는다.

④ 가지 많은 나무에 바람 잘 날 없다.

⑤ 비단이 곱다 해도 말 같이 고운 것은 없다.

6

작품
이해

이 시의 내용과 가장 어울리는 경험을 말한 친구를 고르세요. ------------- [   ]

① 민정 : 하나밖에 안 남은 간식을 오빠가 양보해 주어서 고마웠어.

② 우형 : 주말에 가족들과 시골로 여행을 가서 정다운 시간을 보냈어.

③ 다빈 : 심한 말다툼을 했던 친구에게 먼저 미안하다고 말하고 화해했어.

④ 예원 : 방과 후에 친구들과 근처 뒷산에 나무를 심고 새집을 지어 주었어.

⑤ 승섭 : 낱말 공부에 관심이 생겨서 어제 국어 문제집을 사고 공부를 시작했어.

7

추론
적용

어려운
문제 ★

[보기]와 이 시의 공통점으로 알맞지 <u>않은</u> 것을 고르세요. ------------- [   ]

> [보 기] **나를 키우는 말**
>
> 이해인
>
> 행복하다고 말하는 동안은   아름답다고 말하는 동안은
> 나도 정말 행복해서   나도 잠시 아름다운 사람이 되어
> 마음에 맑은 샘이 흐르고   마음 한 자락이 환해지고
>
> 고맙다고 말하는 동안은   좋은 말이 나를 키우는 걸
> 고마운 마음 새로이 솟아올라   나는 말하면서
> 내 마음도 더욱 순해지고   다시 알지

① 중심 글감이 같다.

② 말하고 싶은 내용이 같다.

③ 색깔을 나타내는 표현을 사용하고 있다.

④ 곱고 좋은 말들의 예를 들어 설명하고 있다.

⑤ 아름다운 말이 나에게 주는 영향에 대해 이야기하고 있다.

[1단계] 아래의 낱말에 알맞은 뜻을 선으로 이어 보세요.

[1] 억지 •

• ㉠ 지은 죄나 잘못한 일에 대하여 꾸짖거나 벌하지 않고 덮어 줌

[2] 용서 •

• ㉡ 잘 안될 일을 무리하게 기어이 해내려는 고집

[3] 겸허 •

• ㉢ 스스로 자신을 낮추고 비우는 태도가 있음

[2단계] 아래 문장의 빈칸에 알맞은 낱말을 [보기]에서 찾아서 써넣으세요.

[보기]   절로   겸허   부담

[1] 책가방 안이 텅 비어 있는 것을 확인하자 식은땀이 ☐ ☐ 났다.

[2] 세진이는 선생님의 칭찬에도 자만하지 않고 ☐ ☐ 한 자세를 지켰다.

[3] 꼭 사지 않아도 괜찮으니 ☐ ☐ 갖지 말고 편하게 둘러보세요.

[3단계] [보기]를 읽고 밑줄 친 낱말이 문장에서 쓰인 뜻을 찾아 번호를 쓰세요.

[보기] **닦다** ① 더러운 것을 없애거나 윤기를 내려고 거죽을 문지르다.
② 물기를 없애다.
③ 길을 내다.
④ 학문이나 기술을 배우고 익히다.

[1] 그는 열심히 재주를 **닦아** 열일곱의 나이에 높은 관직에 올랐다.   (   )

[2] 옷소매로 눈물을 얼마나 **닦아** 냈는지 눈 주위가 빨개져 있었다.   (   )

[3] 첫 휴가를 나온 삼촌의 군화는 여러 번 **닦아** 반들반들 윤이 났다. (   )

[4] 차가 다닐 수 있도록 울퉁불퉁했던 길을 평평하게 잘 **닦아** 놓았다. (   )

8주 39회 해설편 021쪽

시간 **끝난 시간** ☐ 시 ☐ 분   채점 **독해** 7문제 중 ☐ 개
1회분 푸는 데 걸린 시간 ☐ 분   **어법·어휘** 10문제 중 ☐ 개

↞ 스스로 붙임딱지
문제를 다 풀고 맨 뒷장에 있는 붙임딱지를 붙여보세요.

40회

문학 | 전래동화 | 관련교과: 초등국어3-1㉯ 8.의견이 있어요 (2018개정)

공부한 날 　월　일
시작 시간 　시　분

독해력 3단계 40회
▲ QR코드를 찍으면
지문 읽기를 들을 수 있어요

　오성의 집 널따란 마당에는 큰 감나무가 있었습니다. 얼마나 큰 감나무였던지 가지가 담을 넘어 오성의 옆집인 권 **판서** 댁까지 뻗어 있을 정도였습니다. 감나무에 **탐스럽게** 열린 감들은 보기만 해도 먹음직스러웠습니다.

　어느 가을날 오성의 집에 한음이 놀러 왔습니다. 오성과 한음은 동네에서 아주 친한 친구 사이였습니다.

　"오성아, 저 감 정말 맛있겠다. 우리 몇 개만 따 먹자!"

　한음이 담 너머에 있는 감을 가리키며 말했습니다.

　"㉠좋아!"

　오성은 담 너머에 열린 감을 따려 했습니다. 그런데 이를 지켜보던 권 판서 댁의 손자가 오성을 막았습니다.

　"왜 우리 집 감을 마음대로 따려고 하니?"

　"㉡그게 무슨 말이야? 이 감은 우리 집 감나무에 달린 감인데?"

　"아니지! 우리 집으로 가지가 이 만큼 넘어 와 있잖아. 감이 먹고 싶으면 너희 집 쪽에 있는 가지에 열린 감만 따서 먹어야지!"

　"그런 **경우**가 어디 있어? ㉢그 감나무는 우리 집에서 심었고 물과 거름도 우리 집에서 준 나무야. 그러니까 당연히 우리 집 감이지."

　하지만 권 판서 댁 손자는 **막무가내**였습니다. 결국 오성은 권 판서 댁으로 넘어간 가지에 달린 감을 따지 못했습니다.

　"오성아, 나에게 좋은 방법이 생각났어!"

　이 모습을 지켜보던 한음이 오성에게 말했습니다. 한음이 생각해 낸 방법을 들은 오성은 고개를 끄덕였습니다. 오성은 곧장 권 판서 댁에 들어가 권 판서를 찾았습니다. 권 판서는 방에서 책을 읽고 있었습니다.

　"밖에 누가 왔는가?"

　방 앞에서 **인기척**을 느낀 권 판서가 물었습니다. 그러자 오성이 대답했습니다.

　"㉣권 판서님, 저는 옆집에 사는 오성입니다."

　"그래, 어쩐 일이냐?"

　"잠시 저의 **무례함**을 용서하십시오."

　말이 끝나자마자 오성은 **창호지**를 바른 권 판서의 방문 안으로 팔을 쑥 밀어 넣었습니다. 권 판서는 방문을 뚫고 들어온 팔을 보고

깜짝 놀랐습니다.

"아니, 지금 무슨 짓이냐?"

"권 판서님, 지금 이 팔이 누구 팔이라고 생각하십니까?"

"너의 팔이지. 당연한 걸 왜 묻는 것이냐?"

"ⓜ 하지만 이 팔은 권 판서님의 방 안에 들어가 있지 않습니까? 따라서 권 판서님의 팔이 아닌가요?"

"내 방 안에 있을지라도 너의 몸에 붙어 있으니 너의 팔이 아니더냐?"

그 말을 들은 오성은 미소를 지으며 말했습니다.

"네, 권 판서님. 그렇다면 한 가지만 더 여쭙겠습니다. 권 판서님 댁으로 넘어온 감나무 가지에서 열린 감은 누구의 감입니까?"

"그야 물론 너의 집 감이 아니겠느냐? 우리 집에 가지가 넘어왔더라도 너의 집 감나무에서 열린 감이니까 말이다."

"그런데 왜 권 판서님의 손자는 그 감을 권 판서님 댁 감이라고 하는 것입니까?"

그제야 권 판서는 오성의 행동을 이해할 수 있었습니다.

"미안하구나. 우리 집 손자가 욕심을 부렸던 것 같구나. 내가 다시는 그러지 않도록 따끔하게 말해 두겠다."

그렇게 오성과 한음은 권 판서 댁에 열린 감을 되찾을 수 있었다고 합니다.

-전래 동화, 「오성과 한음」

1
중심
생각

이 이야기는 무엇 때문에 벌어진 이야기인가요?

[ ]

2
요소

이 이야기의 배경으로 알맞은 계절에 ○표를 해 보세요.

| 봄 | 여름 | 가을 | 겨울 |

어려운 낱말 풀이 ① **판서** 조선 시대 높은 벼슬 중 하나 判판가름할 판 書쓸 서 ② **탐스럽게** 맛있어 보여 마음이 몹시 끌리게 貪탐내다 탐- ③ **경우** 상황 境지경 경 遇만날 우 ④ **막무가내** 도무지 어찌할 수 없음 莫없다 막 無없다 무 可옳다 가 柰어찌 내 ⑤ **인기척** 사람의 기운 人사람 인 氣기운 기- ⑥ **무례** 예의가 없음 無없다 무 禮예절 례 ⑦ **창호지** 문을 바르는데 쓰는 얇은 종이 窓창 창 戶지게 호 紙종이 지

3
어휘
표현

‘남의 말은 듣지도 않고 오로지 제 고집만 부린다’는 뜻으로, 권 판서의 손자의 성격을 잘 나타내는 낱말을 위 글에서 찾아 네 글자로 쓰세요.

☐☐☐☐

4
세부
내용

다음 중 오성이 권 판서 댁으로 넘어간 감나무의 감을 자신의 것이라고 생각한 까닭으로 옳은 것을 고르세요. ────────────────────────────── [   ]

① ㉠   ② ㉡   ③ ㉢   ④ ㉣   ⑤ ㉤

5
세부
내용

이 이야기를 읽고 알 수 있는 내용을 고르세요. ──────────────────── [   ]

① 오성과 한음은 오늘 처음 만났다.

② 한음의 집 마당에는 감나무가 있다.

③ 한음은 권 판서 댁에서 살고 있다.

④ 오성의 집 감나무는 가지가 담을 넘어서까지 자랐다.

⑤ 권 판서의 손자는 오성과 한음에게 감을 조금씩 나눠 주었다.

6
작품
이해

다음 중 이 이야기와 다른 내용을 말하는 친구를 고르세요. ──────────── [   ]

① 예슬 : 오성과 한음은 정말 친한 친구인 것 같아.

② 인수 : 권 판서가 아마 손자에게 욕심을 부리지 말라고 말했겠지?

③ 태희 : 담 넘어서까지 자란 나무에서 열린 감은 얼마나 먹음직스러울까?

④ 소희 : 이야기에서 ‘판서’라는 낱말이 나오는 것을 보니 옛날 이야기인가봐.

⑤ 영찬 : 오성은 평소에도 권 판서를 많이 무서워했나봐. 자신감이 없어 보여.

7
작품
이해

오성이 권 판서의 방문 안으로 팔을 밀어 넣은 까닭을 써 보세요.

권 판서의 방문 안으로 밀어 넣은 오성의 ☐ 이 오성의 것인 것처럼, 담을 넘어간

감나무에 열린 ☐ 도 감나무 주인의 것이란 사실을 보여 주기 위해

40회 어법·어휘편
본문에 나온 어휘들만 따로 모아 복습하는 순서입니다.

[1단계] 아래의 낱말에 알맞은 뜻을 선으로 이어 보세요.

[1] 경우 •   • ㉠ 예의가 없음

[2] 무례 •   • ㉡ 소리 없이 빙긋이 웃음

[3] 미소 •   • ㉢ 상황

[2단계] 빈칸에 알맞은 낱말을 [보기]에서 골라 쓰세요.

[보 기]   경우   무례   미소

[1] 어머니께서 ☐☐ 를 지으며 나를 바라보셨어.

[2] 이렇게 ☐☐ 한 행동을 하다니! 반성해야겠구나.

[3] 이런 ☐☐ 에는 어떻게 해야 할까요?

[3단계] [보기]를 참고하여 알맞은 답을 쓰세요.

[보 기] 넓다 → 널따랗다

[1] 얇다 → ☐☐☐☐

[2] 짧다 → ☐☐☐☐

시간 끝난 시간 ☐시 ☐분
1회분 푸는 데 걸린 시간 ☐분

채점 독해 7문제 중 ☐개
어법·어휘 8문제 중 ☐개

← 스스로 붙임딱지
문제를 다 풀고
맨 뒷장에 있는
붙임딱지를
붙여보세요.

8주
40회

해설편 021쪽

며칠(○) / 몇 일(×)

벌써 2학기가 거의 끝나 가고 있습니다. 우리 반 친구들은 방학을 손꼽아 기다리고 있습니다.

수정 : 기태야, 오늘이 몇 월 몇 일이야?

기태 : 오늘은 12월 20일이야. 이제 방학까지 몇 일이나 남았지?

수정 : 딱 10일 남았어.

기태 : 방학이 정말 기대되는 걸!

수정 : 나도! 방학만 되면 늦잠을 실컷 잘 거야.

'며칠'과 '몇 일' 중에서 '며칠'이 바른 표현입니다. '몇 월 몇 일'의 경우 '몇 일'이 맞는 것처럼 생각할 수 있습니다. 그렇지만, 이 말이 [며둴] [며칠]로 소리 나는 것을 통해 [며칠]이 이미 한 단어로 굳어진 표현이라는 것을 알 수 있습니다. '몇 월'은 '몇'과 '월'이 각각 온전한 단어이므로 (몆 월) → [며둴]로 소리 납니다. '몇 일'의 경우도 '몇'과 '일'이 각각 온전하다면 (몆 일) → [며딜]처럼 소리 나야 하는데 그렇지 않고 [며칠]로 소리납니다. 그러므로 '몇 일'이 아닌 '며칠'로 쓰는 것이 맞습니다.

바르게 고쳐 보세요.

수정 : 오늘이 몇 월 **몇 일**이야?

→ 오늘이 몇 월 ☐☐ 이야?

기태 : 이제 방학까지 **몇 일**이나 남았지?

→ 이제 방학까지 ☐☐ 이나 남았지?

뿌리깊은 초등국어 독해력
낱말풀이 놀이

놀이를 하면서 그동안 공부했던 낱말을 복습해 보세요.

놀이 준비하기

뒤쪽에 있는 카드는 **점선에 따라 자른 후**
문제가 있는 면을 위로 하여 쌓아 두세요.

자른 카드는
**낱말풀이 카드
두는 곳**에
쌓아 두세요.

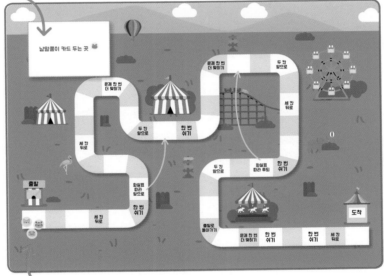

놀이 방법 설명서 뒤쪽에
놀이판이 있습니다.

카드가 있는 쪽의 첫 번째 칸에
놀이용 말 🐮 🐰 🐱 🐑 🐹 🐨 이 있습니다.
사람 수대로 잘라 **출발 칸**에 두세요.

※칼이나 가위를 쓸 때는 꼭 부모님과 함께 하세요.

놀이하는 방법

❶ 가위바위보 등을 하여 순서를 정하세요.
❷ 순서대로 가장 위에 있는 카드의 문제를 보고 맞히세요.
❸ 처음 문제를 본 친구가 문제를 풀지 못하면 다음 순서로 넘어갑니다.
❹ 문제를 풀었다면 카드에 적힌 숫자만큼 놀이말을 움직이세요.
❺ 만약 모든 친구가 문제를 풀지 못했다면 그 카드를 맨 밑에 넣으세요.
❻ 가장 먼저 도착한 친구가 승리하는 놀이입니다.

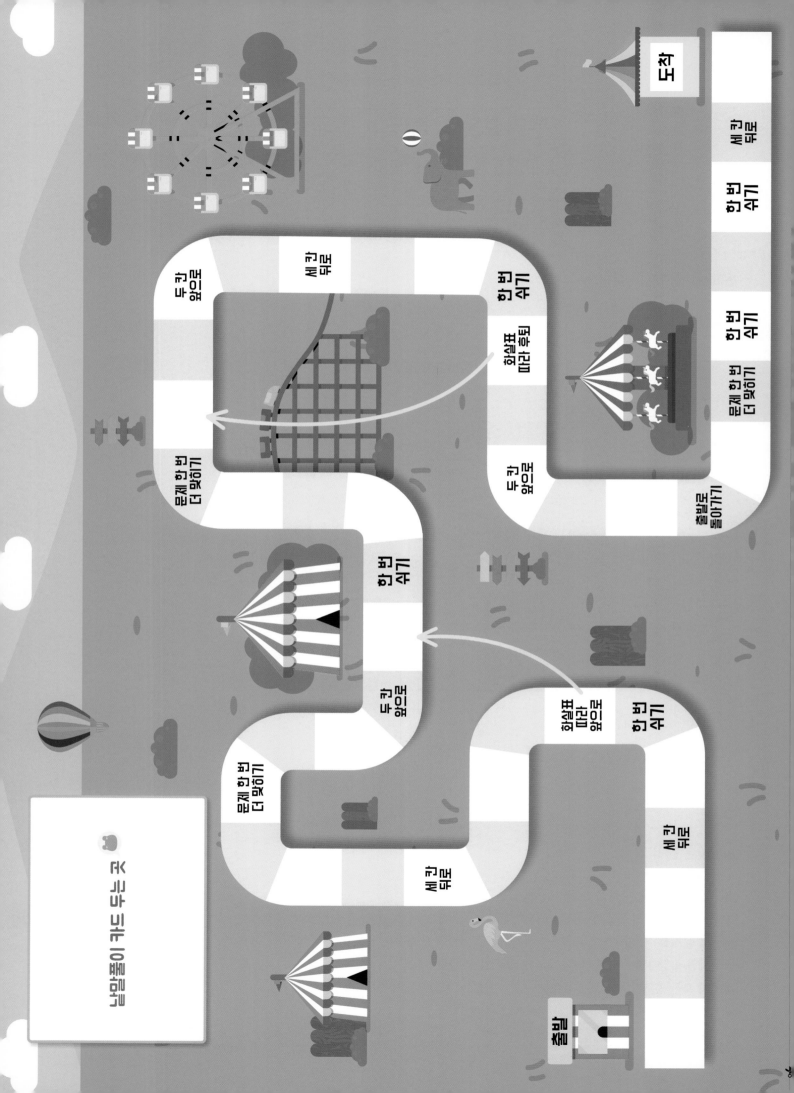

하루 15분 국어 독해력의 기틀을 다지는

뿌리깊은 초등국어 독해력

정답과 해설

3단계

초등 3 · 4학년
대상

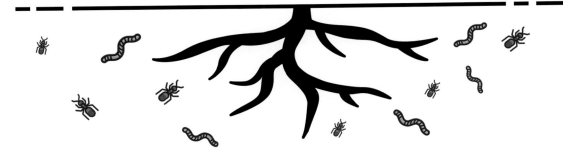

MOTHERTONGUE
마더텅출판사
since 1999.4.1.

이 책에 실린 작품

회차	제목	지은이	나온 곳	쪽수
4	바다	박필상	한국문학예술저작권협회	22쪽
9	잔디밭에는	선용	한국문학예술저작권협회	44쪽
14	빗방울 눈	문삼석	한국문학예술저작권협회	66쪽
19	여름	이상현	한국문학예술저작권협회	88쪽
24	종이접기	유경숙	한국음악저작권협회 (KOMCA 승인필)	110쪽
25	독 안에 든 빵 작전	조은수	한국문학예술저작권협회	114쪽
29	주사 맞던 날	서재환	한국문학예술저작권협회	132쪽
34	참 잘했지	엄기원	한국음악저작권협회 (KOMCA 승인필)	154쪽
39	말의 빛	이해인	한국문학예술저작권협회	176쪽
39	나를 키우는 말	이해인	한국문학예술저작권협회	178쪽

이 책에 쓰인 사진 출처

회차	제목	출처	쪽수
4	해저 화산	https://commons.wikimedia.org/	24쪽
7	치타	https://engadget.com	36쪽
7	송골매	https://pixabay.com	36쪽
7	큰귀박쥐	https://fr.wikipedia.org	36쪽
7	가오리	https://ko.wikipedia.org	38쪽
7	날치	https://pixy.com	38쪽
7	복어	https://pixabay.com	38쪽
7	돛새치	https://ko.wikipedia.org	38쪽
7	상어	https://pixabay.com	38쪽
7	수평선	https://illustac.com	39쪽
9	잔디밭	https://www.gettyimagesbank.com/	44쪽
부록	개구리	https://commons.wikimedia.org/	52쪽
14	산과 하늘	https://www.gettyimagesbank.com/	66쪽
17	짜장면	https://commons.wikimedia.org/	82쪽
18	루이 브라유 점자표	https://en.wikipedia.org/	84쪽
21	꾀꼬리	https://commons.wikimedia.org/	100쪽
21	개꿩	https://commons.wikimedia.org/	100쪽
32	베토벤	https://en.wikipedia.org/	146쪽

하루 15분 국어 독해력의 기틀을 다지는

뿌리깊은
초등국어
독해력
정답과 해설

3 단계

초등 3·4학년
대상

01회 본문 010쪽

1 통증
2 ③
3 ②
4 ⑤
5 ③
6 ㉠ → ㉣ → ㉡ → ㉢
7 처방

어법·어휘편

[1단계]
(1) 경고 - ㉠ 조심하거나 삼가도록 미리 주의를 줌
(2) 진찰 - ㉡ 의사가 여러 가지 방법으로 환자의 병이나…
(3) 처방 - ㉢ 병을 치료하기 위하여 증상에 따라 약을…

[2단계]
(1) 진찰 　　(2) 처방 　　(3) 경고

[3단계]
(1) ② 　(2) ①

---

1. 이 글은 우리가 통증을 느끼는 까닭에 대해 설명한 글입니다.

2. 통증은 즐거운 일이 아니지만 우리 몸의 어느 부분이 아프다는 경고 신호를 보내어 건강을 유지하는 데 도움을 줍니다.

3. 통증을 느낄 때에는 선생님이나 부모님께 말씀드려서 적절한 치료를 받아야 합니다.

4. '그러면 더 이상 아프지 않고 나을 것입니다.'는 통증을 느꼈을 때 적절한 치료를 한 뒤에 일어나는 일이므로 (마)의 자리에 들어가는 것이 가장 알맞습니다.

5. '고통, 아픔, 통증, 괴로움'은 뜻이 비슷한 낱말입니다. '치료'는 통증이나 아픔을 낫게 하는 일을 뜻합니다.

6. 몸의 어느 부분이 다치면(㉠) 피부에서 통증이 있다는 신호를 보내고(㉣), 신호는 신경을 통해 뇌로 전달되면(㉡) 뇌에서 신호를 받아서 통증을 느끼게 됩니다.(㉢)

7. 병을 치료하기 위해 증상에 따라 약을 짓는 방법을 나타내는 낱말로 '처방'이 있습니다.

어법·어휘편 해설

[1단계] (1)은 조심하도록 미리 주의를 주는 일, (2)는 의사가 환자의 병이나 증상을 살피는 일, (3)은 병을 치료하기 위해 증상에 따라 약을 짓는 방법이라는 뜻으로 쓰입니다.

[2단계] <보기>의 각 낱말을 차례대로 빈칸에 넣어 보고, 가장 어울리는 낱말을 찾아 씁니다.

[3단계] (1)은 아버지께서 차를 집 앞에 멈추어 세워 둔다는 뜻으로 쓰였고, (2)는 방바닥에 배가 닿도록 엎드렸다는 뜻으로 쓰였습니다.

02회 본문 014쪽

1 곤충, 벌레, 거미
2 ⑤
3 ①
4 ④
5 ①
6 거미
7 ④

어법·어휘편

[1단계]
(1) 차이 - ㉡ 서로 같지 않고 다름
(2) 종류 - ㉢ 비슷한 모양이나 특징을 가진 것…
(3) 정리 - ㉠ 일정한 내용에 따라 분류하고 순서나 규칙에 따라 바로잡는 것

[2단계]
(1) 내용 　　(2) 관계 　　(3) 특징

[3단계]
(1) 대출 - ㉢ 도서관에서 책을 빌리는 일
(2) 사서 - ㉡ 도서관에서 책을 빌려주고 관리하는 사람
(3) 반납 - ㉣ 빌린 책을 도서관에 돌려주는 일
(4) 서가 - ㉠ 책이 꽂혀 있는 곳

---

1. 민준이는 벌레와 곤충에 대해 알아보다가 거미에 대해서도 알게 되었습니다.

2. 곤충, 벌레, 거미에 대해 조사한 결과를 정리하여 나타냈지만, 조사한 뒤의 느낌에 대해서는 나타나 있지 않습니다.

3. 곤충의 몸은 머리-가슴-배 세 부분으로 구분되어 있습니다.

4. 거미에 대해 조사한 표에서 거미의 다리는 네 쌍이라고 되어 있습니다.

5. 전갈은 날개가 없고 다리가 4쌍이므로 곤충이 아니라 거미와 비슷한 종류입니다.

6. 진드기에 대한 설명에서 더듬이와 날개가 없으므로 곤충이 아니라 거미에 속합니다.

7. 곤충과 거미는 특징이 서로 달라서 겹치지 않습니다. 그리고 곤충과 거미는 벌레에 속하므로 ④의 그림이 맞습니다.

어법·어휘편 해설

[1단계] (1)은 서로 같지 않고 다르다는 뜻, (2)는 비슷한 특징을 가진 것끼리 모아놓은 것, (3)은 기준에 따라 분류하고 순서나 규칙에 따라 바로잡는 것을 뜻합니다.

[2단계] <보기>의 각 낱말을 차례대로 빈칸에 넣어 보고, 가장 어울리는 낱말을 찾아 씁니다.

[3단계] (1)은 도서관에서 책을 빌리는 일, (2)는 도서관에서 책을 관리하는 사람, (3)은 빌린 책을 돌려주는 일, (4)는 책이 꽂혀 있는 곳을 뜻하는 말입니다.

03회 본문 018쪽

1 ②
2 ④
3 ⑤
4 ③
5 동아리
6 행복, 4, 1, 학부모
7 (1) ⓒ 분장 도구   (2) ⓔ 천과 바느질 도구
  (3) ㉠ 인터넷   (4) ⓛ 녹음기

어법·어휘편

[1단계]
(1) 분장 - ⓒ 등장인물의 성격, 나이, 특징에 …
(2) 결실 - ㉠ 일의 결과가 잘 맺어짐
(3) 격려 - ⓛ 용기나 의욕이 솟아나도록 응원해 줌

[2단계]
(1) 결실   (2) 분장   (3) 격려

[3단계]
(1) 대사   (2) 의상   (3) 무대   (4) 소품

---

1. 이 글을 쓴 목적은 학생들이 준비한 연극 공연에 부모님을 초대하기 위한 것입니다.

2. 초대장에는 시간, 장소, 연락처, 받는 사람 등이 나오지만, 초대장의 글을 쓴 사람은 나오지 않습니다.

3. 연극의 내용이 '원래의 이야기와는 다른 현대에 사는 흥부와 놀부 이야기'라고 했으므로 ⑤는 틀린 설명입니다.

4. '오시는 길'은 연극을 하는 장소와 관련이 있으므로 초대장에서 장소 부분에 들어가는 것이 알맞습니다.

5. '동아리'는 같은 뜻을 가지고 함께 활동하는 무리를 뜻합니다. 글에 나온 친구들은 연극을 함께 하기 위해 모인 '연극 동아리' 활동을 하고 있습니다.

6. 이 글은 행복초등학교 4학년 1반 친구들이 연극 공연에 부모님을 초대하기 위해 쓴 초대장입니다.

7. 지유는 분장을 배웠고, 효연이는 도깨비 옷과 방망이를 만들었고, 주환이는 인터넷에서 동영상을 찾았고, 기훈이는 녹음기를 사용해 말투를 고쳤습니다.

어법·어휘편 해설

[1단계] (1)은 공연을 위해서 옷이나 화장으로 몸을 꾸미는 일, (2)는 일의 결과가 잘 맺어짐, (3)은 용기가 나도록 응원해 주는 일을 뜻합니다.

[2단계] 1단계에서 선택한 뜻을 보고 〈보기〉의 각 낱말을 차례대로 빈칸에 넣어 가장 어울리는 낱말을 찾아 씁니다.

[3단계] 연극을 할 때에 배우가 하는 말을 '대사'라 합니다. 배우나 무용수가 연기를 할 때 입는 옷을 '의상'이라고 합니다. 연극을 하기 위해 만들어 놓은 단을 '무대'라고 합니다. 연극에서 무대 장치나 분장에 쓰이는 도구를 '소품'이라고 합니다.

04회 본문 022쪽

1 바다
2 ②
3 ④
4 ⑤
5 엄마, 품, 아빠, 해, 갈매기
6 ③
7 ①

어법·어휘편

[1단계]
(1) 품 - ⓒ 두 팔을 벌려서 안을 때의 가슴
(2) 시뻘건 - ㉠ 매우 빨간
(3) 떼 - ⓛ 행동을 같이 하는 무리

[2단계]
(1) 품   (2) 시뻘건   (3) 떼

[3단계]
(1) 온갖   (2) 띄웁니다

---

1. 이 시는 바다를 엄마와 아빠에 비유하여 표현한 시입니다.

2. 글쓴이는 바다를 바라보며 바다가 엄마, 아빠와 닮은 점을 생각하고 있습니다.

3. 거센 비바람이 불고 있다는 모습은 시에 나타나 있지 않습니다.

4. 바다는 엄마처럼 가슴이 넓고, 아빠처럼 못하는 게 없다는 내용에서 바다를 바라보는 글쓴이의 평화로운 마음을 느낄 수 있습니다.

5. 시에서 빈칸의 내용을 찾을 수 있습니다. 바다는 '엄마'처럼 가슴이 넓어서 온갖 것들을 '품'에 안을 수 있습니다. 바다는 '아빠'처럼 못하는 게 없는데, 아침 '해'를 번쩍 들어 올리고 배들도 '갈매기' 떼도 둥실둥실 띄울 수 있습니다.

6. 바닷가의 경치, 색깔 표현, 흉내 내는 표현, 바다를 아빠와 엄마에 비유한 표현은 시에 나타나 있지만, 바다의 사계절에 대한 표현은 없습니다.

7. 〈보기〉의 글과 시는 모두 '바다'를 글감으로 쓴 글입니다.

어법·어휘편 해설

[1단계] (1)은 팔을 벌려서 안을 때의 가슴, (2)는 색깔이 매우 빨간, (3)은 행동을 같이 하는 무리를 뜻합니다.

[2단계] 1단계에서 선택한 뜻을 보고 〈보기〉의 각 낱말을 차례대로 빈칸에 넣어 가장 어울리는 낱말을 찾아 씁니다.

[3단계] (1)의 '온갓'은 '온갖'으로 써야 바른 표현입니다. (2)의 '띠웁니다'는 기본형이 '띄우다'이므로 '띄웁니다'로 써야 바릅니다.

1 박바우
2 ④
3 ①
4 ④
5 ②
6 박바우, 양반, 마을, 고기
7 ①

어법·어휘편

[1단계]
(1) 건성 - ⓛ 어떤 일을 성의 없이 대충 겉으로만 함
(2) 태연하다 - ⓐ 놀랄 만한데도 보통 때와 같다
(3) 깍듯하다 - ⓒ 예의가 바르다

[2단계]
(1) 건성   (2) 버럭

[3단계]
(1) 포기   (2) 잔
(3) 근   (4) 그루

1. 이야기의 첫 부분에 나오는 인물에 대한 설명에서 고기를 파는 노인의 이름을 '박바우'라고 했습니다.

2. 두 양반이 고기를 사러 와서 생긴 일이므로 이야기가 일어난 장소는 시장이 가장 어울립니다.

3. 박 노인은 젊었을 때부터 고기 파는 일을 했다고 첫 부분에 나와 있습니다. 먼저 온 양반은 박 노인에게 함부로 말을 했고, 뒤에 온 양반은 공손하게 말했습니다.

4. 박 노인과 두 양반의 이야기를 통해 상대에게 친절하게 대해야 자신도 그런 대우를 받을 수 있다는 교훈을 느낄 수 있습니다.

5. 먼저 온 양반은 박 노인을 업신여기며 건방지게 말과 행동을 하므로 거만한 말투로 말해야 실감이 납니다.

6. 이야기에 등장한 인물은 박바우라는 노인과 두 양반, 배경은 옛날 어느 마을에서, 사건은 고기를 사면서 벌어진 일입니다.

7. 박 노인과 두 양반의 이야기를 통해 다른 사람에게 말을 곱게 해야 한다는 것을 깨달을 수 있으므로 이야기에 어울리는 속담은 ① 입니다.

어법·어휘편 해설

[1단계] (1)은 어떤 일을 대충한다는 뜻, (2)는 놀랄 만한 일에도 보통 때와 같이 행동할 때, (3)은 예의가 바르다는 뜻으로 쓰입니다.

[2단계] (1)은 일을 열심히 하지 않는다는 뜻이므로 '건성', (2)는 소리를 크게 지른다는 뜻이므로 '버럭'이 맞습니다.

[3단계] (1)은 배추를 세는 말인 '포기', (2)는 물 컵을 세는 말인 '잔', (3)은 고기의 양을 세는 말인 '근', (4)는 나무를 세는 말인 '그루'를 써야 바릅니다.

1 잡채
2 (1) 고기 - ⓒ 밑간을 합니다.
(2) 당면 - ⓐ 물에 미리 불립니다.
(3) 버섯 - ⓒ 긴 모양으로 먹기 좋게 손질합니다.
3 당면, 당면, 채, 밑간, 당면, 당면
4 ②
5 고유
6 색감, 고유
7 ②

어법·어휘편

[1단계]
(1) 재료 - ⓒ 물건을 만드는 데 들어가는 것
(2) 손질 - ⓐ 손을 대어 잘 매만지는 일
(3) 색감 - ⓒ 색에서 받는 느낌

[2단계]
(1) 재료   (2) 색감   (3) 손질

[3단계]
(1) 전통   (2) 영양소

1. 이 글에서는 잡채를 만드는 방법을 자세히 설명하고 있습니다. 가장 중심이 되는 낱말은 '잡채'입니다.

2. 두 번째, 세 번째 문단에서 고기와 당면, 버섯 등의 재료를 어떻게 미리 손질하는지 자세히 설명하고 있습니다.

3. 이 글은 잡채에 대한 간단한 소개로 시작하여, 재료 준비하기, 각 재료별로 손질하기, 요리하기, 그릇에 담아내기 등의 요리순서에 따른 흐름으로 적혀있습니다. 글을 차근차근 읽으면서 빈칸을 채우면 됩니다. 야채나 과일 등을 먹기 좋게 길게 써는 것을 '채썰기'라고 합니다. 음식을 만들기 전에 미리 소금이나 간장을 이용하여 적당하게 간을 맞추어 놓는 것을 '밑간'이라고 합니다.

4. 당근과 양파는 가늘게 채를 썬다고 설명하였습니다.

5. '고유'는 본래부터 가지고 있는 것을 말합니다. '김치는 우리나라 고유의 음식입니다.' 라고 활용합니다.

6. 네 번째 문단을 참고하면, 채소와 버섯은 한 번에 다 같이 볶지 않고 따로 볶아주면 채소의 색감도 살고 고유의 맛도 잘 살릴 수 있다고 설명하였습니다.

7. 이 글은 잡채를 만드는 과정을 순서에 맞게 설명한 글입니다. 따라서 과정과 순서를 잘 살펴보면서 읽어야 합니다.

어법·어휘편 해설

[1, 2단계] 음식을 만들 때 준비해야 할 채소나 고기류 등을 음식의 재료라고 합니다.

[3단계] 탄수화물, 지방, 단백질, 무기 염류, 비타민, 물 등을 영양소라고 합니다.

1 ③ 2 ④ 3 ③
4 (1) 육지 - 치타 - ㉣ 탄력 있는 등뼈, 강한 다리
  (2) 바다 - 돛새치 - ㉮ 큰 등지느러미, 발달한 근육
  (3) 하늘 - 송골매 - ㉯ 뛰어난 시력, 콧속 작은
    돌기
5 ④ 6 등뼈, 등지느러미, 돌기 7 ③

어법·어휘편

[1단계]
(1) 탄력 - ㉠ 튀거나 팽팽하게 버티는 힘
(2) 저항 - ㉢ 가려는 방향과 반대 방향으로 …
(3) 돌기 - ㉡ 뾰족하게 내밀거나 도드라진 부분

[2단계]
(1) 추적한 (2) 맹렬한 (3) 발달한

[3단계]
(1) 수평 (2) 수직

1. 이 글은 육지와 바다, 하늘에서 이동하는 속도가 '가장 빠른 동물'을 소개하는 글입니다.

2. 2문단을 보면 바닷속에서 가장 빠른 동물이 돛새치라는 것을 알 수 있지만, 그 다음으로 빠른 동물은 글에 나와 있지 않습니다.

3. ㉢을 제외한 나머지는 모두 가젤과 영양을 가리키는 말입니다. 가젤과 영양은 치타 다음으로 빠른 육상 동물로, 빠르게 도망치기 때문에 사자나 표범이 이들을 사냥할 수 없습니다.

4. 1문단에서는 육지에서 가장 빠른 '치타', 2문단에서는 바다에서 가장 빠른 '돛새치', 3문단에서는 하늘에서 수직으로 가장 빨리 나는 '송골매'의 신체 특징을 찾아볼 수 있습니다.

5. 돛새치는 돛처럼 생긴 커다란 등지느러미를 가지고 있습니다. 돛은 배의 돛대에 매다는 넓은 천을 말합니다. 참고로 ①번은 가오리, ②번은 날치, ③번은 복어, ⑤번은 상어입니다.

6. 치타는 탄력 있는 '등뼈'를 이용해서 빠르게 달리고, 돛새치는 돛처럼 생긴 '등지느러미'를 이용해서 빠르게 헤엄칩니다. 송골매는 콧구멍에 '돌기'가 있어서 편하게 호흡할 수 있습니다.

7. 치타는 시속 112~120km 정도로, 가젤은 시속 80km 정도로 달릴 수 있습니다. 따라서 가젤보다 치타가 더 빠릅니다. 또 속도가 빠른 대신 오래 달리지 못하는 동물은 가젤이 아닌 치타입니다.

어법·어휘편 해설

[1단계] '탄력'은 '튀거나 팽팽하게 버티는 힘'이라는 뜻이고, '저항'은 '가려는 방향과 반대 방향으로 작용하는 힘'을 말합니다. '돌기'는 '뾰족하게 내밀거나 도드라진 부분'을 가리킵니다.

[2단계] (1) 경찰이 도망하는 범인을 뒤쫓는 상황이므로 '추적한'이 알맞습니다. (2) 팀은 경기에서 승리를 차지하기 위해 '맹렬한' 기세로 공격했을 것입니다. (3) 개는 후각이 '발달한' 동물입니다.

[3단계] (1) 하늘과 바다가 '수평'으로 평평하게 맞닿아 있습니다. 이렇게 물과 하늘이 맞닿아 경계를 이루는 선을 '수평선'이라고 합니다. (2) 다이빙은 높은 곳에서 물속으로 '수직'으로 떨어지는 운동입니다.

---

1 ② 2 ① 3 ③
4 태권도, 10, 12, 품새, 겨루기, 태권 체조
5 (1) 초등 2학년 태권 체조 - ㉠ 7월 10일 오후 …
  (2) 초등 5학년 품새 - ㉢ 7월 12일 오전 10:00 …
  (3) 초등 3학년 겨루기 - ㉡ 7월 11일 오후 …
6 겨루기
7 품, 보호대, 고려, 11, 2

어법·어휘편

[1단계]
(1) 접수 - ㉢ 신청이나 신고 따위를 말이나 문서로 …
(2) 착용 - ㉠ 옷, 모자, 신발, 액세서리 따위를 …
(3) 문의 - ㉡ 어떤 일에 대해 물어보고 의견을 주
    고받음

[2단계]
(1) 접수 (2) 착용 (3) 문의

[3단계]
(1) 시연 (2) 종목

1. 안내문은 어떤 내용을 다른 사람에게 소개하고 알려 주기 위한 글로, 정보를 전달하는 것을 목적으로 합니다.

2. 안내문의 '종목과 경기 시간' 중 '겨루기'에 대한 내용을 읽어보면, 모든 보호대를 개인이 준비해 가야 한다는 것을 알 수 있습니다.

3. 태권도 대회에 대한 문의는 어린이 태권도 조직 위원회의 문의 전화번호인 070-8260-5456으로 해야 합니다.

4. 어린이 태권도 대회의 초등부 경기는 10일부터 12일 사이에 진행되고, 경기 종목은 '품새, 겨루기, 태권 체조'로 세 가지입니다.

5. (1) 2학년 경기는 10일, 태권 체조는 오후 3시부터 5시 사이에 진행됩니다. (2) 5학년 경기는 12일, 품새는 오전 10시부터 낮 12시 사이에 진행됩니다. (3) 3학년 경기는 11일, 겨루기는 오후 1시부터 3시 사이에 진행됩니다.

6. 기본 기술과 품새로 익힌 기술을 활용하여 두 사람의 실력을 겨루어 보는 경기는 '겨루기'입니다.

7. 1품인 성현이는 품도복과 함께 '품 띠', 겨루기에 필요한 '보호대'를 준비하고, '고려 품새'를 시연해야 합니다. 3학년의 경기 날짜는 '11일'이며 오전 10시까지 '실내 체육관 2층'에 도착해야 합니다.

어법·어휘편 해설

[1단계] '접수'는 '신청이나 신고 따위를 말이나 문서로 받음'이라는 뜻이고, '착용'은 '옷, 모자, 신발, 액세서리 따위를 입거나, 쓰거나, 신거나 참'이라는 뜻입니다. '문의'는 '어떤 일에 대해 물어보고 의견을 주고받음'을 말합니다.

[2단계] (1) 대회에 참가하기 위해 신청하는 과정을 '접수'라고 합니다. (2) 옷을 사기 전에 입어볼 수 있다는 뜻이므로 '착용'이 가장 알맞습니다. (3) 궁금한 점을 해결하기 위해 전화를 걸어 '문의'를 할 수 있습니다.

[3단계] (1) 연극을 대중 앞에서 실제로 공연하기 전에 시험적으로 해 보는 것을 '시연'이라고 합니다. (2) 스포츠 경기 등에서 종류별로 나눈 항목을 가리켜 '종목'이라고 합니다.

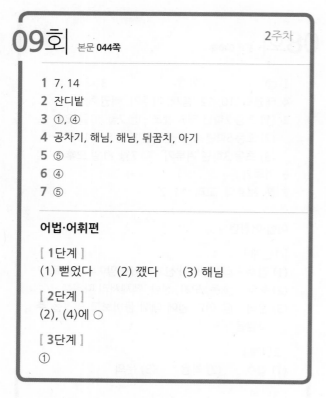

09회 | 본문 044쪽

2주차

1 7, 14
2 잔디밭
3 ①, ④
4 공차기, 해님, 해님, 뒤꿈치, 아기
5 ⑤
6 ④
7 ⑤

어법·어휘편

[1단계]
(1) 뻗었다   (2) 깼다   (3) 해님

[2단계]
(2), (4)에 ○

[3단계]
①

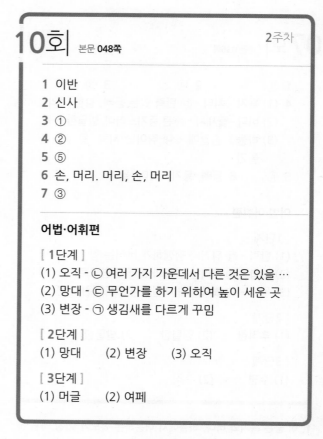

10회 | 본문 048쪽

2주차

1 이반
2 신사
3 ①
4 ②
5 ⑤
6 손, 머리. 머리, 손, 머리
7 ③

어법·어휘편

[1단계]
(1) 오직 - ○ 여러 가지 가운데서 다른 것은 있을 …
(2) 망대 - © 무언가를 하기 위하여 높이 세운 곳
(3) 변장 - ① 생김새를 다르게 꾸밈

[2단계]
(1) 망대   (2) 변장   (3) 오직

[3단계]
(1) 머글   (2) 여페

---

1. 이 시는 7연 14행으로 이루어져 있습니다.

2. 이 시의 바람은 '잔디밭'에 가서 놀고 있습니다.

3. 이 시의 2연에 바람이 '잔디밭에서 뒹굴며 논다'는 내용이 나옵니다. 4연에 바람이 '해님이 깨지 않도록 조심히 논다'는 내용이 나옵니다.

4. 이 시에서 바람은 잔디밭에서 다른 바람 친구들과 뒹굴기도 하고 '공차기'도 하면서 놀았습니다. '해님'이 잔디밭에 눕자 바람은 행여나 '해님'이 깰까 봐 '뒤꿈치'를 들고 다녔습니다. 바람은 '아기' 바람끼리 모여 놀아서 즐거워했습니다.

5. 이 시에서 바람은 기침을 꾹 참고 뒤꿈치를 들고 다닙니다. 해님은 발을 뻗고 누워 있습니다. 이렇게 이 시에서는 '바람과 해님을 마치 사람인 것처럼 표현'하고 있습니다.

6. 잔디밭에 해님이 발 뻗고 누워 있고, 바람들이 뒹굴거나 공차기를 하는 등 놀고 있는 모습을 통해 ④의 장면을 떠올릴 수 있습니다.

7. 바람이 놀고 있는 것, 해님이 발을 뻗고 누워 있다는 것과 같은 표현을 통해 이 시에서 바람과 해님이 사람처럼 표현되고 있음을 알 수 있습니다. 따라서 정답은 ⑤입니다.

어법·어휘편 해설

[1단계] (1) '뻣었다'는 기본형이 '뻗다'이므로 '뻗었다'로 써야 바릅니다. (2) '껬다'는 '깼다'로 써야 바릅니다. (3) '햇님'은 '해님'으로 써야 바른 표현입니다.

[2단계] (2) 새끼 고양이의 크기가 내 손바닥 크기와 비슷하다는 것이기 때문에 '-만'이 (보기)의 뜻으로 쓰였습니다. (4) 새로 이사한 집이 학교와 거리가 멀어서 예전 집과 비슷하지 못하다는 것이기 때문에 '-만'이 (보기)의 뜻으로 쓰였습니다.

[3단계] '행여'의 뜻은 '어쩌다가 혹시'라는 뜻입니다. 약속을 꼭 '어쩌다가 혹시' 지켜야 한다는 것은 자연스럽지 않으므로 ①이 정답이 됩니다.

---

1. 이 이야기에 나오는 나라의 왕은 '이반'입니다.

2. 이야기 첫 부분에 악마는 말쑥한 신사로 변장했다고 나와 있습니다.

3. '영리한'은 '눈치가 빠르고 똑똑한'이라는 의미를 가지고 있으므로 ①번이 가장 어울립니다.

4. 처음에 사람들은 악마가 어떤 말을 해줄지 기대했지만 악마의 말을 알아들을 수 없자 실망하였습니다.

5. 악마는 며칠 동안 망대에서 아무 것도 먹지 못해 힘이 빠지고 말았습니다.

6. 머리로 일하는 것에 대해 악마와 바보들의 생각은 달랐습니다. 악마는 손을 쓰지 않고 머리만 써서 생각으로 일하는 것이라고 생각했지만, 이반과 백성들은 머리를 손처럼 직접 써서 일하는 것이라고 생각했습니다. 그래서 악마가 머리를 기둥에 찧는 모습이 그들에게는 직접 머리로 일하는 모습으로 보인 것입니다.

7. 악마는 이반에게 이반과 백성들은 머리로 일하는 방법을 모르는 것 같다고 하며 자신이 직접 설명해준다고 하였습니다.

어법·어휘편 해설

[1, 2단계] '오직'은 '여러 가지 가운데서 다른 것은 있을 수 없고 다만', '망대'는 '무언가를 하기 위하여 높이 세운 곳', '변장'은 '생김새를 다르게 꾸밈'이라는 뜻을 갖고 있습니다.

[3단계] 글을 읽을 때 '먹을'은 [머글], '옆에'는 [여페]라고 발음해야 합니다.

11회 본문 054쪽

1 ⑤
2 ①
3 ②
4 ④
5 피, 산소, 병균, 딱지, 병균
6 헤모글로빈, 붉은
7 ④

어법·어휘편

[1단계]
(1) 색소 - ⓒ 물체의 색깔이 나타나도록 해 주는 성분
(2) 산소 - ⓛ 공기의 주성분이면서 맛과 빛깔과 냄새가 …
(3) 병균 - ⓝ 병의 원인이 되는 균

[2단계]
(1) 색소　　(2) 산소　　(3) 병균

[3단계]
(1) 역할　　(2) 배탈

1. 이 글은 피 속에 있는 적혈구, 백혈구, 혈소판이 우리 몸에서 하는 일을 설명한 글입니다.

2. 적혈구, 백혈구, 혈소판이 하는 일은 나오지만 산소가 하는 일은 글에 나타나지 않습니다.

3. '우리 몸을 지켜준다'라는 뜻의 낱말은 ③번 '보호'입니다.

4. 몸에 상처가 난 곳에 생기는 딱지는 혈소판이 피를 굳게 하여 생기는 것이므로, 혈소판의 기능을 설명한 (라)에 들어가야 합니다.

5. 글의 중심 내용은 '피'가 하는 일입니다. 적혈구는 온몸으로 '산소'를 실어다 주고, 백혈구는 '병균'으로부터 몸을 지켜주는 역할을 하고, 혈소판은 피를 굳게 하여 '딱지'를 만들게 합니다. 딱지는 '병균'이 들어오지 못하도록 막아줍니다.

6. 글의 (나) 부분에 적혈구에는 '헤모글로빈'이라는 색소가 있어서 피는 '붉은'색을 띤다고 했습니다.

7. ①, ②, ③, ⑤는 백혈구가 하는 일, ④는 적혈구가 하는 일입니다.

어법·어휘편 해설

[1단계] (1)은 물체의 색깔이 나타나게 해주는 성분, (2)는 공기의 주성분이며 맛과 빛깔과 냄새가 없는 물질, (3)은 병을 일으키는 균을 뜻합니다.

[2단계] <1단계>에서 찾은 낱말의 뜻을 생각하며 빈칸에 가장 어울리는 낱말을 찾아 씁니다.

[3단계] (1)에는 어떤 일을 맡아서 한다는 뜻인 '역할', (2)에는 설사가 나거나 배가 아픈 병을 나타내는 '배탈'이 잘 어울리는 말입니다.

12회 본문 058쪽

1 고체, 기체, 액체
2 ③
3 ① 기체, ② 크기, ③ 모양
4 어항
5 특징, 고체, 액체, 기체, 자갈, 물, 공기
6 ②
7 기체, 공기, 공기

어법·어휘편

[1단계]
(1) 물질 - ⓒ 자연을 이루는 요소의 하나
(2) 성질 - ⓛ 사물이나 현상이 가지고 있는 고유의 특징
(3) 부피 - ⓝ 넓이와 높이를 가진 물건이 공간에서 차지…

[2단계]
(1) 부피　　(2) 물질　　(3) 성질

[3단계]
(1) 液(진 액)　　(2) 固(굳을 고)　　(3) 氣(기운 기)

1. 이 글은 고체, 액체, 기체의 특징에 대해 설명한 글입니다.

2. 자갈은 담는 통에 따라 모양이 변하지 않고 고체이므로 ③은 틀린 설명입니다.

3. 고체는 담는 그릇이 바뀌어도 모양과 '크기'가 변하지 않고, 액체는 담는 그릇에 따라 '모양'이 변합니다. '기체'도 담는 그릇에 따라 모양이 변합니다.

4. 물고기를 기르는 데 사용하는, 유리로 모양 있게 만든 항아리는 '어항'입니다.

5. 물질을 '특징'에 따라 구분하면, '자갈'과 같은 '고체', '물'과 같은 '액체', '공기'와 같은 기체'가 있습니다.

6. <보기>의 설명은 고체에 대한 것입니다. ②의 우유는 액체이므로 <보기>의 설명과 다른 물질입니다.

7. 공기는 '기체'이며 축구공을 오래 두면 '공기'가 빠지므로 다시 팽팽하게 하기 위해서는 '공기'를 넣어주면 됩니다.

어법·어휘편 해설

[1단계] (1)은 물질을 이루는 본바탕으로 자연을 이루는 요소라는 뜻이고, (2)는 사물이나 현상이 갖는 고유한 특징이라는 뜻이며, (3)은 넓이와 높이를 가진 물건이 차지하는 공간의 크기를 나타내는 낱말입니다.

[2단계] <1단계>에서 찾은 낱말의 뜻을 생각하며 빈칸에 가장 어울리는 낱말을 찾아 씁니다.

[3단계] (1)은 액체에 대한 설명이고, (2)는 고체에 대한 설명이며, (3)은 기체에 대한 설명입니다.

13회 본문 062쪽

1 은서, 할머니
2 ②
3 (가) - ㉠ 첫인사, (나) - ㉣ 글쓴이의 안부,
　(다) - ㉤ 하고 싶은 말, (라) - ㉡ 끝인사,
　(마) - ㉢ 날짜
4 ④
5 ③
6 ①
7 ⑤

어법·어휘편

[1단계]
(1) 매섭다 - ㉠ 정도가 매우 심하다
(2) 촉감 - ㉡ 외부의 자극이 피부 감각을 …
(3) 착용 - ㉢ 옷, 모자, 신발 등을 입거나, …

[2단계]
(1) 촉감　　(2) 매섭다　　(3) 착용

[3단계]
(1) 붕대　　(2) 고생　　(3) 간호

---

1. 편지에서 보낸 사람은 마지막에, 받는 사람은 처음에 나옵니다. 이 편지는 손녀 은서가 할머니께 보낸 편지입니다.

2. 오빠는 이틀 전부터 석고 붕대를 풀었다고 했으므로 ②는 틀린 설명입니다.

3. 편지를 쓸 때에는 보통 첫인사 → 글쓴이의 안부 → 하고 싶은 말 → 끝인사 → 쓴 날짜 순서로 씁니다.

4. 편지의 마지막 부분에 겨울 방학이 되면 할머니께 간다는 내용이 있으므로 제시한 문장은 (라)와 가장 어울리는 내용입니다.

5. 나뭇잎이 물들어 떨어지는 계절은 가을입니다.

6. 편지는 멀리 떨어져 있는 사람에게 자신이 하고 싶은 말을 전하기 위해 쓴 글입니다. 그러므로 편지에는 받는 사람에게 하는 인사말이 나타나 있습니다.

7. 은서는 할머니께서 선물로 보내주신 털모자와 털장갑을 받고 감사한 마음을 편지에 담아 보냈습니다.

어법·어휘편 해설

[1단계] (1)은 정도가 매우 심하거나 사납다는 뜻을 나타내고, (2)는 외부의 자극이 피부 감각을 통해 전해지는 느낌, (3)은 옷을 입거나, 모자를 쓰거나, 신발을 신는다는 뜻으로 쓰입니다.

[2단계] <1단계>에서 찾은 낱말의 뜻을 생각하며 빈칸에 가장 어울리는 낱말을 찾아 씁니다.

[3단계] (1)에는 상처 난 곳을 보호하기 위해 감는 '붕대', (2)에는 어렵고 고된 일이라는 뜻의 '고생', (3)에는 환자를 보살핀다는 뜻의 '간호'가 가장 어울리는 말입니다.

14회 본문 066쪽

1 ⑤
2 ④
3 (3)에 ○
4 (1) 조롱조롱 - ② 빗방울이 거미줄…
　(2) 초롱초롱 - ④ 빗방울이 궁금해…
5 예) 비 갠 뒤 산과 들이 얼마나 해맑은지 몹시 궁금했기 때문에 그 모습을 살펴보려고
6 ④
7 (위에서부터 왼쪽 순) 거미줄, 조롱조롱, 빗방울, 비, 들

어법·어휘편

[1단계]
(1) '해맑게'에 ○
(2) '궁금한'에 ○
(3) '몹시'에 ○

[2단계]
사방

[3단계]
(1) 서　　(2) 남　　(3) 동

---

1. 이 시는 비가 그치고 나서 날씨가 맑아졌을 때 거미줄에 매달려 있는 '빗방울'의 모습을 표현한 시입니다.

2. 이 시에서 표현하는 때는 비가 그치고 나서 날씨가 맑아졌을 때입니다.

3. 이 시의 말하는 이는 비가 그친 후 거미줄에 매달려 있는 빗방울의 모습을 보았습니다.

4. (1) 빗방울이 거미줄에 매달려 있는 모양을 '조롱조롱'이라고 표현했습니다. (2) 빗방울이 궁금해하며 주변을 살피는 눈 모양을 '초롱초롱'이라고 표현했습니다.

5. 이 시의 말하는 이는 빗방울이 거미줄에 매달려 있는 까닭이 비가 갠 뒤에 산과 들이 얼마나 해맑은지 몹시 궁금했기 때문에 그 모습을 살펴보기 위해서라고 생각했습니다.

6. 이 시는 빗방울의 시선에서 표현한 것이 아니라 빗방울을 보고 있는 사람의 시선에서 표현한 것입니다.

7. 비가 그친 후 거미줄에 조롱조롱 매달려 있는 빗방울의 모습을 보고 빗방울이 사방을 살피는 것처럼 보였다고 하였습니다. 비가 갠 후의 산과 들이 얼마나 해맑은지 궁금해서 그랬을 것이라고 추측하고 있습니다.

어법·어휘편 해설

[2단계] '동, 서, 남, 북의 네 방향을 통틀어 이르는 말'을 뜻하는 낱말은 '사방'입니다.

[3단계] (1) 방위표의 왼쪽이기 때문에 '서'입니다. (2) 방위표의 아래쪽이기 때문에 '남'입니다. (3) 방위표의 오른쪽이기 때문에 '동'입니다.

15회 | 본문 070쪽

1 행복한 왕자
2 제비
3 ①
4 ④
5 심장, 제비
6 ②
7 (마) → (다) → (나) → (라) → (가)

어법·어휘편

[1단계]
(1) 광장 - ⓛ 많은 사람들이 모일 수 있게 …
(2) 철거 - ⓒ 건물, 시설 따위를 무너뜨려 없애거나 걷어치움
(3) 귀중 - ㉠ 아주 귀하고 가치가 있는 것

[2단계]
(1) 철거   (2) 광장   (3) 귀중

[3단계]
(1) 감탄하곤   (2) 가여워요

---

1. 이 이야기에 나오는 동상의 이름은 '행복한 왕자'입니다.

2. 제비는 왕자가 눈물을 흘리는 것을 보게 되고 그 때부터 왕자의 부탁으로 사람들을 돕기 시작합니다.

3. ㉠은 왕자가 도와준 사람들이 아닌 왕자를 구경하는 사람들입니다.

4. '쓸모없는'과 반대되는 표현은 쓸모가 많다는 뜻을 가진 '유용한'입니다.

5. 천사는 사람들을 돕는 착한 마음씨를 가진 행복한 왕자의 심장과 그런 왕자를 도와주고 지켜준 제비를 가지고 하늘로 올라갔습니다.

6. 하느님은 행복한 왕자와 제비가 천국에서 행복하게 살 수 있기 때문에 기뻤을 것이고, 왕자와 제비를 잘 가져온 천사가 대견스러웠을 것입니다.

7. 이야기를 읽고 시간의 순서대로 정리하면 (마), (다), (나), (라), (가)의 순서임을 알 수 있습니다.

어법·어휘편 해설

[1, 2단계] '광장'은 많은 사람들이 모일 수 있게 거리에 만들어 놓은 넓은 공간, '철거'는 건물, 시설 따위를 무너뜨려 없애거나 걷어치움, '귀중'은 아주 귀하고 가치가 있는 것이라는 뜻을 갖고 있습니다.

[3단계] '놀라다'는 '감탄하다', '불쌍하다' 는 '가엽다'와 비슷한 의미를 가진 말입니다.

16회 | 본문 076쪽

1 지도   2 ①   3 ④
4 지도, 방위, 기호, 색깔   5 다르게
6 방위표, 기호, 높낮이   7 ①

어법·어휘편

[1단계]
(1) 일정하게 - ⓒ 어떤 것의 크기, 모양, 시간 …
(2) 본뜨다 - ㉠ 무엇을 본보기로 삼아 그대로 …
(3) 쓰임새 - ⓒ 쓰임의 정도

[2단계]
(1) 쓰임새   (2) 본떠서   (3) 일정하게

[3단계]
(1) ②   (2) ①

---

1. 이 글은 지도가 무엇인지와 지도는 어떤 방법으로 그려지는지, 그려져 있는지 자세히 적혀 있습니다. 그리고 지도는 많은 사람이 보고 한눈에 알아 볼 수 있도록 여러 가지 약속된 표시나 규칙으로 그려지는데, 그에 대해 자세히 설명되어 있습니다.

2. 지도에서 방위표가 없으면 위쪽이 북쪽, 아래쪽이 남쪽이 된다고 하였습니다.

3. 마지막 단락을 참고하면, 강이나 바다를 표현할 때에는 파란색을 사용하며 깊어질수록 진하게 표시한다고 하였습니다.

4. 이 글의 구조를 살펴보면, 첫 번째 단락은 지도에 쓰이는 다양한 방법들에 대해 소개할 것임을 말했습니다. 그리고 그 세 가지 방법은 위치를 나타내는 방위, 땅이나 건물을 간단하게 표시하는 지도 기호, 땅의 높낮이와 쓰임새를 나타내는 색깔입니다.

5. '틀리다'는 계산이나 일이 어긋나거나 맞지 않고 잘못되었다는 뜻입니다. 사람마다 말하는 방법이 제각각이지만 누군가가 잘못된 방법으로 읽는 것은 아니기에, '서로 같지 않다'라는 뜻을 가진 '다르다'라고 하는 것이 맞습니다.

6. 글의 내용을 참고해보면, 방위는 방위표를 이용하여 나타내고, 지도 기호를 통하여 건물이나 땅의 쓰임새를 알기 쉽게 표시한다고 합니다. 또 색으로 땅의 높낮이와 바다의 깊이를 표현합니다.

7. 다리, 과수원, 산, 학교의 기호는 모양을 본떠서 만든 기호이고, 도청은 사람들의 약속으로 정해진 기호입니다.

어법·어휘편 해설

[1, 2단계] '일정하게'는 크기나 모양, 시간 등이 정해져 있게라는 뜻입니다. 예를 들어서 '일정한 크기', '일정한 모양' 등으로 사용됩니다.

[3단계] '본뜨다'라는 같은 낱말이 문장의 흐름에 따라 다른 뜻으로 해석될 수 있습니다.

1 ②
2 (1) 오늘   (2) 반   (3) 라면 공장   (4) 버스
3 (라) → (나) → (마) → (다) → (가)
4 ③
5 평소, 라면
6 ①
7 ④

어법·어휘편

[1단계]
(1) 현장 - ⓒ 일을 실제 진행하거나 작업하는 곳
(2) 홍보 - ⓛ 널리 알림, 또는 그 소식이나 보도
(3) 생산 - ㉠ 인간이 생활하는 데 필요한 각종 물건을 …

[2단계]
(1) 홍보   (2) 현장   (3) 생산

[3단계]
⑤

1. 이 글은 라면 공장을 다녀온 후 보고 듣고 느낀 것을 적은 글 입니다.

2. 이 글은 오늘 반 아이들과 라면 공장에 다녀온 후 적은 글입니다. 라면공장을 갈 때에는 버스를 타고 다녀왔습니다.

3. 라면 공장을 견학한 순서입니다. 제일 먼저 전시관에 들러서 공장에 대한 홍보와 오늘의 일정에 대한 설명을 듣고 라면 구경을 했습니다. 그런 다음 라면 생산의 현장을 직접 견학하였습니다. 점심 시간이 지난 후 체험관에서 체험을 한 후 퀴즈로 궁금한 내용을 풀어보는 시간을 가졌습니다. 기념사진은 견학이 끝난 후에 찍었습니다.

4. 건강에 좋도록 다양한 조건을 갖추고 그것을 실천할 수 있도록 하는 것을 '위생'이라고 합니다. '우리 학교 급식실은 위생적입니다.' 등으로 활용됩니다.

5. 이 글의 첫 번째 단락을 보면, 평소에도 라면을 참 좋아했다고 적혀 있습니다.

6. 공장에서 점심시간에 제공을 해 준 것은 컵라면입니다.

7. '나만의 라면 만들기'에서 글쓴이네 조가 만든 라면은 국물이 없는 빨간색 해물 볶음 라면이라고 하였습니다. 보기에 제시된 다양한 라면의 형태를 살펴볼 때 국물이 없고 빨간색의 라면이면서 해물이 들어간 라면은 ④입니다.

어법·어휘편 해설

[1, 2단계] '홍보'는 좋은 소식이나 공지 사항을 널리 알리는 것을 말합니다. '우리 학교의 학예발표회 소식을 홍보하는 뉴스가 방송되었습니다.' 등으로 쓰입니다.

[3단계] 견학의 한자어는 '보다'라는 뜻을 가진 '見(견)'과, '배우다'라는 의미의 '學(학)'으로 이루어져 있습니다. 그러므로 견학은 보고 배우기를 뜻합니다.

1 점자, 루이 브라유
2 ⑤
3 (1), (3)
4 (위에서부터) 눈, 손, 12, 손끝, 6, 한 손, 글
5 (라) → (가) → (마) → (다) → (나)
6 (1) ○   (2) ○   (3) ×
7 노력

어법·어휘편

[1단계]
(1) 야간 - ⓛ 해가 진 뒤부터 …
(2) 정렬 - ⓒ 가지런하게 줄지어 늘어섬 …
(3) 표준 - ㉠ 사물의 정도나 …

[2단계]
(1) 정렬   (2) 표준   (3) 야간

[3단계]
(1) ①   (2) ②

1. 이 글은 시각 장애인을 위한 점자를 만든 루이 브라유에 관한 전기문입니다.

2. 왕립 시각 장애인 학교의 개관식에서 발표한 브라유의 점자는 조금씩 유럽의 여러 교육 기관에 알려지게 되었습니다. 1932년에는 브라유의 점자가 영어식 점자의 표준으로 인정되어 널리 쓰이게 되었으므로 ⑤는 옳지 않습니다.

3. 글의 앞부분을 보면 그 시대의 시각 장애인들은 글을 읽기 힘들었다고 나와 있기 때문에 (2)는 틀린 설명입니다.

4. 야간 문자와 점자는 모두 '눈'으로 보지 않고 '손'으로 더듬는 것만으로도 글을 읽을 수 있는 문자입니다. 야간 문자는 '12'개의 점으로 되어 있으며 '손끝'으로 한 번에 읽기는 어렵습니다. 반면 점자는 '6'개의 점으로 되어 있으며 '한 손'으로 읽기 편하고 '글'을 쓰기도 쉽습니다.

5. 이 글을 읽고 일어난 일을 순서대로 정리하면 (라), (가), (마), (다), (나)의 순서임을 알 수 있습니다.

6. 밑줄 친 ㉠은 루이 브라유의 점자가 영어식 점자의 표준으로 인정된 이후 많은 시각 장애인들이 글을 읽기 수월해졌다는 내용입니다. 루이 브라유는 야간 문자를 보완해서 시각 장애인들이 한 손으로 읽기 쉬운 점자를 개발했습니다. 그리고 브라유의 점자는 글을 읽고 쓰기에 쉬웠습니다. 따라서 (1), (2)는 알맞은 내용입니다. 하지만 브라유의 점자는 알파벳 26자를 다 표시할 수 있도록 만들었기 때문에 (3)은 알맞지 않은 내용입니다.

7. 문제에서 주어진 점자를 [보기]에서 찾으면 'ㄴ (첫 자음자), ㅗ, ㄹ (첫 자음자), ㅕ, ㄱ (받침)'입니다. 합쳐서 낱말을 만들면 '노력'이 됩니다.

어법·어휘편 해설

[1, 2단계] '야간'은 해가 진 뒤부터 날이 밝아 올 때까지의 사이, '정렬'은 가지런하게 줄지어 늘어섬, 또는 그렇게 늘어서게 함, '표준'은 사물의 정도나 성격을 알기 위한 기준이라는 뜻입니다.

[3단계] (1) 부족했던 점을 '보완하기 위해'는 '채워서 완전하게 하기 위해'로, (2) '현실'은 '지금 실제로 나타나는 상황'으로 바꿔 쓸 수 있습니다.

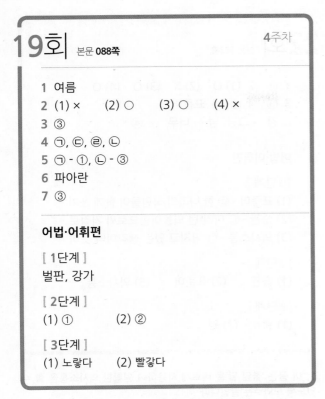

19회 본문 088쪽
4주차

1 여름
2 (1) ×　　(2) ○　　(3) ○　　(4) ×
3 ③
4 ㉠, ㉢, ㉣, ㉡
5 ㉠ - ①, ㉡ - ③
6 파아란
7 ③

어법·어휘편

[1단계]
벌판, 강가

[2단계]
(1) ①　　　　(2) ②

[3단계]
(1) 노랗다　　(2) 빨갛다

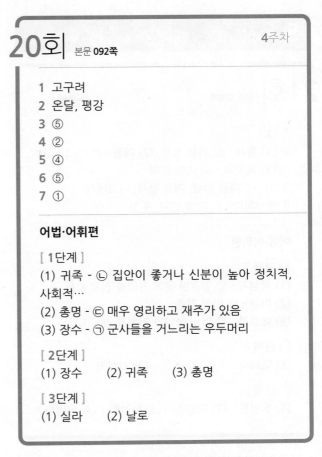

20회 본문 092쪽
4주차

1 고구려
2 온달, 평강
3 ⑤
4 ②
5 ④
6 ⑤
7 ①

어법·어휘편

[1단계]
(1) 귀족 - ㉡ 집안이 좋거나 신분이 높아 정치적,
사회적…
(2) 총명 - ㉢ 매우 영리하고 재주가 있음
(3) 장수 - ㉠ 군사들을 거느리는 우두머리

[2단계]
(1) 장수　　(2) 귀족　　(3) 총명

[3단계]
(1) 실라　　(2) 날로

---

1. 이 노래는 푸르고 활기찬 여름의 모습을 노래하고 있습니다.

2. (1) 이 노래에는 소리를 흉내 내는 표현이 사용되지 않았습니다. (2) 이 노래의 1절과 2절에서 '~면 ~한다.', '~에서 ~이 자란다.'라는 표현이 반복되어 비슷한 형태로 나타나고 있습니다. (3) 이 노랫말에는 '오르면', '커진다', '나간다', '열린다', '날아오른다', '흐른다', '자란다' 등 움직임을 나타내는 다양한 단어가 사용되었습니다. (4) 이 노래에서 대상을 자세하게 관찰한 내용은 나타나지 않습니다.

3. 노래하는 이는 푸른 여름의 자연 속에서 성장하는 자신에 대해 노래하고 있으므로 빠르고 경쾌하게 노래하는 것이 적절합니다.

4. 1절에서 '산' 다음으로 '바다'가, 그다음 2절에서 '벌판' 다음으로 '강가'가 나옵니다. 따라서 알맞은 순서는 ㉠, ㉢, ㉣, ㉡ 순입니다.

5. ㉠은 '나의 키가 점점 커지다.'라는 뜻이므로 ①의 뜻으로 쓰였습니다. ㉡은 '나의 생각하는 힘이나 능력이 커지다.'라는 뜻이므로 ③의 뜻으로 쓰였습니다.

6. 1절의 '파아란'은 2절의 '시원한'과 글자 수를 맞추기 위해 '파란'을 맞춤법에 어긋나게 쓴 것입니다.

7. [보기]는 어떤 대상을 더 실감 나게 표현하거나 말하는 이가 느끼는 것을 강조하기 위해 '~처럼', '~같이', '~듯이'와 같은 말을 써서 두 대상의 공통점을 비교하는 '직유법'에 대한 설명입니다. 따라서 '~처럼', '~같이', '~듯이'가 쓰이지 않은 ③번이 정답입니다. ③번과 같이 '~은 ~이다'와 같은 말을 써서 두 대상의 공통점을 비교하는 표현 방법은 '은유법'입니다.

어법·어휘편 해설

[1단계] '벌판'은 '사방으로 펼쳐진 넓고 평평한 땅'이라는 뜻입니다. '강가'는 '강의 가장자리에 있는 땅, 또는 그 근처'라는 뜻입니다.

[2단계] (1) 방 안이 답답하고 더워서 닫힌 창문을 열었다는 말이므로 ①의 뜻으로 쓰였습니다. (2) 반의 문제를 해결하기 위한 학급 회의를 시작했다는 말이므로 ②의 뜻으로 쓰였습니다.

[3단계] (1) '노란'이 문장의 끝에서 쓰일 때는 '노랗다'라고 씁니다. (2) '빨간'이 문장의 끝에서 쓰일 때는 '빨갛다'라고 씁니다.

---

1. 이 이야기의 배경이 되는 나라는 고구려입니다.

2. 이 이야기에서 가장 중요한 두 사람은 온달과 평강공주입니다. 이 두 사람이 이 이야기의 주인공이라고 할 수 있습니다.

3. ㉠, ㉡, ㉢, ㉣는 온달을 가리키지만 ㉤은 평강공주를 가리킵니다.

4. '자꾸'는 '계속'과 비슷한 의미이기에 서로 바꿔 쓸 수 있습니다.

5. 평강공주는 온달에게 야윈 말을 사라고 했습니다. 나머지는 이야기의 내용과 다른 설명입니다.

6. 이 이야기는 평강공주가 온달을 도와 온달을 성장시키는 이야기입니다. 따라서 ⑤번이 가장 적절합니다.

7. 왕은 공주가 온달과 결혼한다고 하자 화가 났고, 온달이 사냥대회에서 우승을 하자 매우 놀랐으며, 온달이 승승장구하자 기뻐했습니다.

어법·어휘편 해설

[1, 2단계] '귀족'은 집안이 좋거나 신분이 높아 정치적, 사회적으로 특권층에 속한 사람들, '총명'은 매우 영리하고 재주가 있음, '장수'는 군사들을 거느리는 우두머리라는 뜻을 갖고 있습니다.

[3단계] '신라'는 [실라]로, '난로'는 [날로]로 발음해야 합니다.

21회 본문 098쪽

1 ③
2 (1) 황새 - ⓒ 겨울 철새, (2) 개꿩 - ㉠ 나그네새,
　　(3) 꾀꼬리 - ⓛ 여름 철새
3 ①　**4** 여름 철새, 겨울 철새, 나그네새
5 풍부하다　**6** 계절 변화, 뚜렷　**7** ②

어법·어휘편

[1단계]
(1) 서식지 - ⓛ 일정한 곳에 자리를 잡고 사는 곳
(2) 마련 - ㉠ 미리 갖춤
(3) 대표적 - ⓒ 어느 하나가 전체를 잘 나타내는

[2단계]
(1) 대표적　　(2) 마련　　(3) 서식지

[3단계]
(1) 뚜렷한　(2) 다양한　(3) 화려한　(4) 유명한

1. 이 글은 새들 중 '철새'에 관하여 설명하는 글입니다.

2. 글 (나)를 보면, '꾀꼬리'는 여름 철새, 글 (다)를 보면 '황새'는 겨울 철새, 글 (라)를 보면 '개꿩'은 나그네새임을 알 수 있습니다.

3. 겨울 철새보다 여름 철새가 화려하고 알록달록합니다.

4. 철새의 종류를 알아보고, 철새에 대해 설명하였습니다. 그리고 마지막에 '철새의 서식지'에 대해 말하고 있습니다.

5. 먹을 것과 같은 자원이 넉넉하고 많은 것을 '풍부하다'라고 합니다. 그리고 '감정이 풍부하다'라는 표현도 가능합니다.

6. 철새는 계절에 따라 서식지를 이동하는 데, 우리나라는 '계절 변화'가 '뚜렷'하기에 다양한 철새를 관찰할 수 있습니다.

7. 환경오염으로 나그네새의 수가 줄어들고 있습니다. 따라서 환경오염이 심할수록 나그네새의 수 역시 더욱더 줄어들고 사라지게 될 것입니다.

어법·어휘편 해설

[1단계] '서식지'는 동물이나 식물 등이 자리를 잡고 살아가는 일정한 장소를 뜻합니다. '마련'은 무엇인가를 하고자 미리 준비해 둔다는 뜻입니다. '대표적'이란 전체를 잘 나타낼 수 있는 하나로서, 전체의 특징을 잘 보여주고 있다는 뜻입니다.

[2단계] (1) 여러 철새 서식지 중에서 강원도 철원과 속초가 '대표적' 장소입니다. (2) 철새들은 먹잇감이 많고 온도가 알맞은 곳에 서식지를 '마련'하고 알을 낳거나 겨울을 납니다. (3) 철새가 지내기 위해서는 적절한 온도와 먹잇감이 풍부한 곳이 필요합니다. 따라서 계절에 따라 '서식지'를 이동합니다.

[3단계] (1) 흐리지 않고 분명한 모습을 '뚜렷한'이라고 합니다. (2) 모습, 상태, 양식 등이 여러 가지로 많은 것을 '다양한'이라고 합니다. (3) '화려한'은 눈부시게 빛나거나 환하게 빛난다는 뜻입니다. (4) 이름이 널리 알려져 있는 사람을 '유명한' 사람이라고 합니다.

22회 본문 102쪽

1 ⑤　**2** (1) O　(2) X　(3) O　(4) O
3 ③　**4** ①　**5** 표준어
6 걍 → 그냥, 넘 → 너무　**7** ④

어법·어휘편

[1단계]
(1) 표준어 - ⓒ 한 나라의 국민들이 함께 쓰기 …
(2) 습관 - ⓛ 여러 번 되풀이함으로써 저절로 …
(3) 의사소통 - ㉠ 가지고 있는 생각이나 뜻이 …

[2단계]
(1) 습관　　(2) 표준어　　(3) 의사소통

[3단계]
(1) 왠　　(2) 웬

1. 이 글은 '줄임 말'을 바르게 사용하여 원활한 의사소통을 할 수 있도록 도와주는 글입니다.

2. 줄임 말을 써도 되는 경우가 있지만, '그냥'을 '걍'으로 줄인 것은 맞춤법에 맞지 않습니다. 따라서 모든 말을 줄여 쓸 수 있다고 할 수 없습니다.

3. 잘못된 줄임 말에는 '넘', '걍', '암', '잼', '즐' 등이 있습니다.

4. 마지막 문단을 보면 '줄여 써도 되는 말과 그렇지 않은 말을 잘 익혀서 올바른 언어 습관을 기르도록 노력합시다.'라는 글이 있습니다. 이를 통해 이 글의 주제가 '올바른 줄임 말을 사용하자.'라는 것을 알 수 있습니다.

5. 표준어란 '한 나라의 국민들이 함께 쓰기 위해 표준으로 정한 말'로서 한 나라에서 공식적으로 사용되는 말입니다.

6. '걍', '넘'은 잘못된 줄임 말이며, '걍'은 '그냥'으로 '넘'은 '너무'로 써야 합니다.

7. '넘', '걍', '암', '잼', '즐' 등은 잘못된 줄임 말입니다.

어법·어휘편 해설

[1단계] '표준어'는 한 나라 국민들이 함께 쓰는 공식적으로 함께 쓰는 말입니다. '습관'은 오랫동안 여러 번 되풀이하는 과정에서 저절로 굳어진 행동을 뜻합니다. '의사소통'은 가지고 있는 생각이나 뜻이 서로 통한다는 뜻이며 예를 들어 '모둠활동에서 의사소통이 잘 되었다.'라는 표현 등이 있습니다.

[2단계] (1) 올바른 언어를 사용하기 위해 오랫동안 노력한다면 올바른 언어 '습관'을 기를 수 있습니다. (2) 모든 말들을 줄여 쓰는 것은 바람직하지 않습니다. '표준어'가 아닌 '줄임 말'이 있기 때문입니다. (3) 다른 사람과 가지고 있는 생각이나 뜻을 나누는 것을 '의사소통'이라고 합니다.

[3단계] (1) '왠지'는 '왜인지'의 줄임 말로서 문장을 풀어보면 '오늘은 왜인지 좋은 일이 생길 것 같아.'가 됩니다. (2) '웬'은 '어찌 된' '어떠한'의 뜻으로서의 '이게 웬일이야?'라는 표현이 가능합니다.

1 ②　2 ④　3 담임 선생님　4 ②
5 (1) ㉰ 입고 있는 옷 이외의 남는 옷
　(2) ㉠ 모였던 사람들이 흩어지는 것
6 9, 5, 체험, 여벌　7 ⑤

어법·어휘편

[1단계]
(1) 모집 - ㉰ 사람이나 작품 등을 일정한 조건 …
(2) 세부 - ㉠ 자세한 부분
(3) 개별 - ㉡ 여럿 중에서 하나씩 따로 나뉘어 …

[2단계]
(1) 세부　　(2) 개별　　(3) 모집

[3단계]
(1) ①　　(2) ②

1. 이 글은 주변에서 흔히 볼 수 있는 안내문으로서, '캠프'에 대해 안내하고 있습니다.

2. '안내 전화 번호'가 나와 있지 않고, 문의 사항은 각 학급 담임 선생님과 개별적으로 통화하라고 나와 있습니다.

3. 캠프 신청과 궁금한 점, 다른 말로 '문의 사항'은 '담임 선생님'과 개별 통화해서 문의하라고 안내되어 있습니다.

4. 〈보기〉는 '신청 기간' 이후에는 신청할 수 없다는 것을 알리고 있습니다. 따라서 '신청 기간'에 넣는 것이 좋습니다.

5. '여벌'은 필요로 하는 그 이상의 것이라는 뜻으로서, 옷과 관련해서는 '입고 있는 옷 이외의 남는 옷'이라는 뜻을 가지고 있습니다. '해산'은 '모여 있던 사람들이 흩어진다'는 뜻입니다. 예를 들어, "운동회가 끝나 모든 사람들이 해산하였다." 등의 표현이 가능합니다.

6. 민준이의 일기는 '캠프'의 내용과 관련되어 있습니다. 모이는 시간은 오전 '9'시이고, 해산은 돌아오는 날 오후 '5'시입니다. 그리고 둘째 날 계곡 물놀이를 '체험'하고 개인 '여벌' 옷도 준비하도록 되어 있습니다.

7. 캠프 일정을 보면, 출발은 7월 24일 수요일입니다. 따라서 '재석'이가 캠프 일정을 잘못 알고 있습니다.

어법·어휘편 해설

[1단계] '모집'은 무엇인가를 뽑아 모은다는 뜻이기에 '사람이나 작품 등을 일정한 조건 아래 널리 알려 뽑음'이 맞습니다. '세부'는 아주 작고 '자세한 부분'을 뜻합니다. '개별'은 여럿 중에서 하나하나 따로 나누어 있음을 뜻하기 때문에, '여럿 중 하나씩 따로 나뉘어 있는 상태'가 정답입니다.

[2단계] (1) 일정은 '그 날에 할 일'로, '세부 일정'은 '그 날에 할 자세한 일'을 뜻합니다. (2) 전화와 메시지는 '개별'로 하는 것이 일반적입니다. (3) 참여할 어린이를 모으는 내용이기에 '모집'이 들어가는 것이 정확합니다.

[3단계] (1) '참여'는 참가한다는 뜻이기에, '어떤 일에 끼어듦'이 어울립니다. (2) '참고'는 무엇을 보고 도움이 될 만한 것으로 삼는다는 뜻이므로, '살펴서 생각함'이 어울립니다.

1 비행기, 종이배　2 ②　3 비행기
4 ③　5 ④
6 색종이, 도화지, 비행기, 종이배, 뒷동산,
　비행기, 시냇물, 종이배　7 ②

어법·어휘편

[1단계]
(1) 바람 - ㉡ 솔솔　　　　(2) 시냇가 - ㉢ 졸졸
(3) 오색실 - ㉠ 알록달록

[2단계]
(1) 오색　　(2) 도화지

[3단계]
(1) 여기저기　　(2) 알록달록　　(3) 이것저것

1. 가사를 보면 다음과 같은 표현이 있습니다. 따라서 1절에서는 비행기, 2절에서는 종이배를 만들었음을 알 수 있습니다.

2. 말하는 이는 비행기를 만들어 '하늘 끝까지' 날리고 싶고, 종이배를 만들어 '동해 바다까지' 흘러 보내고 싶다고 하였습니다. 따라서 말하는 이가 '동해 바닷가에 가고 있다.'라고 할 수 없습니다.

3. 노래 가사에서 '새처럼' 날아가는 것은 '비행기'입니다. 여기서 '~처럼'은 '새'와 같은 단어 뒤에 붙어 모양이 비슷하거나 같음을 나타내는 말입니다. 예를 들어 "철수는 물개처럼 수영을 잘한다."는 철수가 물개와 같이 수영을 아주 잘 한다는 뜻입니다.

4. 종이접기 노래는 '보통 빠르게' 부르는 노래이고, 가사에서 알 수 있는 것처럼 신나고 '즐겁게' 부르는 게 좋습니다.

5. '종이접기로 만든 비행기나 배를 사람처럼 표현'한 부분을 찾을 수 없습니다.

6. 빈칸을 채우기 위해서는 '종이접기' 가사를 잘 살펴보아야 합니다. '색종이'와 '도화지'를 이용해 '비행기'와 '종이배'를 만들었고, '뒷동산'에서 친구들과 함께 '비행기'를 날리고 '시냇물'에 '종이배'를 띄웠습니다.

7. 비행기와 종이배를 물감이나 색연필로 예쁘게 색칠한다는 내용이 있지만, 어떻게 했다는 내용은 없습니다. 따라서 현서의 말처럼 '똑같이 색칠할 필요가 없다'는 말은 적절하지 않습니다.

어법·어휘편 해설

[1단계] 흉내 내는 말은 무엇의 모습이나 행동을 옮긴 말입니다. 따라서 '바람'은 '솔솔', '시냇가'는 '졸졸', 오색실은 '알록달록'이 적절합니다. 이와 비슷한 예로 고양이가 야옹, 돼지가 꿀꿀 등이 있습니다.

[2단계] (1) '오색'은 여러 가지 빛깔이라는 뜻을 가지고 있으며, '오색 꽃들'은 여러 색들의 꽃들이라는 뜻입니다. (2) 실과 바늘처럼, 〈보기〉의 '도화지'가 있어야 크레파스로 그림을 그릴 수 있습니다.

[3단계] (1) '여기저기'는 특별히 정해지지 않은 여러 장소나 위치를 뜻합니다. 따라서 '여러 가지 장소'가 적절한 답입니다. (2) '알록달록'은 '여러 가지 밝은 빛들이 모여 있는 상태'입니다. 따라서 '여러 가지 빛깔'이 정답으로 적절합니다. (3) '이것저것'은 '여러 가지 물건'을 가리키는 말입니다.

1 쥐 2 ④
3 (1) - ㉡ 이 층 (2) - ㉣ 마당 (3) - ㉢ 일 층
  (4) - ㉠ 지하실 (5) - ㉤ 이 층 (6) - ㉢ 일 층
4 털솔 5 우왕 찍, 찍, 찍 쌌다
6 ③ 7 독, 쥐

어법·어휘편

[1단계]
(1) 작전 - ㉡ 어떤 일을 이루기 위한 계획, 방법
(2) 암호 - ㉢ 비밀을 유지하기 위하여 …
(3) 개시 - ㉠ 어떤 일이나 행동을 처음으로 시작함

[2단계]
(1) 개시   (2) 작전   (3) 암호

[3단계]
엄마는 쥐를 잡기 전에는 도저히 잠을 잘 수 없다고
하셨어요.

1. 이 글은 '쥐'와 관련된 이야기입니다.

2. 아빠는 집 안에서 쥐가 나와 기절할 뻔 했습니다. 이를 통해 아빠의 성격은 '겁이 많다'는 것을 알 수 있습니다.

3. 가족들이 쥐구멍을 찾기 위해 엄마와 동생은 '일 층', 고모는 '지하실', 아빠는 '마당', 할아버지와 나는 '이 층'을 맡았습니다.

4. 글의 마지막을 살펴보면, 아빠가 만진 것은 쥐가 아니라 홈통을 청소하는 '털솔'임을 알 수 있습니다.

5. 가족들은 쥐를 따돌리기 위해, 쥐를 '빵'이라 부르고 쥐가 나타났을 때 '우왕 찍', 쥐가 지나간 자리를 발견했을 때 '찍', 쥐를 추격하다 놓치면 '찍 쌌다'라는 암호를 정했습니다.

6. 가족들과 달리 고모는 쥐가 나타났다는 이야기를 듣고도, "난 또 무슨 큰일이라고"라고 말했습니다. 이를 통해 고모는 쥐를 많이 무서워한다고 할 수 없습니다.

7. 궁지는 매우 어려운 상태를 뜻하는 단어로서 '궁지에서 벗어날 수 없는 처지'는 '매우 어려운 상황이지만 벗어날 수 없는 처지'라는 뜻입니다. 이와 관련해서 우리 속담에 '독 안에 든 쥐'가 일반적으로 사용되고, 때로는 '덫 안에 든 쥐' 등의 표현도 사용됩니다.

어법·어휘편 해설

[1단계] '작전'은 '어떤 일을 이루기 위한 계획이나 방법'입니다. '암호'는 '비밀을 유지하기 위하여 당사자끼리만 알 수 있도록 꾸민 약속 기호'가 적절합니다. '개시'는 일이나 행동을 시작하다는 뜻이므로 '어떤 일이나 행동을 처음으로 시작함'이 정답입니다.

[2단계] (1) 공격을 시작하는 것을 공격 '개시'라고 합니다. (2) 어떤 일을 이루기 위한 계획이나 방법을 세우는 것을 '작전을 짠다.'라고 합니다. (3) '암호'는 당사자끼리만 알 수 있는 약속 기호입니다. 따라서 '암호'가 적절한 정답입니다.

[3단계] 다음과 같이 띄어쓰기를 하면서 원고지에 쓰면 됩니다.

	엄	마	는		쥐	를		잡	기		전
에	는		도	저	히		잠	을		잘	
수		없	다	고		하	셨	어	요	.	

---

1 ④ 2 딱딱한 3 ⑤ 4 ⑤
5 가을, 곡식, 먹을 것, 죽
6 곡식, 4, 6, 솔잎, 껍질, 죽, 소화, 변비 7 ③

어법·어휘편

[1단계]
(1) 추수 - ㉡ 가을에 농사지은 쌀 등을 거두어들임
(2) 곡식 - ㉢ 사람의 음식이 되는 쌀, 보리, 콩 …
(3) 소화 - ㉠ 먹은 음식물을 분해하여 영양분을 …

[2단계]
(1) 곡식   (2) 추수   (3) 소화

[3단계]
(1) 고양이   (2) 도토리

1. 이 글은 '똥구멍이 찢어지게 가난하다'라는 표현에 대해 설명한 글입니다.

2. 솔잎이나 소나무 껍질은 원래 먹을거리가 아니기 때문에 소화가 잘 되지 않습니다. 소화가 되지 않아 대변이 잘 배설되지 않고 '딱딱한' 똥이 나오게 됩니다.

3. 변비에 걸리면, 딱딱한 똥이 나오고 그때 똥구멍이 찢어져 피가 나올 수 있습니다.

4. '똥구멍이 찢어지게 가난하다.'라는 말에 대해 설명한 글 뒤에 위치해야 하기에 (마)가 적절합니다.

5. 옛날에는 가을에 추수를 해서 얻은 곡식을 다음 해 가을까지 먹어야 했습니다. 하지만 가난한 집에서는 4~6월 무렵이 되면 '가을'에 수확한 '곡식'이 거의 다 떨어지곤 했습니다. 그래서 이때가 되면 사람들이 '먹을 것'이 없어 산이나 들에 있는 솔잎이나 소나무 껍질로 '죽'을 끓여 먹기도 했습니다.

6. '똥구멍이 찢어지게 가난하다'라는 말은 먹을 '곡식'이 없는 '4~6월'이 되면 '솔잎'이나 소나무 '껍질'로 '죽'을 끓여 먹었던 일에서 나온 말입니다. 그런데 솔잎이나 소나무 껍질은 '소화'가 잘 되지 않아 '변비'에 걸리기 쉬웠고, 딱딱한 변으로 인해 똥구멍이 찢어져 피가 나오기도 하였습니다.

7. '똥구멍이 찢어지다'는 매우 가난하다는 뜻이며, 예문 중에서 '목구멍에 겨우 풀칠하다.'가 같은 뜻입니다.

어법·어휘편 해설

[1단계] '추수'는 '가을에 농사지은 쌀 등을 거두어들임'이 적절한 답입니다. '곡식'은 '사람의 음식이 되는 쌀, 보리, 콩 등을 통틀어 이르는 말'입니다. '소화'란 '먹은 음식물을 분해하여 영양분을 흡수하기 쉬운 형태로 바꾸는 일'을 말합니다.

[2단계] (1) 빈칸에는 '곡식'이 적절한 답입니다. (2) 가을에는 먹을 곡식을 '추수'합니다. (3) 솔잎이나 소나무 껍질은 원래 먹을거리가 아니기 때문에 '소화'가 잘 되지 않습니다.

[3단계] (1) '고양이한테 생선을 맡기다.'는 해를 끼칠 만한 사람에게 중요한 일을 맡긴다는 뜻입니다. (2) '도토리 키 재기'는 실력이 비슷비슷한 사람끼리 다툰다는 뜻입니다.

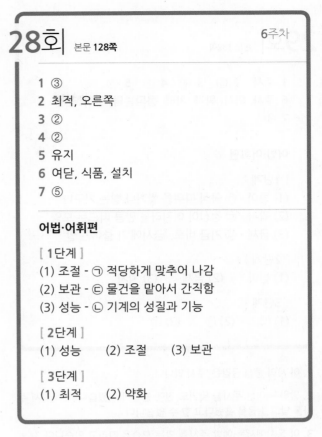

27회 본문 124쪽

1 김치
2 김치
3 ①
4 ④
5 ③
6 김치, 채소, 김장, 고추, 배추
7 ③

어법·어휘편

[1단계]
(1) 풍습 - ⓒ 옛날부터 이어져 내려오는 생활 습관
(2) 종류 - ㉠ 같은 특징을 가진 것들끼리 모아…
(3) 재료 - ⓛ 무언가를 만드는 데 필요한 것들

[2단계]
(1) 재료   (2) 풍습   (3) 종류

[3단계]
(1) 담그다   (2) 담다   (3) 담그다

1. 이 글은 우리가 즐겨 먹는 '김치'에 대한 글입니다.

2. 이 글은 '김치'의 역사를 살피기 위해, 고조선 시대의 김치에서 지금의 김치까지 시간의 흐름에 따라 설명하고 있습니다.

3. 우리 땅에 '고추'가 들어오게 된 것은 조선시대 '임진왜란(1592년)' 이후입니다.

4. 보기를 보면 '고추를 사용하기 시작하면서……'라는 문장이 있습니다. 따라서 '㉣'에 위치하는 것이 적절합니다.

5. 글 (다)를 보면 '김장 또한 고려시대부터 시작된 풍습'이라는 문장이 있습니다. 따라서 '고려시대'가 맞는 답입니다.

6. 이 글은 '김치'의 역사를 설명한 글입니다. 이에 고조선, 삼국시대, 고려시대, 조선시대로 문단을 나누고 설명을 하고 있습니다. 먼저 고조선·삼국시대에는 여러 가지 '채소'를 소금이나 장, 식초 등에 절여 먹었고, '고려시대'에는 '김장'을 하는 풍습도 생겨났습니다. 마지막으로 조선시대에는 '고추'와 '배추'가 들어오면서 오늘날의 빨간 배추김치가 탄생하게 되었습니다.

7. 김치에 마늘, 생강이 들어가서 맛이 다양해진 것은 삼국시대를 지난 고려시대입니다. 따라서 '성훈'의 대화가 적절하지 않습니다.

어법·어휘편 해설

[1단계] '풍습'이란 '옛날부터 이어져 내려오는 생활 습관'을 뜻합니다. '종류'란 일정한 기준에 따라 분류한 것이므로, '같은 특징을 가진 것들끼리 모아놓은 것'이 적절합니다. '재료'란 음식 재료와 같이 '무엇인가를 만드는 데 필요한 것들'을 의미합니다.

[2단계] (1) 김치를 만드는 데 필요한 것이기에 '재료'가 들어가야 합니다. (2) 김장은 옛날부터 이어져 내려오는 생활 습관이기에 '풍습'이 들어가는 것이 좋습니다. (3) 배추김치, 파김치, 깍두기는 재료에 따라 김치를 분류한 것입니다. 따라서 '종류'가 정답이 됩니다.

[3단계] '담다'와 '담그다'의 뜻을 생각하면 (1) 김치를 '담그다', (2) 책들을 안전하게 '담다', (3) 계곡물에 발을 '담그다'가 정확합니다.

28회 본문 128쪽

1 ③
2 최적, 오른쪽
3 ②
4 ②
5 유지
6 여닫, 식품, 설치
7 ⑤

어법·어휘편

[1단계]
(1) 조절 - ㉠ 적당하게 맞추어 나감
(2) 보관 - ⓒ 물건을 맡아서 간직함
(3) 성능 - ⓛ 기계의 성질과 기능

[2단계]
(1) 성능   (2) 조절   (3) 보관

[3단계]
(1) 최적   (2) 약화

1. 이 글은 '냉장고' 사용 방법을 설명하는 실용문입니다.

2. 냉동실 온도를 낮추려면 온도 설정을 '최적' 위치에서 '오른쪽'으로 설정해야 합니다.

3. 냉장고 사용설명서 '효과적인 식품 저장 방법'을 보면 '뚜껑이 없는 그릇에 담긴 반찬은 랩을 씌워 보관'하도록 안내되어 있습니다.

4. <보기>의 내용은 사용상 조심해야 할 내용이므로, '주의'에 들어가는 것이 좋습니다.

5. 어떤 상태나 현상을 변함없이 그대로 보존한다는 뜻을 가진 단어는 '유지'입니다.

6. 참고를 보면 냉장고 안의 온도는 문을 '여닫'는 횟수, '식품'의 양, '설치' 환경 등에 따라 달라질 수 있습니다.

7. 냉장실 6단계는 매우 낮은 온도로 설정된 상태입니다. 따라서 과일과 반찬들이 얼기 쉽습니다. '온도를 높이기 위해서'는 '온도를 1~3단계로 설정'해야 합니다.

어법·어휘편 해설

[1단계] '조절'은 적절한 수준으로 맞춘다는 뜻입니다. 따라서 '적당하게 맞추어 나감'이 정답입니다. '보관'은 '물건을 맡아서 간직함'을 뜻하며, '성능'은 어떤 물건이 지닌 성질과 능력을 뜻하기 때문에 '기계의 성질과 기능'이 답이 됩니다.

[2단계] (1) '성능'은 기계의 성질과 기능에 관련된 단어입니다. 따라서 냉장고 '성능'이라는 표현이 가능합니다. (2) 단계를 '조절' 하다는 뜻은 적당하게 단계를 맞춘다는 뜻입니다. (3) 음식을 보관할 때 뜨거운 식품은 식힌 후에 '보관'해야 합니다.

[3단계] (1) '최적'은 가장 적당하거나 적합하다는 뜻입니다. (2) 태풍이 점차 '약화'되었다는 뜻은 힘이 약해졌다는 의미입니다. 참고로 '강화'되었다는 뜻은 점점 힘이 강해졌다는 뜻입니다.

29회 | 본문 132쪽

1 주사   2 ⑤   3 ④   4 ②   5 ⑤
6 주사, 의사, 왁자, 차례, 콩닥콩닥, 팔뚝, 눈물
7 ④

어법·어휘편

[1단계]
(1) 방아 - ㉠ 곡식 따위를 찧거나 빻는 기구나 …
(2) 왁자 - ㉢ 정신이 어지러울 만큼 떠드는 모양
(3) 금세 - ㉡ 지금 바로. '금시에'가 줄어든 말

[2단계]
(1) 방아   (2) 금세   (3) 왁자

[3단계]
(1) ②   (2) ③   (3) ①

1. 이 시의 중심 글감은 '주사'입니다.

2. 말하는 이는 주사를 맞기도 전에 눈물이 나왔습니다. 따라서 주사를 맞고 눈물을 흘렸다고 할 수 없습니다.

3. 이 동시에서는 예방 주사를 맞는 모습을 그리고 있습니다. 예방 주사란 병에 걸리는 것을 미리 막기 위해 맞는 주사를 의미하기에 ④가 적절한 답이 됩니다.

4. 예방 주사를 맞기 위해 차례를 기다릴 때, 아이들 가슴은 콩닥콩닥 방아를 찧습니다. 따라서 '긴장'되었음을 알 수 있습니다.

5. 이 시는 6연 13행으로 되어 있으며, '왁자', '콩닥콩닥' 등의 모양이나 소리를 흉내 내는 표현이 사용되었습니다.

6. 시의 내용을 요약하면, '주사'를 맞는 날이 되어 '의사' 선생님이 오시자 '왁자'한 교실은 금세 조용해 졌습니다, '차례'를 기다릴 때 긴장되어 가슴이 '콩닥콩닥' 뛰었고, 다른 아이의 비명 소리만 듣고도 내 '팔뚝'이 아프고 '눈물'이 나왔습니다.

7. 말하는 이는 주사를 맞기도 전에 눈물을 흘렸습니다. 따라서 씩씩한 모습과 거리가 멉니다.

어법·어휘편 해설

[1단계] '방아'는 곡식을 찧거나 빻으려고 만든 기구나 설비입니다. 따라서 '곡식 따위를 찧거나 빻는 기구나 설비를 통틀어 이르는 말'이 정답이 됩니다. '왁자'는 '정신이 어지러울 만큼 떠드는 모양'을 나타낸 표현입니다. '금세'는 얼마 되지 않는 짧은 시간 안이라는 뜻을 가지고 있습니다. 따라서 '지금 바로'가 적절한 답이 됩니다.

[2단계] (1) '방아'를 찧는 모습에서 '엉덩방아'라는 표현을 씁니다. '엉덩방아'는 뒤로 넘어져 엉덩이로 바닥을 찧는 모습입니다. (2) '금세' 퍼졌다라는 표현은 얼마 되지 않는 짧은 시간에 퍼졌다라는 뜻입니다. (3) 아이들이 시끄럽게 떠드는 모습을 '왁자'하게 떠든다고 합니다.

[3단계] (1) 손님을 맞았다는 뜻은 '오는 사람을 받아들였다'라는 의미가 됩니다. (2) 침을 맞았다는 뜻은 '침으로 치료를 받았다'가 되며 (3) 답이 맞았다는 표현은 '답이 옳았다'라는 뜻이 됩니다.

30회 | 본문 136쪽

1 델라, 제임스
2 12, 24
3 20
4 ④
5 시곗줄, 머리빗
6 ②
7 ③

어법·어휘편

[1단계]
(1) 비용 - ㉠ 물건을 사거나 어떤 일을 하는 데 쓰는 돈
(2) 엄두 - ㉢ 감히 무엇을 하려는 마음
(3) 보류 - ㉡ 당장 처리하거나 결정하지 않고 나중으로 …

[2단계]
(1) 보류   (2) 비용   (3) 엄두

[3단계]
(1) 나날   (2) 발길

1. 이 이야기의 중심인물은 주인공인 델라와 제임스 두 사람입니다. 두 사람은 서로 부부관계입니다.

2. 이야기를 읽어보면 '내일'은 크리스마스라고 하고 있습니다. 따라서 이야기가 이루어지는 '오늘'은 12월 24일임을 알 수 있습니다.

3. 델라는 머리카락을 20달러에 팔았습니다.

4. '한동안 멍하니'는 '넋이 나간 듯이 가만히 한 자리에 서 있거나 앉아 있는 모양'을 뜻하는 '우두커니'로 바꾸어 쓸 수 있습니다.

5. 델라는 머리카락을 팔아 제임스에게 시곗줄을 선물해주었고, 제임스는 시계를 팔아 델라에게 고급 머리빗을 선물해주었습니다.

6. 델라가 자신의 긴 머리를 귀찮아했다는 내용은 찾아볼 수 없습니다. 오히려 델라는 자신의 머리카락을 자랑스러워했습니다.

7. 이 이야기는 서로를 위해 자신이 가장 자랑스럽게 생각하는 것을 팔아 선물을 마련한 부부의 이야기입니다. 따라서 ③번이 가장 적절합니다.

어법·어휘편 해설

[1, 2단계] '비용'은 물건을 사거나 어떤 일을 하는 데 쓰는 돈, '엄두'는 감히 무엇을 하려는 마음, '보류'는 당장 처리하거나 결정하지 않고 나중으로 미루어 두는 것이라는 뜻을 갖고 있습니다.

[3단계] '하루하루'는 '나날'로, '걸음'은 '발길'로 바꾸어 쓸 수 있습니다.

31회 본문 142쪽

1 인사   2 ②   3 ③
4 악수, 합장, 이마, 코   5 ⑤   6 ⑤   7 ③

어법·어휘편

[1단계]
(1) 독특한 - ㉡ 특별하게 다른
(2) 경계심 - ㉠ 조심하는 마음
(3) 합장 - ㉢ 두 손바닥을 합하여 마음이 …

[2단계]
(1) 경계심   (2) 독특한   (3) 합장

[3단계]
(1) ①   (2) ②

32회 본문 146쪽

1 베토벤   2 ①   3 ③
4 오르간, 생활, 귀   5 ③
6 빈, 모차르트, 하이든, 연주가   7 ⑤

어법·어휘편

[1단계]
(1) 명성 - ㉠ 널리 알려지고 칭찬을 받는 이름
(2) 안정 - ㉢ 몸과 마음이 편안하고 고요함
(3) 비판 - ㉡ 옳고 그름을 판단하여 밝히거나 잘못
된 …

[2단계]
(1) 명성   (2) 안정   (3) 비판

[3단계]
(1) ②   (2) ①

---

1. 이 글은 세계의 다양한 '인사 문화'에 대해 설명한 글입니다.

2. 뉴질랜드에서 인사하면서 하는 말은 나와 있지 않습니다.

3. 우리나라의 인사 예절인 공수법에서는 고개를 '30도' 정도 숙여 인사를 합니다.

4. 세계의 다양한 인사법을 정리하면 미국은 '악수', 태국과 인도는 '합장', 뉴질랜드는 '서로 이마와 코를 부드럽게 맞대며 인사'를 합니다.

5. '개척'의 본래 의미는 농경지가 아닌 땅을 일구어 논과 밭으로 만든다는 뜻입니다. 따라서 '땅을 논이나 밭과 같이 쓸모 있는 땅으로 만듦'과 관련된 단어는 '개척'입니다.
개방 : 금지되어 있던 것을 풀어 자유롭게 함.
개국 : 나라를 새로 세움.
개선 : 부족한 부분을 고치어 나아지게 함.
개교 : 학교를 새로 세움.

6. ⑤의 인사법은 글에 나와 있지 않습니다. 참고로 이 인사법은 티베트의 인사법입니다.

7. 미국에서는 서로 '악수'하며 인사하는 것이 적절합니다. 일본에서는 '공수법', 태국 친구에게는 '합장', 인도에서는 '나마스테'가 상대방을 배려하는 인사법입니다. 또한 뉴질랜드에서는 서로 이마와 코를 맞대며 인사해야 합니다.

어법·어휘편 해설

[1단계] '독특'이란 다른 대상과 잘 구별될 정도로 다르다는 뜻입니다. 따라서 '특별하게 다른'이 답이 됩니다. '경계심'은 '조심하는 마음'이고 '합장'은 '두 손바닥을 합하여 마음이 한결같음을 나타냄'이 정답입니다.

[2단계] (1) 미국 서부 개척시대는 총과 같은 무기가 있었기에 서로에 대한 '경계심'이 많았습니다. (2) 나라마다 '독특한' 인사 문화가 있습니다. (3) 태국에서 인사할 때는 '합장'을 합니다.

[3단계] (1) '경계'는 일정한 기준으로 구별되는 선 등을 뜻합니다. 따라서 꿈과 현실의 경계에서 '경계'는 '사물이 어떠한 기준에 의하여 구분되는 한계'가 그 뜻이 됩니다. (2) '발전'이란 '더 낫고 좋은 상태나 더 높은 단계로 나아간다.'라는 뜻입니다.

1. 이 글은 유명한 음악가 '베토벤'에 관한 전기문입니다.

2. 글의 종류는 전기문으로서 '인물의 삶을 사실에 뒷받침하여 쓴 글'입니다. ②, ③, ④은 논설문에 대한 설명이며 ⑤는 기행문입니다.

3. 베토벤은 어린 두 동생을 돌보기 위해 피아노 선생을 하며 생계를 책임졌습니다.

4. 베토벤은 1770년 12월 17일 출생했습니다. 14살 때 궁전 '오르간' 연주가가 되었으나 어머니와 아버지가 돌아가시자 두 동생의 '생활'을 책임졌습니다. 작곡을 하는 과정에서 '귀'가 들리지 않게 되었지만 그는 질병과 싸우면서 위대한 작품을 많이 남겼습니다.

5. ㉠의 앞 내용이 뒤 내용의 원인이 되기에 '그래서'가 사용됩니다. ㉡의 경우 앞 내용과 뒤 내용이 반대되기 때문에 '그러나'를 사용합니다.

6. 베토벤은 스물두 살에 '빈'으로 돌아가 '모차르트'와 '하이든'의 지도를 받았고, '연주가'로서 활발한 활동을 하였습니다.

7. 이 글은 전기문이기에, 훌륭한 업적을 이룩한 사람들에 대해 적은 위인전에 싣는 것이 좋습니다.

어법·어휘편 해설

[1단계] '명성'은 이름이 널리 알려졌다는 뜻입니다. 이에 '널리 알려지고 칭찬을 받는 이름'이 정답이 됩니다. '안정'은 '몸과 마음이 편안하고 고요한' 상태를 뜻하며, '비판'은 잘못된 점을 지적한다는 뜻이기에 '옳고 그름을 판단하여 밝히거나 잘못된 점을 지적함'이 바른 뜻풀이가 됩니다.

[2단계] (1) 이름이 널리 알려지고 칭찬을 받게 되는 것이므로 '명성'을 얻게 되다, (2) 두 동생의 생활이 편안해진 것이므로, 생활이 '안정'되다, (3) 작곡한 곡을 심하게 지적하는 것이므로 '비판'이 정답이 됩니다.

[3단계] (1) '기술 지도'는 남을 가르쳐 이끈다는 의미이기에 ②가 정답이 됩니다. (2) '지도를 보고 길을 찾는다'에서 지도는 땅의 모습을 그린 그림입니다. 따라서 ①이 정답입니다.

33회 본문 150쪽

1 ③ **2** ① **3** 영어 교사, 보유, 경력
4 ② **5** 창의력 **6** 리더십, 소통 **7** ④

어법·어휘편

[1단계]
(1) 핵심 - ⓒ 가장 중심이 되는 부분
(2) 소통 - ㉠ 뜻이 서로 통하여 잘못 이해하는 …
(3) 귀가 - ⓔ 집으로 돌아가거나 돌아옴

[2단계]
(1) 귀가 　　(2) 소통 　　(3) 핵심

[3단계]
(1) 보유 　　(2) 운행

1. 이 글은 영어교실에 대한 안내문으로서 '영어교실에 대해 설명하고 홍보'하기 위한 글입니다.

2. 수업 일정을 보면 1학기는 3, 4, 5, 6, 7월로 되어 있습니다.

3. 원어민 강사진에 대한 안내를 보면 국제 공인 전문 '영어 교사' 자격증을 '보유'하고 다양한 교육 '경력'을 가진 사람들로 구성되어 있습니다.

4. 보기의 내용은 수업 시간에 관한 내용입니다. 보기 중 수업 시간과 관련된 내용은 '수업 일정'입니다.

5. '창의력'은 무엇인가 새로운 것을 생각해 내는 능력입니다. '창의력'은 5행에 쓰여 있습니다.

6. 안내문을 보면 영어와 함께 자라는 6가지 핵심 역량은 창의력, 문제해결력, '리더십', 시민의식, '소통', 디지털 정보 활용 능력입니다. '리더십'이란 한 집단의 지도자로서 갖추어야 할 능력을 뜻하며, '소통'은 생각이나 의견 등이 막힘없이 남과 잘 통한다는 뜻입니다.

7. 보기를 보면 민아, 민지, 민수의 가족들이 등장합니다. 민아는 초등학교 3학년, 민지는 초등학교 6학년이고 민수는 아직 초등학교에 들어가지 않았습니다. 그런데 민지는 6학년이기 때문에 6단계에 해당하는 수업을 들어야 합니다.

어법·어휘편 해설

[1단계] '핵심'이란 사물에서 '가장 중심이 되는 부분'입니다. '소통'이란 '뜻이 서로 통하여 잘못 이해하는 일이 없음'이 적절합니다. '귀가'는 '집으로 돌아가거나 돌아옴'을 뜻합니다.

[2단계] (1) 어린이들이 안전하게 집에 돌아갈 수 있도록 차량을 운행하므로 '귀가'가 적절합니다. (2) 영어를 배우면 영어로 생각이나 의견을 전달할 수 있기 때문에 '소통'이 답이 됩니다. (3) 영어를 배우면 여러 가지 역량이 늘어나는데 그 중에서 중심이 되는 역량을 '핵심' 역량이라고 합니다.

[3단계] (1) '보유'란 가지고 있거나 간직하고 있다는 뜻입니다. 예를 들어 김○○ 선수가 세계 신기록을 보유하고 있다는 뜻은, 김○○ 선수가 세계 신기록을 가지고 있다는 뜻이 됩니다. (2) 운행이란 자동차와 같은 운송 수단이 운전하여 다닌다는 뜻입니다. 따라서 '정해진 길을 따라 운전해 다닌다.'로 해석할 수도 있습니다.

34회 본문 154쪽

1 꽃씨, 일기
2 ④
3 ③
4 울, 까맣게, 채송화, 봉숭아꽃, 날마다, 먼 훗날, 웃음
5 ④
6 ⑤
7 ④

어법·어휘편

[1단계]
(1) ① 　　(2) ③ 　　(3) ②

[2단계]
마다

[3단계]
울

1. 이 노래의 1절에서는 심어두고 잊어버렸던 '꽃씨', 2절에서는 귀찮아도 매일매일 썼던 '일기'에 대해 이야기하고 있습니다.

2. 이 노래의 화자는 날마다 일기를 쓰는 것을 귀찮아하며 투덜댔습니다. 그러나 ④번에서는 '매일매일 일기를 쓰는 것을 즐거워했다.'라고 하고 있으므로 알맞지 않은 것은 ④번입니다.

3. ㉠은 귀찮다고 생각하면서도 힘들어서 일기를 다 썼다는 내용이 들어가야 하므로, '아주 어렵거나 힘들게'라는 뜻의 '겨우겨우'가 들어가야 알맞습니다.

4. 이 노래의 화자는 과거에 큰 기대 없이 '울' 밑에 꽃씨를 심어두고 '까맣게' 잊어버렸지만, 현재 '채송화'와 '봉숭아꽃'이 활짝 핀 것을 보고 씨를 뿌리길 잘했다고 생각했습니다. 그리고 '날마다' 일기를 쓰는 것을 귀찮다고 생각했지만, '먼 훗날' 일기를 다시 읽으니 '웃음'이 터질 정도로 재밌어서 일기 쓴 것을 잘했다고 생각했습니다.

5. 이 노래는 과거에 화자가 했던 일을 현재에 되돌아보면서 느낀 뿌듯함을 노래하고 있습니다.

6. 이 노래는 일기 쓰는 것은 귀찮지만, 막상 쓴 일기를 나중에 되돌아보니 재밌었다고 이야기하고 있습니다. 따라서 일기 쓰는 것이 나중에 추억이 될 것이라고 말하는 ⑤번이 정답입니다.

7. 이 글과 노래의 두 주인공은 예전에 꽃씨를 뿌렸던 것을 잊어버렸지만, 현재 꽃이 핀 것을 보면서 당시 꽃씨를 뿌리길 잘했다고 생각하고 있습니다.

어법·어휘편 해설

[1단계] (1) 요리를 아주 짙고 검게 태웠다는 뜻이므로 ①번입니다. (2) 약속에 대해 기억하는 바가 전혀 없이 잊어버렸다는 뜻이므로 ③번입니다. (3) 아득하게 느껴질 정도로 먼 옛날의 일이라는 의미이므로 ②번입니다.

[2단계] 각각 '하나하나 모두', '해당하는 시기마다 한 번씩'을 뜻하는 낱말이 들어가야 하므로, '마다'가 정답입니다.

[3단계] '풀, 나무 등을 엮어서 집이나 밭 둘레에 담 대신 친 것'은 '울'입니다.

35회 본문 158쪽

1 안토니오, 바사니오, 샤일록, 포셔 (순서 바뀌어
도 됨)
2 ①
3 1, 살
4 ③
5 ②
6 ④
7 ⑤

어법·어휘편

[1단계]
(1) 계약 - ⓒ 어떤 일에 대해 …
(2) 권리 - ㉠ 당연하고 자유롭게 주장, 요구할 수
있는 …
(3) 위반 - ⓛ 법, 약속 등을 어기거나 지치지 않는
것

[2단계]
(1) 권리   (2) 위반   (3) 계약

[3단계]
(1) 고약하다   (2) 명심

---

1. 이 이야기의 등장인물은 안토니오, 바사니오, 샤일록, 포셔라고
지문 맨 앞에 나와 있습니다.

2. ㉠은 연극의 특징과는 전혀 관련 없는 내용입니다. 나머지는 무
대, 조명 등의 표현을 통해 연극임을 확인할 수 있습니다.

3. 안토니오는 만일 기한 안에 돈을 갚지 못하면 샤일록에게 1파운
드의 살을 잘라주겠다고 약속했습니다.

4. '상황을 빠져나온다'는 것은 '상황을 해결한다'는 뜻입니다.

5. 판결이 샤일록의 뜻대로 되지 않았으므로 '울상을 지으며'가 가
장 적절합니다.

6. 샤일록은 안토니오가 더 큰 돈으로 갚는다고 하여도 뜻을 굽히
지 않았습니다. 따라서 종훈이의 말은 옳지 않습니다.

7. 연극은 오히려 소설에 비해 인물의 표정이 직접 제시되어 있고
직접 무대에서 표정을 보여주기 때문에 더욱 생동감을 느낄 수 있
습니다.

어법·어휘편 해설

[1, 2단계] '계약'은 어떤 일에 대해 지켜야 할 것을 합의하여 이룬
약속, '권리'는 당연하고 자유롭게 주장하거나 요구할 수 있는 힘이
나 자격, 위반은 법이나 약속 등을 어기거나 지키지 않는 것이라는
뜻을 갖고 있습니다.

[3단계] 험상궂고 거칠다는 뜻을 가진 말은 '고약하다', 마음에 새
겨둠이라는 뜻을 가진 말은 '명심'입니다.

36회 본문 164쪽

1 동물, 의사소통   2 꿀벌, 돌고래, 침팬지
3 ①   4 질   5 ①   6 휘파람   7 ②

어법·어휘편

[1단계]
(1) 언어 - ⓛ 생각이나 느낌을 전달하는 수단인 …
(2) 유사 - ⓒ 서로 비슷함
(3) 수준 - ㉠ 사물의 가치나 질 따위의 기준이 …

[2단계]
(1) 수준   (2) 언어   (3) 유사

[3단계]
(1) ③   (2) ②   (3) ④   (4) ①

---

1. 이 글은 의사소통을 하는 동물들에 대한 설명문입니다. 따라서
'동물'들의 '의사소통'이 적절한 제목이 될 수 있습니다.

2. 이 글은 첫 번째 문단에서는 의사소통을 하는 동물을 소개하면
서 , 두 번째 문단에서 꿀벌, 세 번째 문단에서 돌고래, 네 번째 문단
에서 침팬지에 대해 설명하고 있습니다.

3. 꿀벌은 춤을 추어 생각을 전달합니다.

4. '질' 이란 '사물의 가치에 관한 정보'를 뜻합니다. 예를 들어 "이 사
과의 질이 매우 좋다."는 사과의 가치가 매우 좋다는 뜻이 됩니다.

5. 꿀벌은 춤으로 생각을 전달합니다. 둥글게 원을 그리며 춤을 추
면 꽃이 아주 가까이 있다는 뜻이고, 8자 모양을 그리며 춤을 추면
꽃이 멀리 있다는 뜻입니다.

6. 새끼 돌고래가 길을 잃으면 어미 돌고래는 큰 소리로 휘파람을
붑니다. 그리고 그 '휘파람' 소리를 듣고 새끼 돌고래가 대답을 합니
다. 따라서 ㉠은 '휘파람'이 답이 됩니다.

7. 이 글은 동물들도 의사소통을 한다는 내용으로 "동물도 말을 하
나요?"에 대한 적절한 답변 글이 될 수 있습니다.

어법·어휘편 해설

[1단계] '언어'는 의사를 소통하기 위한 소리나 문자와 같은 수단
을 뜻합니다. 따라서 '생각이나 느낌을 전달하는 수단인 말과 글'이
정답으로 적절합니다. '유사'는 '서로 비슷함'을 의미하며, '수준'은
'사물의 가치나 질 따위의 기준이 되는 일정한 정도'를 뜻합니다.

[2단계] (1) 어떤 일에 완벽하다는 것은, '수준이 높다'라는 말을
사용합니다. (2) 우리나라와 일본에서 사용되는 말과 글은 다릅니
다. 따라서 답은 '언어'가 됩니다. (3) 어떤 일이 과거의 일과 비슷할
때, 우리는 '유사'하다고 합니다.

[3단계] (1) 풍선에 숨을 넣기에 '입을 오므리고 날숨을 내어보내
어, 입김을 내거나 바람을 일으키다.'가 적절합니다. (2) 문화가 불
어 닥쳤다는 뜻은 서양의 '유행, 풍조, 변화 따위가 일어나 휩쓸다'
라는 뜻입니다. (3) 악기와 관련된 내용이므로 '관악기를 입에 대고
숨을 내쉬어 소리를 내다'가 정답입니다. (4) 바람이 불기 시작했다
는 '바람이 일어나서 어느 방향으로 움직이다.'라는 뜻입니다.

1 편식   2 ④   3 ③   4 편식, 영양 불균형, 신체 기능, 거부감, 식습관   5 ③   6 식사 방법, 거부감, 영양 불균형, 싫어하는 음식   7 ④

어법·어휘편

[1단계]
(1) 영양실조 - ⓒ 몸속의 영양이 부족한 상태
(2) 결핍 - ⓛ 있어야 할 것이 없어지거나 모자람
(3) 지속 - ㉠ 어떤 상태가 오래 계속됨

[2단계]
(1) 영양실조   (2) 지속   (3) 결핍

[3단계]
(1) ②   (2) ①

1. 이 글은 '편식'을 하지 말자는 논설문입니다.

2. 이 글은 어릴 때부터 건강한 식습관을 가지게 되면 어른이 되어서도 건강한 식습관을 가지게 된다고 말하고 있습니다.

3. 채소를 싫어한다면 채소를 '잘게 썰어' 좋아하는 요리와 먹으면 거부감이 줄어듭니다.

4. 첫 번째 문단에서는 '편식'의 뜻에 대해서 정의하고 있습니다. 두 번째 문단에서는 편식으로 인한 '영양 불균형', 세 번째 문단 역시 편식으로 인한 '신체 기능'의 문제에 대해 이야기하고 있습니다. 네 번째 문단에서는 싫어하는 음식에 대한 '거부감'을 어떻게 줄일 수 있는지 말하고 있고 마지막 문단에서는 건강한 '식습관'의 중요성에 대해 강조하고 있습니다.

5. 어릴 때부터의 식습관이 어른까지 이어진다는 말이기에 '세 살 버릇 여든까지 간다.'가 적절한 정답입니다.

6. 첫 번째 문장은 편식에 대한 설명이므로 '식사방법'이고, 두 번째 문장은 아이들이 맛에 예민하고 채소를 싫어한다는 뜻이므로 '거부감', 세 번째 문장은 편식으로 인한 문제이기에 '영양 불균형'이 좋습니다. 그리고 마지막 문장에서는 '~에 거부감'을 줄이는 것이므로 '싫어하는 음식'이 적절한 말입니다.

7. 은서의 글을 보면 은서의 아버지는 일이 많은 경우 끼니를 거르기도 합니다. 이에 영양 불균형으로 밤에 잘 보이지도 않습니다. 따라서 '끼니를 잘 챙겨 드셔야 한다고 말하기'가 좋고 덧붙여 비타민 A가 포함된 음식을 권하는 것이 좋습니다.

어법·어휘편 해설

[1단계] '영양실조'란 '몸속의 영양이 부족한 상태'이거나 '불균형한 상태'를 뜻합니다. '결핍'이란 무엇인가가 모자란 것이기에 '있어야 할 것이 없어지거나 모자람'를 뜻합니다. '지속'이란 '어떤 상태가 오래 계속됨'을 뜻합니다.

[2단계] (1) 편식으로 인해 비만 혹은 '영양실조'가 될 수 있습니다. (2) 필요한 영양분의 결핍이 계속된다는 뜻이므로 '지속'이 적절합니다. (3) 영양 불균형으로 영양분들이 '결핍'이 됩니다.

[3단계] (1) '하늘이 무너져도 솟아날 구멍이 있다.'는 ②의 '아무리 어려운 일에 부닥쳐도 살아나갈 희망은 반드시 있다.'라는 뜻입니다. (2) '천 리 길도 한 걸음부터'는 '무슨 일이든지 그 일의 시작이 중요하다.'라는 뜻입니다.

1 ⑤   2 인터넷 실명제   3 ④   4 표출   5 ③   6 나래   7 실명제, 나래, 상준, 예의, 인신, 생각, 자유

어법·어휘편

[1단계]
(1) 익명 - ⓒ 이름을 숨김
(2) 게시 - ㉠ 여러 사람에게 알리기 위하여 …
(3) 한계 - ⓛ 사물이나 능력, 책임 따위가 …

[2단계]
(1) 한계   (2) 익명   (3) 게시

[3단계]
(1) 의견 - ⓛ 어떤 대상에 대하여 가지는 생각
(2) 쟁점 - ⓒ 서로 다투는 중심이 되는 주제
(3) 다수결 - ㉠ 많은 사람의 생각에 따라 결정하는 것

1. 이 글은 두 학생의 토론 글로서, 각자의 주장과 근거를 가지고 '생각을 나누고 설득'하고 있습니다.

2. 쟁점이란 자신이 옳다고 다투는 주요 내용입니다. 이 글을 보면 '인터넷 실명제'가 필요한지 필요하지 않은지 두 학생이 이야기를 주고받고 있습니다.

3. 첫 번째 나래의 말을 보면 '학교 홈페이지가 익명으로 운영되기 때문에'라는 말이 있습니다. 따라서 ④번이 글의 내용과 일치하지 않음을 알 수 있습니다.

4. '㉠ 나타내는' 대신에 사용할 수 있는 말은 '표출'입니다.

5. 나래는 "인신공격은 매우 심각한 문제입니다."라고 했습니다. 또한 상준 역시 "인신공격이 심각한 문제라는 점은 저도 동의합니다."라고 말했습니다. 따라서 ③이 답이 됩니다.

6. 홈페이지 관리자 선생님이 있더라도 당사자가 상처를 받을 수 있다는 내용입니다. 따라서 '나래'의 의견을 뒷받침해 주는 주장이라고 할 수 있습니다.

7. 이 글의 쟁점은 인터넷 '실명제'입니다. 인터넷 '실명제'에 찬성하는 학생은 '나래', 반대하는 학생은 '상준'입니다. '나래'의 근거(까닭)은 학교 홈페이지는 '예의'를 지켜야 하는 공간인데, '인신' 공격 등의 장난스런 게시글이 있기 때문이라고 했습니다. '상준'의 근거는 자신의 '생각'을 '자유'롭게 표출하는 것이 중요하다고 하였습니다.

어법·어휘편 해설

[1단계] '익명'이란 자신의 이름을 드러내지 않는 행동을 뜻합니다. '게시'란 '여러 사람에게 알리기 위하여 내붙이거나 내걸어 두루 보게 함'의 뜻을 가졌습니다. '한계'란 '사물이나 능력, 책임 따위가 실제 작용할 수 있는 범위, 제한' 등을 의미합니다.

[2단계] (1) '너는 '한계'를 모르는구나'라는 문장이 적절합니다. (2) 누군가라는 단어에서 누구인지 모른다는 것을 알 수 있습니다. 따라서 '익명'이 답이 됩니다. (3) 공지사항을 여러 사람에게 알리는 것이므로 '게시'가 적절한 대답이 됩니다.

39회 | 본문 176쪽

1 고운 우리말　　2 ⑤　　3 ②
4 사랑합니다, 소나무 빛, 반딧불 빛
5 ⑤　　　　6 ③　　　　7 ③

어법·어휘편

[1단계]
(1) 억지 - ⓒ 잘 안될 일을 무리하게 기어이 …
(2) 용서 - ㉠ 지은 죄나 잘못한 일에 대하여 …
(3) 겸허 - ⓒ 스스로 자신을 낮추고 비우는 …

[2단계]
(1) 절로　　(2) 겸허　　(3) 부담

[3단계]
(1) ④　　(2) ②　　(3) ①　　(4) ③

---

1. 이 시의 중심 글감은 쓰고 닦을수록 빛나는 '고운 우리말'입니다.

2. 이 시는 우리말인 "사랑합니다", "고맙습니다", "용서하세요"의 아름다움을 빛에 빗대 표현한 시입니다. 즉 말하는 이가 실제 풍경을 보는 것은 아니며, 우리말의 아름다움을 이야기하고 있습니다.

3. 고운 우리말은 닦을수록 빛내며 자란다고 했으므로, 여기서 '닦을수록'은 '바르게 다스려 기를수록'이라는 의미라고 할 수 있습니다. 이와 가장 비슷한 표현은 '말을 곱게 다듬고 계속 쓸수록'입니다.

4. 이 시는 '고운 우리말'을 다양한 빛에 빗대어 표현하고 있습니다. 즉 2~4연에서 "사랑합니다"는 '노을 빛', "고맙습니다"는 '소나무 빛', "용서하세요"는 '반딧불 빛'에 각각 연결 짓고 있습니다.

5. 이 시와 같이 말의 아름다움을 이야기하는 속담은 '비단이 곱다 해도 말 같이 고운 것은 없다'입니다. 참고로 ①번은 겉만 그럴듯하고 실속이 없는 경우를, ②번은 열심히 하고 있는데도 독촉하는 경우를, ③번은 준 것에 비해 대가를 많이 받는 상황을 말하며, ④번은 자식이 많으면 근심할 일도 많음을 뜻하는 속담입니다.

6. 이 시는 고운 말을 자주 쓰자고 권하고 있으므로, 친구에게 '미안하다'는 말을 직접 표현한 '다빈'의 경험이 가장 관련이 깊습니다.

7. 〈보기〉는 본문과 마찬가지로 '말의 아름다움'을 아름다운 말의 예를 들어 표현하고 있습니다. 그리고 두 시는 모두 '내가 싱그러워지는', '나도 정말 행복해서' 등 아름다운 말이 '나'에게 주는 영향을 이야기하고 있습니다. 하지만 본문에서 '푸르른'이라는 표현을 쓴 것과 달리, 〈보기〉에서는 색깔을 나타내는 표현이 나타나지 않습니다.

어법·어휘편 해설

[1단계] '억지'는 '잘 안될 일을 무리하게 기어이 해내려는 고집'을 뜻합니다. '용서'는 '지은 죄나 잘못한 일에 대하여 꾸짖거나 벌하지 않고 덮어 줌'이라는 뜻이며, '겸허'는 '스스로 자신을 낮추고 비우는 태도가 있음'을 의미합니다.

[2단계] (1) 책가방이 빈 것을 보고 당황해서 '절로' 식은땀이 났을 것입니다. (2) 칭찬에 자만하지 않는 것은 '겸허'한 자세입니다. (3) 편하게 구경하라는 뜻이므로 '부담'을 갖지 말라는 말이 알맞습니다.

[3단계] (1) ④번처럼 재주를 배워 익힌다는 의미입니다. (2) ②번처럼 눈물을 훔쳐 없앴다는 의미입니다. (3) ①번처럼 가죽을 문질러 광화에 윤기를 냈다는 의미입니다. (4) ③번처럼 길을 다니기 쉽도록 내어 만들었다는 의미입니다.

40회 | 본문 180쪽

1 감　2 가을　3 막무가내
4 ③　5 ④　6 ⑤　7 팔, 감

어법·어휘편

[1단계]
(1) 경우 - ⓒ 상황
(2) 무례 - ㉠ 예의가 없음
(3) 미소 - ⓒ 소리 없이 빙긋이 웃음

[2단계]
(1) 미소　　(2) 무례　　(3) 경우

[3단계]
(1) 얄따랗다　　(2) 짤따랗다

---

1. 이 이야기는 오성의 집에서 키운 감나무에서 열린 '감' 때문에 일어난 이야기입니다.

2. '가을'은 익은 열매와 곡식을 수확하는 계절입니다. 또한 네 번째 줄의 "어느 가을날~"로 시작하는 문장을 통해서도 답이 '가을'임을 알 수 있습니다.

3. 남의 말은 듣지도 않고 오로지 제 고집만 부리는 사람을 '막무가내'라고 합니다.

4. 오성은 감나무가 자신의 집에서 심었고 자신의 집에서 물과 거름을 주고 키운 나무라고 했습니다. 그렇기 때문에 그 감나무에서 열린 감 또한 자신의 것이라고 하였습니다.

5. 오성의 집 감나무는 가지가 담을 넘어서 권판서 댁까지 자랐습니다. 또한 그 가지에 열린 감 때문에 이 이야기의 사건이 시작 되었습니다. 나머지는 글의 내용과 다릅니다.

6. 오성은 권 판서 앞에서 두려워하지 않고 자신 있으면서도 예의 바른 태도로 자기의 생각을 전달했습니다.

7. 오성은 감나무가 자신의 몸이라고 생각해 보았습니다. 그러한 생각에 따라 자신의 팔이 자신의 몸의 일부이듯, 감나무에 열린 감도 감나무의 일부이기 때문에 감나무의 감은 감나무 주인의 것이라고 설명했습니다.

어법·어휘편 해설

[1단계] '경우'란 '상황'을 뜻합니다. '무례'는 '예의가 없음'의 뜻을 가지고 있습니다. '미소'는 '소리 없이 빙긋이 웃음'의 뜻을 가지고 있습니다.

[2단계] (1) 어머니께서 '미소'를 지었다는 표현이 가장 적절합니다. (2) 행동은 '무례'라는 낱말과 어울립니다. (3) "이런 상황에서는 어떻게 해야 할까요?" 라는 말과 같은 의미이기 때문에 '경우'가 가장 적절합니다.

[3단계] '-다랗다'는 크기와 관계있는 단어 뒤에 붙어서 그 상태나 정도가 꽤 뚜렷하다는 것을 나타냅니다. 널따랗다는 넓은 정도가 꽤 뚜렷함을 의미하며 (1) '얇다'의 '얄따랗다'는 '꽤 얇다' (2) '짧다'의 '짤따랗다'는 '꽤 짧다'는 의미를 가지고 있습니다.

유형별 분석표 독서(비문학)

유형별 분석표 사용법

• 회차가 마칠 때마다 해당 회차의 틀린 문제 번호에 표시를 해주세요.

• 회차가 진행될수록 학생이 어떤 유형의 문제를 어려워하는지 한눈에 알 수 있습니다.

• 뒷면에 있는 [유형별 해설]을 보고 부족한 부분을 채워나가게 지도해 주세요.

주	회차	중심생각	세부내용	구조알기	어휘·표현	내용적용	추론
1	1	1.□	2.□ 3.□ 6.□	4.□	5.□ 7.□		
	2	1.□	2.□ 3.□ 4.□ 5.□	7.□			6.□
	3	1.□	2.□ 3.□	4.□	5.□	6.□	7.□
2	6	1.□	2.□ 4.□	3.□	5.□	6.□	7.□
	7	1.□	2.□ 3.□ 4.□			6.□	5.□ 7.□
	8	1.□	2.□ 3.□			4.□ 5.□ 6.□	7.□
3	11	1.□	2.□	4.□ 5.□	3.□	6.□	7.□
	12	1.□	2.□	3.□	4.□	5.□	6.□ 7.□
	13		1.□ 2.□ 6.□	4.□	5.□	3.□	7.□
4	16	1.□	2.□ 3.□	4.□	5.□	6.□	7.□
	17	1.□	2.□ 5.□	3.□	4.□	6.□	7.□
	18	1.□	2.□ 3.□ 4.□		5.□	6.□	7.□
5	21	1.□	2.□ 3.□	4.□	5.□	6.□	7.□
	22	1.□ 4.□	2.□ 3.□		5.□	6.□	7.□
	23	1.□	2.□ 3.□	4.□	5.□	6.□	7.□
6	26	1.□	2.□ 3.□	4.□ 6.□		5.□	7.□
	27	1.□ 2.□	3.□ 5.□	4.□ 6.□			7.□
	28	1.□	2.□ 3.□	4.□	5.□	6.□	7.□
7	31	1.□	2.□ 3.□	4.□	5.□	6.□	7.□
	32	1.□ 2.□	3.□	4.□	5.□	6.□	7.□
	33	1.□	2.□ 3.□	4.□	5.□	6.□	7.□
8	36	1.□	2.□ 3.□ 6.□		4.□	5.□	7.□
	37	1.□	2.□ 3.□	4.□	5.□	6.□	7.□
	38	1.□ 2.□	3.□	7.□	4.□	5.□	6.□

유형별 분석표 문학

유형별 분석표 사용법
- 회차가 마칠 때마다 해당 회차의 틀린 문제 번호에 표시를 해주세요.
- 회차가 진행될수록 학생이 어떤 유형의 문제를 어려워하는지 한눈에 알 수 있습니다.
- 뒷면에 있는 [유형별 해설]을 보고 부족한 부분을 채워나가게 지도해 주세요.

주	회차	중심생각	요소	세부내용	어휘·표현	작품이해	추론·적용
1	4	1.☐	2.☐	3.☐ 5.☐		4.☐ 6.☐	7.☐
	5	1.☐	2.☐	3.☐ 6.☐	5.☐	4.☐	7.☐
2	9		1.☐ 2.☐	3.☐ 4.☐		5.☐ 6.☐	7.☐
	10	1.☐	2.☐	5.☐	3.☐	7.☐	4.☐ 6.☐
3	14	1.☐	2.☐	3.☐	4.☐	5.☐ 6.☐ 7.☐	
	15	1.☐	2.☐	5.☐ 7.☐	3.☐ 4.☐		6.☐
4	19	1.☐	2.☐ 4.☐		5.☐ 6.☐ 7.☐	3.☐	
	20	2.☐	1.☐	7.☐ 5.☐	3.☐ 4.☐		6.☐
5	24	1.☐	2.☐	6.☐	5.☐	4.☐ 7.☐	3.☐
	25	1.☐	2.☐	3.☐ 4.☐	5.☐	6.☐	7.☐
6	29	1.☐	2.☐	6.☐		4.☐ 5.☐ 7.☐	3.☐
	30	1.☐	2.☐	3.☐ 5.☐	4.☐	6.☐	7.☐
7	34		1.☐	2.☐ 4.☐	3.☐	5.☐ 6.☐	7.☐
	35	1.☐	2.☐	3.☐ 6.☐	4.☐ 5.☐		7.☐
8	39	1.☐	2.☐		3.☐	4.☐ 6.☐	5.☐ 7.☐
	40	1.☐	2.☐	4.☐ 5.☐	3.☐	6.☐ 7.☐	

유형별 길잡이 독서(비문학)

중심생각	비문학 지문에서는 대체로 중심생각을 직접 드러냅니다. 글의 맨 처음 또는 맨 마지막에 나오는 경우가 많습니다. 중심생각을 찾는 것은 글을 읽는 이유이자 독해의 기본입니다. 만약 학생이 중심생각을 잘 찾아내지 못한다면 글을 읽는 데에 온전히 집중하지 못하고 있을 가능성이 높습니다. 이 글이 어떤 이야기를 하는지 관심을 기울여서 읽도록 지도해야 합니다.
세부내용	중심생각을 찾기 위해서는 글을 능동적으로 읽어야 한다면 세부내용을 찾기 위해서는 글을 수동적으로 읽어야 합니다. 학생이 주관에만 매여 글을 읽게 하지 마시고, 글에서 주어진 내용을 그대로 읽도록 해야 합니다. 문제를 먼저 읽고 찾아야 할 내용을 숙지한 다음 지문을 읽는 것도 세부내용을 잘 찾는 방법 중 하나입니다.
구조알기	글의 구조를 묻는 문제는 독해 문제를 처음 접하는 학생들이 특히 어려워하는 문제 유형입니다. 평소 글을 읽을 때, 글 전체의 중심내용뿐 아니라 단락마다 중심내용을 찾는 습관을 기르면 구조를 묻는 문제의 답을 잘 찾을 수 있습니다. 또한 글 전체가 어떤 흐름으로 전개되고 있는지 관심을 갖고 글을 읽으면 글의 구조를 파악하는 데 도움이 될 것입니다.
어휘·표현	글을 읽을 때, 문장 하나, 그리고 낱말 하나도 모르는 것 없이 꼼꼼히 읽는 버릇을 들이는 것이 중요합니다. 학생이 모르는 어려운 낱말을 찾는 문제는 글 속에서 그 낱말을 따로 설명하는 부분을 찾는 요령만 있으면 의외로 쉽게 맞힐 수 있습니다.
내용적용	내용 적용 문제는 무엇보다 문제가 요구하는 바를 정확히 읽어내는 것이 중요합니다. 또한 비슷비슷한 선택지에서 가장 가까운 표현을 찾아낼 줄도 알아야 합니다. 이를 위해서는 정확한 답이 보이지 않을 때, 선택지끼리 비교하는 연습을 평소에 하면 도움이 될 수 있습니다.
추론	추론 문제 또한 내용 적용 문제처럼 무엇보다 문제가 요구하는 바를 정확히 읽어낼 줄 알아야 합니다. 추론 문제는 그 주제에 대해 잘 알고 있으면 푸는 데 아주 도움이 됩니다. 따라서 평소 배경지식을 많이 쌓아두면 추론 문제에 쉽게 접근할 수 있을 것입니다.

유형별 길잡이 문학

중심생각	문학 문제는 중심생각뿐 아니라 모든 유형의 문제를 풀 때, 글쓴이의 생각이 무엇인지 계속 궁금해하면서 읽어야 합니다. 독해 문제를 풀 때뿐 아니라 다른 문학 작품을 읽을 때, 학생이 끊임없이 주제와 제목에 대해 호기심을 갖는다면 보다 쉽게 작품을 파악할 수 있을 것입니다.
요소	작품의 요소를 파악하는 문제는 그리 어려운 유형의 문제는 아닙니다. 작품 자체에 드러난 인물과 사건, 배경, 정서 등을 묻는 문제입니다. 만약 요소 유형의 문제를 학생이 많이 틀린다면 작품을 꼼꼼히 읽지 않기 때문입니다. 글을 꼼꼼히 읽는 습관을 들이도록 해야 합니다.
세부내용	비문학에서 세부내용을 찾는 문제는 사실이나 개념, 또는 정의에 대한 것을 묻지만 문학 지문에서는 사건의 내용, 일어난 사실 간의 관계, 눈에 보이는 인물의 행동에 대해 묻습니다. 때문에 작품이 그리고 있는 상황을 정확히 머릿속에 그리고 있다면 세부내용 또한 찾기 수월할 것입니다.
어휘·표현	문학에서 어휘와 표현을 묻는 문제는 인물의 심경을 담은 낱말을 글 속에서 찾거나, 아니면 그에 적절한 어휘를 고르는 문제가 대부분입니다. 성격이나 마음의 상태를 표현하는 어휘를 많이 알고 있으면 이 유형의 문제를 푸는 데 유리합니다. 이와 관련된 기본적인 어휘는 미리 공부해둘 필요도 있습니다. 비슷한 말과 반대되는 말을 많이 공부해두는 것도 큰 도움이 됩니다.
작품이해	작품이해 유형 문제는 학교 단원평가에서도 자주 출제되는 문제입니다. 작품을 미리 알고 그 주제와 내용을 이해하고 있다면 보다 쉽게 풀 수 있는 문제이지만, 처음 보는 작품을 읽고 풀면 쉽지 않을 수 있습니다. 이런 경우, 전에 읽었던 작품들 중 유사한 주제를 담고 있는 작품을 떠올리는 것이 문제 접근에 도움이 될 수 있습니다.
추론·적용	문학의 추론 문제에서는 〈보기〉를 제시하고 〈보기〉의 내용과 지문의 유사점 등을 찾아내는 문제가 많습니다. 이런 문제를 풀기 위해서는 지문의 주제나 내용을 하나로 정리할 줄 알아야 하고, 또한 문제 속 〈보기〉의 주제를 단순하게 정리하여 서로 비교할 줄 알아야 합니다. 무엇보다 문제 출제의 의도를 파악하는 것이 중요합니다.

뿌리깊은 국어 독해 시리즈

뿌리깊은 초등국어 독해력	뿌리깊은 초등국어 독해력 어휘편	뿌리깊은 초등국어 독해력 한자	뿌리깊은 초등국어 독해력 한국사
하루 15분으로 국어 독해력의 기틀을 다지는 초등국어 독해 기본 교재	국어 독해로 초등국어에서 반드시 익혀야 할 속담·관용어·한자성어를 공부하는 어휘력 교재	하루 10분으로 한자 급수 시험을 준비하고 초등국어 독해력에 필요한 어휘력의 기초를 세우는 교재	하루 15분의 국어 독해 공부로 초등 한국사의 기틀을 다지는 새로운 방식의 한국사 교재
• 각 단계 40회 구성 • 매회 어법·어휘편 수록 • 독해에 도움 되는 읽을거리 8회 • 배경지식 더하기·유형별 분석표 • 지문듣기 음성 서비스 제공 (시작~3단계)	• 각 단계 40회 구성 • 매회 어법·어휘편 수록 • 초등 어휘력에 도움 되는 주말부록 8회 • 지문듣기 음성 서비스 제공 (1~3단계)	• 각 단계 50회 구성 • 수록된 한자를 활용한 교과 단어 • 한자 획순 따라 쓰기 수록 • 한자 복습에 도움이 되는 다양한 주간활동	• 각 단계 40회 구성 • 매회 어법·어휘편 수록 • 한국사능력검정시험 대비 정리 노트 8회 • 지문듣기 음성 서비스 제공 • 한국사 연표와 암기 카드

시작단계 — 예비 초등

독해력 시작단계
- 한글 읽기를 할 수 있는 어린이를 위한 국어 독해 교재
- 예비 초등학생이 읽기에 알맞은 동요, 동시, 동화 및 짧은 지식 글 수록

1단계 — 초등 1·2학년

독해력 1단계
- 처음 초등국어 독해 공부를 시작하는 학생을 위한 재밌고 다양한 지문 수록

어휘편 1단계
- 어휘의 뜻과 쓰임을 쉽게 공부할 수 있는 이솝 우화와 전래 동화 수록
- 맞춤법 공부를 위한 받아쓰기 수록

한자 1단계
- 한자능력검정시험 (한국어문회) 8급 한자 50개

한국사 1단계 (선사 시대~삼국 시대)
- 한국사를 쉽고 재미있게 이해할 수 있는 다양한 유형의 지문 수록
- 당시 시대를 보여주는 문학 작품 수록

2단계 — 초등 1·2학년

독해력 2단계
- 교과 과정과 연계한 다양한 유형의 지문 수록
- 교과서 수록 작품 중심으로 선정한 지문 수록

어휘편 2단계
- 어휘의 쓰임과 예문을 효과적으로 공부할 수 있는 다양한 이야기 수록
- 맞춤법 공부를 위한 받아쓰기 수록

한자 2단계
- 한자능력검정시험 (한국어문회) 7급 2 한자 50개

한국사 2단계 (남북국 시대)
- 한국사능력시험 문제 유형 수록
- 초등 교과 어휘를 공부할 수 있는 어법·어휘편 수록

3단계 — 초등 3·4학년

독해력 3단계
- 초대장부터 안내문까지 다양한 유형의 지문 수록
- 교과서 중심으로 엄선한 시와 소설 수록

어휘편 3단계
- 어휘의 뜻과 쓰임을 다양하게 알아볼 수 있는 여러 가지 종류의 글 수록
- 어휘와 역사를 한 번에 공부할 수 있는 지문 수록

한자 3단계
- 한자능력검정시험 (한국어문회) 7급 한자 50개

한국사 3단계 (고려 시대)
- 신문 기사, TV드라마 줄거리, 광고 등 한국사 내용을 바탕으로 한 다양한 유형의 지문 수록

4단계 — 초등 3·4학년

독해력 4단계
- 교과 과정과 연계한 다양한 유형의 지문 수록
- 독해에 도움 되는 한자어 수록

어휘편 4단계
- 공부하고자 하는 어휘가 쓰인 실제 문학 작품 수록
- 이야기부터 설명문까지 다양한 종류의 글 수록

한자 4단계
- 한자능력검정시험 (한국어문회) 6급 한자를 세 권 분량으로 나눈 첫 번째 단계 50개 한자 수록

한국사 4단계 (조선 전기)(~임진왜란)
- 교과서 내용뿐 아니라 조선 전기의 한국사를 이해하는 데 알아 두면 좋은 다양한 역사 이야기 수록

5단계 — 초등 5·6학년

독해력 5단계
- 깊이와 시사성을 갖춘 지문 추가 수록
- 초등학생이 읽을 만한 인문 고전 작품 수록

어휘편 5단계
- 어휘의 다양한 쓰임새를 공부할 수 있는 다양한 소재의 글 수록
- 교과 과정과 연계된 내용 수록

한자 5단계
- 한자능력검정시험 (한국어문회) 6급 한자를 세 권 분량으로 나눈 두 번째 단계 50개 한자 수록

한국사 5단계 (조선 후기)(~강화도 조약)
- 한국사능력시험 문제 유형 수록
- 당시 시대를 보여주는 문학 작품 수록

6단계 — 초등 5·6학년

독해력 6단계
- 조금 더 심화된 내용의 지문 수록
- 수능에 출제된 작품 수록

어휘편 6단계
- 공부하고자 하는 어휘가 실제로 쓰인 문학 작품 수록
- 소설에서 시조까지 다양한 장르의 글 수록

한자 6단계
- 한자능력검정시험 (한국어문회) 6급 한자를 세 권 분량으로 나눈 세 번째 단계 50개 한자 수록

한국사 6단계 (대한 제국~대한민국)
- 한국사를 쉽고 재미있게 이해할 수 있는 다양한 유형의 지문 수록
- 초등 교과 어휘를 공부할 수 있는 어법·어휘편 수록

중학 — 예비 중학~예비 고1

1단계 (예비 중학~중1)

2단계 (중2~중3)

3단계 (중3~예비 고1)

뿌리깊은 중학국어 독해력
- 각 단계 30회 구성
- 독서 + 문학 + 어휘 학습을 한 권으로 완성
- 최신 경향을 반영한 수능 신유형 문제 수록
- 교과서 안팎의 다양한 글감 수록
- 수능 문학 갈래를 총망라한 다양한 작품 수록

※단계별로 권장 학년이 있지만 학생에 따라 느끼는 난이도는 다를 수 있습니다. 학생의 독해 실력에 맞는 단계를 공부하는 것이 좋습니다.
※<뿌리깊은 초등국어 한자>는 해당 학년을 참고하시기보다는 학생의 실력에 맞는 단계를 선택해 주세요. ※<뿌리깊은 초등국어 독해력 한국사>의 단계는 독해력 난이도가 아닌 시대 순서를 바탕으로 구성되었습니다.

뿌리 깊은 나무는 바람에 움직이지 않아
꽃이 좋고 열매도 열립니다.

– 〈용비어천가〉 제2장 –

〈뿌리깊은 초등국어 독해력〉은 국어 독해를 처음 시작하는 초등학생이 뿌리 깊은 나무와 같은
국어 독해력의 기틀을 다질 수 있도록 도움을 주는 교재입니다.
또한 국어 성적뿐만 아니라 다른 과목의 성적에서도 좋은 결실을 거둘 것입니다.
국어 독해는 모든 공부의 시작입니다.

뿌리깊은 초등국어 독해력 시리즈

시 작 단 계	1 단 계	2 단 계	3 단 계	4 단 계	5 단 계	6 단 계
예비 초등(7세)~ 초등1학년	초등 1~2학년	초등 1~2학년	초등 3~4학년	초등 3~4학년	초등 5~6학년	초등 5~6학년

1. **체계적인 독해력 학습** 〈뿌리깊은 초등국어 독해력〉은 모두 6단계로 이루어져 있습니다. 초등학생의 학년과 수준에 바탕을 두어 단계를 나누었습니다. 또한 일주일에 다섯 종류의 글을 공부할 수 있도록 묶었습니다. 이 책으로 초등국어 독해 공부를 짜임새 있게 할 수 있습니다.

2. **넓고 다양한 배경지식** 국어 독해력은 무엇보다 배경지식입니다. 배경지식을 갖고 읽는 글과 아닌 글에 대한 독해력은 그야말로 하늘과 땅 차이입니다. 이 책은 그러한 배경지식을 쌓기 위해 초등학생 수준에 맞는 다양한 소재와 장르의 글을 지문으로 실었습니다.

3. **초등 어휘와 어법 완성** 영어를 처음 공부할 때, 학생들이 가장 어려워하는 부분이 바로 어휘와 문법입니다. 국어도 다르지 않습니다. 특히 초등국어 독해에서 어휘와 어법이 제대로 잡혀 있지 않으면 글을 읽는 것 자체를 힘겨워 합니다. 때문에 이 책에서는 어법 · 어휘만을 따로 복습할 수 있는 장을 두었습니다.

4. **자기주도 학습** 이 책은 학생 스스로 계획을 세우고 자신의 학습 결과를 평가할 수 있도록 꾸며져 있습니다. 학습결과를 재밌게 기록할 수 있는 학습평가 붙임딱지가 들어있습니다. 또한 공부한 날이 쌓여갈수록 학생 독해력의 어떤 점이 부족한지 알게 해주는 '문제 유형별 분석표'도 들어있습니다.

5. **통합교과 사고력** 국어 독해는 모든 학습의 시작입니다. 국어 독해력은 국어뿐만 아니라 다른 모든 과목의 교과서를 읽는 데도 필요한 능력입니다. 이 책은 국어 시험에서 나올 법한 유형의 문제뿐 아니라 다른 과목시험에서 나올만한 내용이나 문제도 실었습니다.

6. **독해력 기본 완성** 이 책은 하나의 글을 읽어나가는 데 꼭 짚어줘야 할 점들을 각각의 문제로 구성했습니다. 1번부터 7번까지 짜임새 있게 이루어진 문제들을 풀다보면 글의 내용을 빠짐없이 독해하도록 각 회차를 구성했습니다.

MOTHERTONGUE
마더텅출판사
since 1999.4.1.

낱말풀이 놀이용 말 🐸

점선을 따라 오려서 놀이할 때 말로 사용하세요.

약을 바르니 □□이 완전히 사라졌다.

(심마리) 아픈 것

3칸

이 일을 시작하게 된 □□를 쓰세요.

(심마리) 어떤 일이나 행동을 하게 된 까닭

5칸

우리 선생님은 항상 □□이 넘치시는 멋진 분이야.

(심마리) 어떤 일에 열렬한 애정을 가지고 집중하는 마음

5칸

이렇게 □□로운 상을 받게 되어 정말 영광입니다.

(심마리) 세상에서 훌륭하다고 일컬어지는 이름이나 자랑

10칸

각자 □□을 잘 맡아서 일을 진행합시다.

(심마리) 종류에 따라 나눔

4칸

이 실험은 위험하니까 반드시 보호 장갑을 □□하세요.

(심마리) 옷, 모자, 신발 등을 입거나, 쓰거나, 신거나 함

3칸

이곳에 오는 모든 분들께 음식을 무료로 □□하겠습니다.

(심마리) 쓰라고 줌

7칸

도대체 무슨 생각을 하고 있는지 □□하기 너무 어려워.

(심마리) 미루어 생각함

5칸

제비는 가을이 되면 □□을 위해 남쪽으로 날아간다.

(심마리) 새끼를 낳는 일

7칸

어릴 적 만들어지는 □□이 정말 중요하단다.

(심마리) 여러 번 되풀이함으로써 저절로 굳어진 행동

5칸

봉사활동에 관심 있는 새로운 지원자를 □□합니다.

(심마리) 사람이나 작품 등을 일정한 조건 아래 널리 알려 뽑음

7칸

□□끼리만 통하고 적군을 따돌릴 수 있는 암호가 필요해.

(심마리) 우리 편의 군대

10칸

동물들에게도 □□가 있습니다.

(심마리) 생각이나 느낌을 전달하는 수단인 말이나 글 등

5칸

두 곤충은 생김새가 서로 □□합니다.

(심마리) 서로 비슷함

6칸

영양소가 □□되지 않도록 음식을 골고루 먹으렴.

(심마리) 있어야 할 것이 없어지거나 모자람

7칸

게시판은 서로의 의견을 □□하는 공간입니다.

(심마리) 겉으로 나타냄

8칸

이 두 개를 □□에 달아 무엇이 무거운지 비교해보자.

(심마리) 물건의 무게를 다는 데 쓰는 기구를 통틀어 이르는 말

5칸

동기	통증	
動 機 움직일 **동**　틀 **기**	痛 症 아플 **통**　증세 **증**	

역할	명예	열정
役 割 부릴 **역**　나눌 **할**	名 譽 이름 **명**　기릴 **예**	熱 情 더울 **열**　뜻 **정**

추측	제공	착용
推 測 밀 **추**　잴 **측**	提 供 끌 **제**　이바지할 **공**	着 用 붙을 **착**　쓸 **용**

모집	습관	번식
募 集 모을 **모**　모일 **집**	習 慣 익힐 **습**　버릇 **관**	繁 殖 많을 **번**　번성할 **식**

유사	언어	아군
類 似 무리 **유**　닮을 **사**	言 語 말씀 **언**　말씀 **어**	我 軍 나 **아**　군사 **군**

저울	표출	결핍
	表 出 겉 **표**　날 **출**	缺 乏 이지러질 **결**　가난할 **핍**

뿌리깊은 **초등국어 독해력** 스스로 붙임딱지

뿌리깊은 **초등국어 독해력** 나무 기르기 붙임딱지

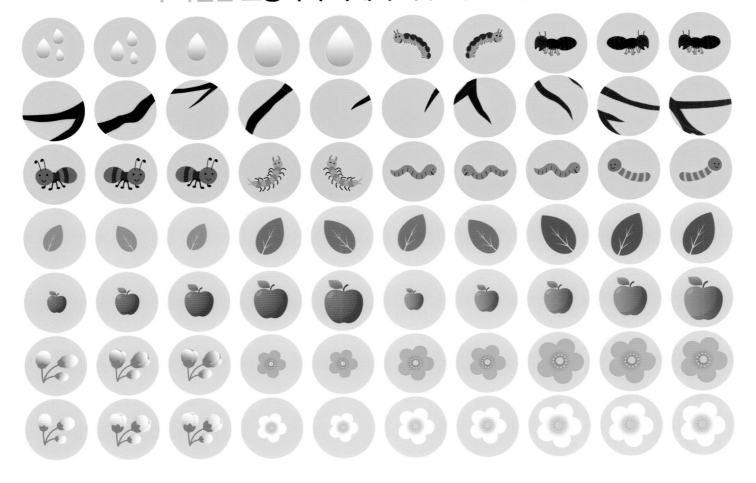